SALVAVIDAS PARA MADRES ~~SOLTERAS~~ AUTÓNOMAS

DIANA LUZ VÁZQUEZ

Prólogo de CORAL HERRERA

SALVAVIDAS PARA MADRES ~~SOLTERAS~~ AUTÓNOMAS

Un manual con respuestas para maternar en solitario

Grijalbo

El papel utilizado para la impresión de este libro ha sido fabricado a partir de madera procedente de bosques y plantaciones gestionadas con los más altos estándares ambientales, garantizando una explotación de los recursos sostenible con el medio ambiente y beneficiosa para las personas.

Salvavidas para madres autónomas
Un manual con respuestas para maternar en solitario

Primera edición: septiembre, 2024

ISBN: 978-607-384-829-9
Impreso en México – *Printed in Mexico*

A las mujeres que luchan y acompañan este movimiento de reivindicación de las maternidades autónomas, a las madres buscadoras, a las víctimas de violencia vicaria, a las víctimas de la violencia feminicida, a las que han decidido no ser madres. A todas nuestras ancestras que padecieron tanto en solitario y en silencio.

A la mujer de la que aprendí la fuerza: mi abuela. Y con todo el amor, a la semilla revolucionaria que me inspira desde el vientre: mi amada Sabina.

ÍNDICE

ÍNDICE

PRÓLOGO
Solas no podemos, juntas sí

Un día de verano, Diana Luz se detuvo en medio de la calle, miró hacia las copas de los árboles y de pronto se dio cuenta de que el calvario por el que estaba pasando y el dolor que sentía no eran solo suyos. Los compartía con más de cuatro millones de mujeres en México y con cientos de millones de mujeres en el mundo.

Diana había leído mucho sobre feminismo, y por eso sabía que nuestros problemas no son solo personales, son colectivos, porque afectan a millones de mujeres. Sabía también que las soluciones no son nada más individuales, son ante todo sociales.

Por eso, mientras estaba luchando por los derechos de su hija, comenzó a ayudar a otras madres y juntas pidieron justicia para las niñas y los niños de México que sufren el abandono de sus padres.

Un día, las Sabinas —colectiva feminista de artivistas— tomaron conciencia de que en realidad eran millones y que solo tenían que juntarse y organizarse: gracias al movimiento YoSíTeCreo y YoTambién (MeToo) se dieron cuenta de que el pacto de silencio que protegía a los hombres se había roto para siempre.

Ahora muchos hombres tienen miedo de ser acusados por todos los abusos y las violencias que han cometido, porque saben que las víctimas han comenzado a hablar y ya no gozan de la protección de antes.

Lo mismo les está pasando ahora a los padres ausentes y a los deudores alimentarios: las mujeres están rompiendo su silencio, y están organizadas, los padres abandónicos ya no disfrutan de la impunidad de antaño.

Durante siglos los hombres han abandonado a sus hijes, han reconocido a unos y han repudiado a otros, han ejercido las paternidades desde la ausencia, y han podido hacerlo porque las leyes, el Poder Judicial y la sociedad entera se los han permitido.

Hasta ahora.

Porque después de muchos años de lucha, Diana Luz, la autora de este libro, ha conseguido que se apruebe la Ley Sabina a nivel federal en México. El objetivo de esta ley es crear un registro nacional de deudores alimentarios abierto al público, que el Estado asuma el costo de la prueba de ADN, que los padres deudores no puedan salir del país y que el Poder Judicial deje de ampararlos y protegerlos y aplique la ley.

Cuando conoces a Diana en persona te quedas fascinada: tiene una luz extraordinaria. Es una mujer muy valiente y generosa que ha sufrido mucho en su propio proceso y que ha luchado con todas sus fuerzas para que se haga justicia.

Empezó exponiendo sola al padre de su hija, se unieron más madres a ella, y hoy ya tenemos una red de mujeres inmensa que no para de crecer: ya ha desbordado las fronteras de México y han creado una Coordinadora Internacional de Madres Autónomas en la que participan activistas de Argentina, Uruguay, Colombia, Venezuela, Perú, Ecuador, Guatemala, Paraguay y, recientemente, España.

Diana Luz Vázquez es muy inteligente, trabajadora y comprometida; está ayudando a miles de mujeres en el mundo a abrir los ojos y a luchar por sus derechos: gracias a ella y a sus compañeras muchas infancias van a poder tener su pensión alimenticia y los hombres van a ir perdiendo sus privilegios.

Algunos están furiosos porque para ellos la pensión es un arma de guerra: les sirve para hundir a la madre de sus hijos en la pobreza o en la precariedad, y lo hacen por puro odio.

Muchos se dedican a humillarlas con pensiones de 2 000 o 3 000 pesos, y la mayoría tiene dinero para pagar buenos abogados. No pagan la pensión no porque no tengan dinero: lo hacen porque son machistas y han sido educados bajo la idea de que las mujeres somos malvadas y nos embarazamos a propósito para sacarles dinero y romperles el corazón.

En el imaginario colectivo del patriarcado persiste la idea de que las mujeres malas son desobedientes, libres, odiosas, manipuladoras, y que los hombres deben defenderse de ellas y tratarlas como se trata a tu peor enemigo.

El odio contra las mujeres se llama misoginia; parte del miedo y la desconfianza que sienten los hombres contra todas. Es un miedo que los lleva a domesticarnos cuando estamos en pareja, o a castigarnos cuando ya no lo somos.

Piensan que todo lo que hacen (ocultar sus bienes, vaciar sus cuentas bancarias, mentir ante el juez, hacer acusaciones falsas contra la madre de sus hijos) es en defensa propia, pero además disfrutan haciéndolo: viven en guerra permanente contra sus hijes y contra la madre.

El mayor placer es hundir a la mujer en la pobreza o la precariedad, por eso no pagan la pensión. Es una forma de castigo y de venganza, contra ella y contra sus propias criaturas. Se vengan haciéndoles daño a sus propies hijes, atentando contra los derechos fundamentales de la infancia y haciéndoles sufrir, pues saben que no hay nada más doloroso para los niños que un padre que no los quiere, y viven obsesionados con hacerles daño.

Estos hombres actúan así porque saben que las madres apenas cuentan con recursos para hacer frente al proceso y que los jueces están de su lado. Saben que la sociedad también lo está.

Hasta ahora, porque gracias a este libro vamos a saber cuáles son sus estrategias, qué armas tienen, cómo hacer para protegernos entre nosotras y lograr que nos proteja la ley.

El Estado debería promover las paternidades corresponsables y la industria cultural poner de relieve el papel de los hombres capaces de cuidarse a sí mismos y a sus seres queridos. Necesitamos referentes de masculinidades positivas, de padres amorosos que se vuelcan en la crianza al mismo nivel que las madres, sean o no pareja.

Muchos adultos viven traumados por el dolor que les causó un padre que no solo no los quería, sino que además pasó años intentando hacerles la vida imposible y usando su poder para destrozarles la existencia, a ellos y a su madre. Se preguntan de dónde viene tanto odio, y resulta que está en toda nuestra cultura: canciones, telenovelas, series de televisión, películas… también en redes sociales encontramos miles de discursos de odio contra las mujeres.

Este odio es el que sienten los proxenetas, los violadores, los feminicidas, pero en este caso también niñas y niños indefensos son víctimas del machismo.

Ellas y ellos son los más vulnerables, y por ellos luchan las madres autónomas y las madres protectoras.

En este libro Diana nos demuestra que cuando las mujeres nos juntamos, estudiamos, investigamos juntas y adquirimos conocimientos sobre las leyes podemos cambiarlas y mejorarlas, podemos ampliarlas, presionar al Poder Judicial y al Ejecutivo, podemos concienciar a la sociedad, podemos sensibilizar a los medios de comunicación y formar a las instituciones.

Hasta ahora las mamás estaban solas, pero la Ley Sabina es una demostración de que sí se puede cuando nos juntamos.

Diana Luz estuvo años luchando para que su hija Sabina tuviera su pensión, y se dio cuenta de que la mejor manera era exponer a los padres públicamente. Resulta que esta medida suele ser más efectiva que confiar en el buen hacer de los jueces.

No es solo porque la denuncia pública es una medida de presión para los hombres, además es una herramienta muy útil porque todas las mujeres pueden acudir a las listas para saber si sus parejas son padres abandónicos: cada vez hay menos hombres protegidos por el silencio.

La autora se convirtió en una experta en el laberinto administrativo y judicial, y en este libro detalla de una forma muy amena todo el proceso que tiene que atravesar una madre para demandar la pensión alimenticia al padre abandónico. Los saberes que comparte en esta obra son muy útiles, tanto para las madres como para las profesionales que trabajan en el área social: abogadas, psicólogas, orientadoras, trabajadoras sociales, educadoras, terapeutas y expertas en leyes.

En este libro Vázquez nos enseña a manejar los conceptos más básicos del proceso judicial, nos cuenta los obstáculos a los que nos vamos a enfrentar en el camino y cómo podemos hacerles frente. Nos proporciona cientos de buenos consejos y nos orienta para ahorrar tiempo y dinero.

Denunciar a los padres que abandonan a sus hijes es un proceso complejo, pero Diana muestra por dónde empezar y cómo llegar hasta el final de forma clara y sencilla. No solo resuelve dudas técnicas y explica las diferentes estrategias a seguir, sino que además cuenta su historia y la de otras mujeres que lo lograron. A lo largo de toda la obra mezcla su experiencia con el entorno en el que vive: da muchos datos sobre México y el contexto internacional para que podamos comprender la magnitud del problema y para que podamos conocer nuestros derechos.

Además, también recomienda cómo cuidarnos, cómo protegernos, cómo atender a nuestras criaturas, cómo hablar con ellas del tema, cómo explicárselo a la familia y a los amigos y cómo cuidar los grupos de apoyo mutuo entre mujeres.

Vázquez nos ofrece una mirada del problema desde todas sus dimensiones: política, económica, legislativa, cultural, social y emocional.

Nos cuenta por qué los hombres abandonan a sus criaturas, por qué las personas más pobres del mundo son las mujeres que encabezan los hogares monomarentales, por qué las leyes han permitido a los hombres desentenderse de sus obligaciones como padres y por qué es tan importante pedir justicia para nuestras criaturas.

También cuenta cómo cuidar nuestra salud mental y emocional durante todo el camino, cuáles son los sentimientos que experimentan las madres cuando sus parejas abandonan a las crías que tienen en común, y desde su propia experiencia nos cuenta de dónde sacó fuerza para la batalla personal y colectiva que emprendió hace algunos años.

¿Saben qué es lo más hermoso de Diana Luz? Que ella cree en un mundo mejor y sabe que su sueño puede hacerse realidad si lucha día a día: esta batalla por los derechos de la infancia y de las madres autónomas es su forma de aportar a la construcción de un mundo más justo y amoroso.

Su energía es contagiosa, su sabiduría y generosidad es admirable: en este libro ha volcado todos sus saberes, ha dado voz a las madres protectoras que están luchando contra todo un sistema que las penaliza y culpabiliza de los abusos y las violencias que sufren ellas y sus criaturas.

Cada mujer que gana un juicio y logra la pensión para sus hijes está abriendo el camino a todas las que vienen detrás. No es un proceso fácil, pero cuantas más mujeres luchen por sus derechos, más cambios tendrán que hacer las autoridades para facilitar el proceso y para obligar a los padres a cumplir con sus obligaciones.

Se acabó el silencio.

Se acabó la impunidad.

Cuando Diana logró que su hija tuviera sus derechos garantizados, siguió luchando para convertir su batalla en un movimiento social. Gracias a su determinación y compromiso hoy hay grupos de Sabinas, en todas las ciudades y en muchos pueblos de México, sacando sus tendederos con las fotos de los deudores alimentarios, con sus nombres y apellidos.

Queda mucho trabajo por hacer para transformar al Poder Judicial —que protege a los deudores—, para concienciar a una sociedad que mira para otro lado y, para señalar a los medios que justifican a estos señores y lavan su imagen.

Pero esta ola ya es imparable, porque las madres saben que tienen razón y las amparan la Declaración Universal de los Derechos Humanos y la Declaración de los Derechos del Niño y la Niña.

Diana y las Sabinas quieren construir un mundo libre de violencias en el que les niñes tengan sus derechos garantizados. Reivindican maternidades dignas: todos los humanos tenemos derecho a tener derechos, pero en nuestro sistema patriarcal el colectivo de personas que menos derechos tienen son las madres que lideran los hogares monomarentales, pues ellas son las que sufren más pobreza y explotación.

La autora ayuda a tomar conciencia de lo duro que es ser madre en esta sociedad y la odisea que supone hacerlo en solitario. Las madres que crían solas están obligadas a trabajar dos jornadas laborales, una dentro y otra fuera de casa, y al mismo tiempo deben criar y educar a sus hijes sin ningún tipo de apoyo.

Un solo salario no alcanza: las madres que crían solas no tienen tiempo libre, no tienen días de descanso ni vacaciones, no tienen apoyos para conciliar la vida laboral y los cuidados, no encuentran más que trabas para poder sobrevivir en un mundo que les pide a las mujeres que no sean egoístas y tengan más descendencia, pero que luego las abandona cuando son madres.

Son las que más problemas de salud tienen debido a la sobrecarga de trabajo, pero la sociedad lo único que hace es darles pastillas contra la depresión. A nadie le preocupa el agotamiento y la angustia que les causa la precariedad económica, ni la violencia que ejercen los padres obligándolas a gastar dinero en abogados y abogadas.

A nadie le preocupa que las madres con bebés no puedan ir a trabajar: el mundo entero asume que tendrán el apoyo de otras mujeres de su familia y que entre todas saldrán adelante. Porque ha sido así desde siempre: nos hemos cuidado y apoyado entre nosotras.

¿Y qué es lo que les pasa a los hombres? Ellos sienten un profundo rechazo por todo lo que tiene que ver con el amor, los cuidados, la ternura. Los hombres tienen un miedo tremendo al amor, y también a la vida. Se resisten a cambiar y se aferran a sus privilegios intentando frenar los avances de las mujeres.

Esta resistencia es feroz para algunos hombres que no soportan que las mujeres vayan conquistando derecho a derecho, porque sienten que se está acabando su mundo y patalean porque no quieren que nada cambie. Antes ellos podían tener miles de hijos por el mundo sin preocuparse lo más mínimo, y ahora ya no. Y por eso están tan rabiosos: porque no pueden hacer nada para detener el feminismo y para que nada cambie.

Es cierto que algunos hombres sí se están adaptando a los nuevos tiempos y empiezan a disfrutar su paternidad, a asumir plenamente toda su responsabilidad en la crianza y educación de sus descendientes. Pero aún son muy pocos.

Nosotras no podemos seguir esperando a que los hombres cambien: si ellos no quieren cuidar a sus crías, el Estado tendrá que forzarlos a cumplir sus obligaciones y a mantenerlas económicamente.

La lucha de las Sabinas es mundial, porque en todos los países los jueces protegen a los padres abandónicos: si ellos deciden ejercer su paternidad, les otorgan privilegios de padre. Si ellos deciden no ejercerla, les otorgan impunidad total.

Los padres abandónicos, además, están organizados: se ayudan entre ellos a eludir el pago de la pensión, comparten información y estrategias para evadir la justicia. Antes contaban con apoyo social: ahora la sociedad no puede seguir mirando para otro lado, porque el mundo se está llenando de madres que buscan a sus hijos e hijas desaparecidas, de madres que luchan contra el abuso y la violencia sexual contra la infancia, madres que luchan contra la violencia escolar, madres que luchan contra la explotación sexual y contra la violencia vicaria.

Diana ha abierto el camino de las madres autónomas en México y América Latina, y hoy sabe que la información es poder, por eso comparte sus experiencias y saberes con todas ellas, porque comprende que cuánto más conocimientos tengamos, y más apoyos reunamos, más recursos y más fuerza tendremos para luchar.

El 8 de marzo de 2024 desfilé con las Sabinas en la Ciudad de México y fue una experiencia inolvidable. Sentí un orgullo enorme al verlas con su tenderete, denunciando a sus deudores en público, y una tremenda ternura al ver a sus crías marchar orgullosas junto a sus mamás. Antes cada una de esas mamás estaba sola y desesperada; ahora están unidas, se dan apoyo mutuo y siguen presionando para que el gobierno y el Poder Judicial pongan en marcha la ley y apliquen las medidas necesarias para acabar con la impunidad masculina.

Cuando me despedí de ellas pensé: “Ojalá el mundo se llene de Sabinas y ojalá los hombres tomen pronto conciencia de lo importante que es la paternidad”. El mundo está lleno de mujeres y hombres heridos por culpa de la ausencia o el abandono del padre, algunos tan traumados que pasan la vida sufriendo emocional y psíquicamente, y lo podemos ver en muchos relatos de nuestra cultura: novelas, películas, cuentos, series de televisión…

Es uno de los grandes temas de la humanidad: el abandono parental y las huellas profundas que deja en nuestro corazón y nuestra psique.

Muchos de los padres que abandonan fueron abandonados. Ya es hora de romper esa cadena de padres abandónicos que se sucede generación tras generación. Ahora les toca a los hombres usar anticonceptivos si no quieren tener hijos, o volcarse en la crianza si quieren tenerlos.

La mayoría de los hombres no se responsabiliza porque cree que cuidar es cosa de mujeres, y que nosotras debemos ser las que saquemos adelante a las criaturas, mientras ellos siguen su vida como si nada.

Las leyes han apoyado a estos hombres durante muchos años, hasta el punto de que les permiten desentenderse de sus criaturas y luego, en la vejez, exigirles cuidados y dinero. Los que no pagan pensión alimenticia cuando son jóvenes, la piden cuando envejecen y ya no pueden valerse por sí mismos. Es una tremenda injusticia que los hombres sigan manteniendo el privilegio de recibir cuidados sin darlos.

Del mismo modo en que las mujeres nos incorporamos masivamente al mundo laboral, los hombres tienen que incorporarse masivamente al sistema de cuidados. No vamos a lograr la igualdad hasta que los hombres aprendan a cuidarse a sí mismos, a cuidar a sus padres y madres, a sus bebés, a sus familiares enfermos o con discapacidad, y tienen que aprender a cuidar también los espacios que habitan y el planeta en el que viven.

Los gobiernos aún no están implicados a fondo en el cambio que necesitamos para construir una sociedad más justa e igualitaria, basada en la ética del amor y la filosofía de los cuidados, pero las personas que trabajamos por un mundo mejor sabemos que la herramienta fundamental es la pedagogía.

Nosotras, las mujeres feministas, estamos educando a nuestres hijes para que entiendan que sin cuidados no hay vida y, a su vez, que no es justo que las mujeres sean las únicas que cuiden.

Nosotras estamos tomando conciencia de que no hemos nacido para servir, ni para sufrir ni para sacrificarnos: no somos las criadas de los hombres y no tenemos por qué asumir sus obligaciones. Nosotras tenemos derecho a tener derechos, y nuestras criaturas se merecen una vida buena, con todas sus necesidades cubiertas y sus derechos garantizados.

Mientras los hombres siguen resistiéndose a cuidar y a asumir sus paternidades, nosotras tenemos que seguir luchando para que el Estado se haga cargo del problema y obligue a los deudores a realizar sus pagos mensuales y los gastos extraordinarios que necesitan sus hijes.

Nosotras no tenemos por qué estar todos los meses pidiendo a los padres de nuestras criaturas que depositen el dinero, ni tenemos por qué encargarnos de perseguirlos para que no se atrasen: es el Estado el que debe exigirles el pago cada primero de mes.

Es el Estado el que debe vigilar que las leyes se cumplan y que los niños y las niñas tengan el dinero necesario para tener una vida digna.

Es el Estado el que debe proteger a las madres y a las infancias, y para ello necesitamos que la sociedad entienda la problemática, tome conciencia y apoye nuestras reivindicaciones.

Adquirir este libro es una forma de apoyar la lucha de las Sabinas, pero también es un salvavidas y un manual de supervivencia que ayudará a las madres y a las profesionales que trabajan con mujeres e infancia a denunciar individual y colectivamente a los padres abandónicos.

Lo más importante es que todas nosotras tengamos una red de apoyo para poder desahogarnos, para sentirnos escuchadas y acompañadas, para protegernos entre nosotras, para compartir información, para comprender el sistema judicial, para obtener recursos, para compartir los momentos duros y para celebrar las victorias. Cuando las mujeres compartimos nuestros saberes y nuestras herramientas vamos dando pasos, y vamos avanzando todas juntas.

Me llena de esperanza pensar que este libro va a ayudar a miles de mujeres, niñas y niños, y que la red que está tejiendo Diana, de madres que luchan por todo el mundo, va a ser cada vez más gigantesca.

La suya es una lucha histórica: algún día cuando echemos la vista atrás nos parecerán una monstruosidad los datos sobre la cantidad de niños y niñas abandonados por sus padres en la actualidad. Nos preguntaremos: ¿cómo la sociedad pudo permitir tanta violencia contra las infancias?, ¿cómo el Estado pudo permitir a los padres abandonar a sus hijes?, ¿cómo fue posible que tantos hombres huyeran de sus responsabilidades parentales, sumiendo a sus hijes en la pobreza?

Aún nos queda mucho camino por recorrer, pero hay que ir celebrando todas las victorias, una a una, y hay que conseguir que la lucha de las Sabinas llegue poco a poco a más países y se convierta en una de las principales reivindicaciones del feminismo.

Vamos a lograr que la sociedad tome conciencia del problema, que proteja a las infancias, que ponga los cuidados en el centro y que apoye a las madres que crían solas.

Juntas sí podemos.

Coral Herrera Gómez

INTRODUCCIÓN

Escribí este libro pensando en el texto que me hubiera gustado leer antes de iniciar el proceso de reconocimiento de paternidad de mi querida hija Sabina, y previo a recorrer en juzgados la difícil travesía que implica demandar una pensión alimenticia en México. Es un documento que pretende ser una guía para todas las mamás que enfrentan o habrán de enfrentarse a un litigio en búsqueda de justicia para sus hijes.

Su contenido plasma la experiencia de mamás que me han permitido acompañarlas y aprender de ellas. Es, como dice Marta Sanz en *Monstruas y centauras*, "una recolección de relatos y, a la vez, un aprendizaje de los relatos de los hombres con los que nuestra mirada y nuestra voz han sido alfabetizadas". Una ventana que nos permite vernos y renombrarnos a partir de una postura distinta a la que nos han enseñado: la de las maternidades autónomas, y no como el patriarcado quiere seguirnos percibiendo: desde la soltería fiscalizadora de nuestra sexualidad.

Todo el conocimiento que se comparte aquí proviene en su mayoría de autoras y referentes mujeres, de mamás activistas, así como de la lucha en colectiva. No es un texto que describa la maternidad romántica y engañosa que nos vende el patriarcado para tener vientres gestantes de sus nuevos ciudadanos y ciudadanas. Es el grito de rabia y de reclamo al Estado omiso que permite y solapa el abuso de hombres que no asumen su paternidad de forma responsable y abandonan a las mujeres desde el embarazo, empezando por quienes se encuentran en la toma de decisiones y que son referentes sociales y políticos.

Son propuestas para que quienes las lean afinen su mirada con las "gafas violeta" y puedan tener las herramientas para elegir a la persona que será su defensora jurídica. Encontrarás en el interior un diccionario para entender los términos especializados que suelen usarse y que no logramos comprender a la primera las mamás que no somos abogadas. Es una reflexión profunda sobre el abandono paterno en nuestro país y que, de forma simultánea, atraviesa a millones de mujeres en Latinoamérica.

Una voz experta en salud mental comparte respuestas a preguntas comunes que nos inundan a las mamás autónomas de manera constante en la crianza de nuestres hijes: ¿qué le voy a decir cuando pregunte por su papá?, ¿qué hago el Día del Padre?, ¿cómo manejar la relación con el papá?, ¿cómo afecta el padre ausente?, ¿cómo puedo prevenir el abuso sexual infantil?, ¿cómo lidio con la carga mental cotidiana?, y un sinfín de cuestionamientos más, en los que la especialista da luces para no perdernos.

El autocuidado, las redes de apoyo y la violencia vicaria que ejercen padres agresores que se niegan a pagar la pensión alimenticia forman parte de los ejes de análisis de este salvavidas que busca ser un aliciente y una referencia clara y sencilla para que no partas desde cero tu litigio, sino que lleves una mochila poderosa llena de elementos que te permitirán ser resiliente, estratégica en el desarrollo de tu proceso y estar más atenta y preparada ante las vicisitudes que pudieran presentarse.

La redacción me fue posible gracias a una red de cuidados de otras mujeres: amigas que me ayudaron con el cuidado de mi hija ciertos días para lograr escribir sin distracciones; una vecina que me vendió la comida por un periodo largo de tiempo, pues o iba al mercado por insumos para preparar la comida y lavaba trastes o escribía. Logré terminar el libro por obra y gracia de las diosas que me acompañaron en todo momento, y pese a tener una habitación propia e ingresos, requería cada instante del hilado de ideas auxilio en los cuidados.

Quiero agradecer a todas y a cada una de las mamás integrantes de la colectiva de Ley Sabina que durante tres años me han sostenido y acuerpado, por no rendirse en sus propias luchas. A Coral Herrera, por su sororidad y tremendo prólogo, por enseñarnos a desechar el amor romántico y, ahora, a renunciar al mandato de cuidados.

Que sea este salvavidas un recordatorio permanente que te haga repetirte a ti misma que no estás sola y que luchamos juntas.

CAPÍTULO 1
NI SOLTERA NI LUCHONA, SOY MAMÁ AUTÓNOMA

¿QUÉ VAMOS A HACER?

Si estás leyendo este salvavidas para las "mamás solteras" es porque atraviesas por un proceso de pensión alimenticia, has pasado por este peregrinar en busca de ayuda para que un padre asuma la obligación que le corresponde o quizá simplemente es una realidad que te atañe de algún modo. Quiero decirte que llegaste al libro correcto.

Lo primero que tienes que saber es que todo lo que te han dicho hasta ahora, cosas como que es tu culpa por "elegir mal", no es verdad. Vivimos en una sociedad machista y patriarcal que juzga y culpa a las mujeres por ser madres, mientras que a los hombres que las embarazan y abandonan a sus hijes los exime de su responsabilidad.

No es tu culpa que exista un universo amplio de abandónicos que andan por el mundo enamorando mujeres y haciendo hijes sin asumir su paternaje y todo lo que conlleva: desde los cuidados, hasta el pago de una pensión alimenticia justa para la manutención de sus infancias. Es una violencia históricamente normalizada y que ha marcado la vida de nuestras madres y abuelas.

La mirada con la que es vista una mamá, mal llamada "soltera", tiene una carga simbólica tremendamente negativa. De inmediato se hace referencia a una mujer que es la "amante", "la dejada", "la luchona", mientras que un "papá soltero" tiene un significante totalmente opuesto: un gran padre, deseado por las mujeres y con cierto grado de conmiseración.

Ninguna mujer tendría que maternar en solitario, pues es tremendamente violento, cansado, desgastante y hasta deprimente; terminamos hechas pomada. La crianza nos absorbe y, sin autocuidado, dejamos de ser nosotras mismas, para dedicarnos a la otredad, al cuidado de los seres que trajimos al mundo y que, dicho sea de paso, no trajimos solas, pues finalmente hay un progenitor que también tendría que hacerse cargo, pero que tiene un sistema patriarcal social y de justicia que lo solapa para dejarnos a nosotras solas con todo el trabajo de criar, educar, sostener y mantener a les hijes.

La primera pregunta que nos hacemos cuando nos damos cuenta de que maternaremos solas es: *¿ahora qué voy a hacer?* Para darte la respuesta, es necesario analizar el contexto social e histórico del país en el que vivimos, porque no es lo mismo abordar la problemática en México y América Latina, que hacerlo desde el radar de Estados Unidos o Europa, que desde hace más de 100 años han consolidado políticas públicas para atender el tema, mientras que en nuestro país los avances son lentos debido a un sistema corrupto, simulador, misógino y patriarcal.

De inicio tienes que saber que *no eres una mamá soltera, eres una mamá autónoma.* Sé que el concepto te suena lejano, porque el patriarcado nos ha nombrado acorde a su conveniencia: nos quiere ver solas. La soltería no define nuestra maternidad. Podemos tener una pareja y maternar en autonomía; es decir, desde nuestra independencia económica, pero también con nuestras propias herramientas ante la ausencia de un padre biológico que ha decidido no estar, no ejercer su paternidad ni asumir la responsabilidad económica que le corresponde.

Seguramente tendrás que decidir si iniciar un proceso legal contra el abandónico o llevar a solas la carga y los costos de la crianza. Sin importar la opción que elijas, el siguiente listado podrá darte un panorama de las herramientas de las que podrás echar mano y de las cuales hablaremos a lo largo del libro que ahora tienes en tus manos.

UN SALVAVIDAS PARA TODAS LAS MAMÁS AUTÓNOMAS

¿Qué pasos seguir?

1. **Entender que no es tu culpa.** Hay malos padres.
2. **Renombrarte.** No eres "mamá soltera", eres una mamá autónoma.
3. **Buscar una red familiar o de amistades** que te escuchen, apoyen y sostengan cuando sea necesario. Maternar en solitario es agotador mental y físicamente. Necesitarás ayuda para cuidar a les hijes y descansar aunque sea un poco.
4. **Identificar el proceso legal** que habrás de enfrentar:
   - *Reconocimiento de paternidad:* abandono desde el embarazo o negativa a reconocer al menor aunque hayan pasado años, no importa cuántos.
   - *Pensión alimenticia:* reconoció al menor, pero se niega a dar lo que le corresponde económicamente, así como los gastos que implica la pensión alimenticia en toda su amplitud.
   - *Pensión para mujeres que se dedicaron al trabajo del hogar:* ante un divorcio, la persona que absorbió la responsabilidad del trabajo del hogar y de cuidados tiene derecho a recibir una pensión para compensarla económicamente.
5. **Buscar referencias de un abogado o abogada con perspectiva feminista.** De preferencia que sea una recomendación de

parte de otras madres cuyos casos se hayan solucionado favorablemente. Esto implica un costo; no obstante, también hay personal de oficio en los juzgados, en secretarías de las mujeres y defensorías de derechos humanos en los estados que llevan a cabo estos procesos de manera gratuita, con la salvedad de que suelen demorarse más por la carga de trabajo. Lo importante es dejar el antecedente legal del inicio del juicio. Su continuidad y buen desarrollo dependerá de diversos factores que explicaremos más adelante.

6. **Hacer y firmar un contrato de honorarios** con esa persona que habrá de ser tu defensa jurídica, en el caso de que sea un abogado o abogada particular, estableciendo los servicios que otorgará y sus honorarios por concluirlos.
7. **Explicar al menor lo que pasa.** Si la infancia será requerida a testificar, de acuerdo con su edad, en las audiencias que se lleven a cabo durante el proceso, es necesario explicarle lo que sucederá, escuchar lo que piensa, darle atención y contención a sus emociones.
8. **Decidir solicitar ayuda profesional** de una persona capacitada en psicología, sugerimos también con un enfoque feminista, que te ayude a ti y a tu hije durante el juicio.
9. **Informarse de manera constante** con tu representante jurídico sobre la evolución del caso. Conocer paso a paso el seguimiento evitará que pases años pagándoles servicios a abogados que solo buscan explotarte. Podrás decidir si continúas o no con esa persona como tu representante legal.
10. **Hay que prepararse para resistir y continuar.** Es muy común que una vez que se ingresa una demanda de alimentos a los padres irresponsables estos busquen cambios de guarda y custodia con tal de no pagar. No tengas miedo. Por eso es necesaria una buena defensa.

11. **Exhibir al deudor alimentario.** Puedes hacerlo socialmente o participar en los tendederos de padres irresponsables que no pagan la pensión alimenticia o no reconocen a sus hijes; esto podría ayudar a ejercer presión social sobre el sujeto para obligarlo a pagar lo que adeuda.
12. **Solicitar órdenes de restricción y medidas de protección.** Un número amplio de deudores alimentarios tienden a generar otras formas de violencia al verse incomodados por exigírseles el cumplimiento del pago de pensión. La violencia intrafamiliar es la antesala de otras violencias, por lo que será necesario generar todo un entorno de protección para ti.
13. **Formar una tribu.** Participa en colectivas de mamás que estén enfrentando procesos legales similares a los tuyos. Conversar entre nosotras no solo es sanador, sirve también como retroalimentación de experiencias que pueden ser guías positivas para mejorar tus respuestas en juzgados.
14. **Alistarse emocional y jurídicamente por si el deudor te busca.** Ten claridad en la propuesta de un posible convenio que previamente hayas conversado con tu representante legal y que pueda ser favorable para ti y tu hije. No te cierres al diálogo, pero siempre en espacios y condiciones seguras. Evita reunirte a solas con el progenitor, más si aún existe un vínculo de afecto desde tu persona hacia él. Sería mucho mejor que estuviera presente una tercera persona, familiar, amiga o tu representante jurídico.
15. **Mantener actualizados los montos de las planillas de adeudo y denuncia ante el Ministerio Público por el incumplimiento de pensión.** Dar la mitad de lo acordado, menos de lo que se firmó en el convenio o cada que el sujeto quiera no es cumplir con la pensión. Exige el retroactivo en todo momento y evalúa judicializar tu caso. Agotado lo civil, la vía es el

proceso penal o ambos simultáneamente. Todo dependerá de la estrategia jurídica. No pierdas décadas en lo civil, como suele suceder por desinformación. La mayoría de los deudores alimentarios paga lo que debe cuando va a pisar la cárcel. Casualmente la familia les coopera para que esto no suceda o les aparece el dinero como por arte de magia.

16. **Dar certeza jurídica a todo acuerdo que se firme.** Deberás realizarlos ante notario o juzgado. En el primer caso, deberá ser ratificado por el segundo.
17. **Las convivencias con les hijes son un derecho de los progenitores,** pero sus derechos se agotan cuando no pagan la pensión o incumplen con lo acordado, por eso es necesario denunciarlos. La pérdida de la guarda y custodia, así como de patria potestad, se da cuando no se cumple con la responsabilidad alimentaria.
18. **Si el progenitor busca venganza con las convivencias, puedes solicitar que sean supervisadas** y solo si no se trata de un agresor. A un padre ausente que no ha convivido con su hije por años, o al que simplemente abandonó desde el embarazo, se le deben restringir los derechos civiles de guarda y custodia, así como de patria potestad. Eso no lo exime de pagar y cumplir con la pensión alimenticia.
19. **No te sientas culpable por exigir los derechos de tu hije.** Desecha las opiniones negativas de personas que no están en tus zapatos, pues existe un odio sociocultural a las mamás autónomas. Para cambiar las historias de abusos hacia las madres es necesario denunciarlas. Ten la certeza de que estás haciendo lo correcto. Nadie puede juzgarte por tus decisiones.
20. **No te olvides nunca de ti y de tu autocuidado.** Que el proceso no te desgaste anímica, económica ni emocionalmente.

> Tienes que estar y sentirte bien para maternar en las mejores condiciones posibles.

Sé que lo que acabas de leer no es sencillo, pero tener el conocimiento de todo lo anterior marcará diferencias en cómo sobrellevarlo. Ahora bien, vayamos por partes y desmenucemos la idea: *¿de qué va la autonomía?* Te platicaré cómo, a partir de esa palabra, podemos resignificarnos.

¡Iniciemos!

¿POR QUÉ ES TAN DIFÍCIL?

Las madres cargamos con nuestres hijes, no tenemos opción; suena sencillo, pero es tremendamente cansado, depresivo, desolador y violento. La herida del abandono paterno deja una huella permanente que vamos sobrellevando y sus secuelas se hacen presentes, tarde o temprano, en distintas situaciones de nuestra vida.

Es la herida de un país de padres que abandonan, que abortan en vida a seres humanos y no son criminalizados como las mujeres por el derecho a decidir sobre su cuerpo. México ha preferido romantizar la maternidad: nos celebran cada 10 de mayo y nos llaman "jefas de familia" antes que nombrar a los padres ausentes.

Clara Serra, filósofa española, señala:

> El rechazo del patriarcado hacia las madres solteras, las mujeres lesbianas o las mujeres que son dueñas de su vida sexual y su maternidad sin estar sometidas al control masculino sigue siendo una realidad. Así como sigue siendo real la culpabilización de las mujeres sexualmente activas. Las niñas aprenden un día que, si no miden bien su comportamiento sexual, pueden ser llamadas putas.

> Y a las putas nadie las quiere. Una puta madre y un hijo de puta son lo peor que le puede pasar a una sociedad, de acuerdo con las normas machistas que agreden desde los micromachismos del lenguaje. Lo mismo cuando te mandan a chingar a tu madre, o te dicen que te van a romper la madre.

Son expresiones emanadas de la romantización patriarcal de la maternidad que nos encasilla en madres vírgenes, santas y puras. Las que "disfrutan" ser mamás y no se quejan, que estiran el gasto, tienen limpio y están atentas a lo que requieren las "bendiciones".

Del problema social que generan las ausencias paternas no se habla, porque irremediablemente todos conocemos a una "mamá soltera" o nosotras mismas somos hijas de un abandónico.

Para nosotras, ser "mamá soltera" es sinónimo de ser juzgada y objeto de burlas; es etiquetar a la mujer por su estado civil. Decir "mamás luchonas" es una forma de ridiculizar a las madres; pongo como ejemplo la estrategia publicitaria de cierta tienda de conveniencia en la que le colocan una capa a "Mamá Lucha" para buscar los mejores precios en el supermercado. No vemos a los expertos del *marketing* colocando la misma capa a Batman para ir por verduras.

Las empresas conocen bien su mercado. De acuerdo con información del INEGI de 2022, en México, de las 38 millones de mujeres que son madres, por lo menos una tercera parte corresponde a mamás solteras. Si a este número le agregamos los 2.1 hijes que tiene en promedio cada una, hay cerca de 30 millones de infancias con un padre abandónico.

Hago un paréntesis para abordar el sesgo con que el INEGI hace las encuestas sobre jefas de familia. Cuando el encuestador acude a los hogares, las madres dicen el número de hijes que maternan. En cambio, los maridos o parejas no dan registro de les hijes que tienen fuera de ese hogar, por evidentes razones.

Hay que apuntar que un gran número de infancias con padre ausente es procreado fuera de matrimonio. Por tanto, considero que no hay un censo real del número de padres ausentes en México; por una parte, debido al sesgo que menciono y, por la otra, porque la narrativa oficial está centrada en "jefas de familia" y las preguntas no abordan a los padres ausentes.

Por ejemplo, no se cuestiona si en el hogar hay un deudor de pensión alimenticia, y si lo hay, cuánto aporta y con qué frecuencia. Estoy convencida de que si hiciéramos un censo de paternidades podríamos obtener datos relevantes para desentrañar de manera más puntual este cáncer social.

Un dato revelador es que en 2021, durante la pandemia por covid-19, se registraron casi 150 000 divorcios; un aumento de 61.4% con respecto al año anterior; esto es 33 divorcios por cada 100 matrimonios. Lo grave es que en siete de cada 10 separaciones los padres no pagan la pensión alimenticia.

También es impresionante lo que representó el trabajo de cuidados no remunerados ese mismo año: 6.8 billones de pesos, 23.6% del producto interno bruto. En resumen, las mujeres somos quienes cuidamos y nuestro trabajo es invisibilizado aunque genere millonarias retribuciones al erario.

Por otro lado, de los estudios más destacados sobre maternidades, Chile y Argentina tienen ventaja; han llevado a cabo encuestas sobre maternidades autónomas y lactancia materna. Recientemente Argentina elaboró el índice de crianza que permite conocer la cantidad del gasto económico, por edades de las infancias, para establecer la cuota alimentaria de una forma más proporcional; a ello se suma la aprobación de la legislación que da un valor económico al trabajo de cuidados como base de su sistema nacional en la materia, el cual resulta atractivo para aterrizarlo en México, con un poco de voluntad política. En ese país se creó el Instituto de Masculinidades y Cambio Social, pionero en acciones cuyo fin es la deconstrucción patriarcal, en la que hombres les hablan a otros hombres sobre sus violencias y privilegios.

¿MATERNAR SOLA ES VIOLENTO?

Sí lo es. Hemos repetido con megáfono en mano y en volumen muy alto que *el abandono paterno en nuestro país y en América Latina es un problema social*, un lastre para el desarrollo de las infancias y una violencia grave que conlleva otras violencias previas y también posteriores, como la vicaria.

¿QUÉ VIOLENCIAS IMPLICA?

La *violencia vicaria* se trata de padres agresores que no soportan que las madres de sus hijos ya no quieran seguir en una relación de pareja, que no toleran verlas con otra persona porque su frágil masculinidad se ve agraviada; por ello, usando a las infancias para causar daño, sustraen a los menores para llevarlos con la abuelita, la nueva novia o cónyuge. Dejan de pagar la pensión alimenticia, hasta el punto de cometer feminicidios, como lamentablemente sucede en innumerables casos, como el de Cecilia Monzón, una abogada de Puebla que defendía los derechos alimentarios de su hijo cuando, en medio del litigio, el padre mandó a asesinarla.

Daniela Rea, en su fascinante libro *Fruto*, en el que entrevistó a diversas madres, detalla cómo la poeta Laura García Dueñas publicó en su artículo "Te invito a mis cuidados" una queja no de sus hijos, sino de la forma en que en Latinoamérica "se ha normalizado que debemos ser las madres: sufrientes, silenciosas, luchonas, animales imposibles que hacemos todo para sacar adelante a nuestros hijos solas".

Ser mamá soltera en un país machista donde la violencia obstétrica es padecida por 30% de mujeres embarazadas, donde el adultocentrismo predomina en las políticas públicas, donde se revictimiza a las madres en los juzgados al culparlas por su maternidad, mientras se solapa a los deudores alimentarios, permitiendo su impunidad con amparos absurdos para evadir el pago; donde los mismos legisladores y gobernantes deudores alimentarios son los que bloquean reformas para el acceso a la justicia de las infancias y de las madres, donde el cierre de estancias infantiles y de escuelas con horario extendido fue ordenado por el poder en turno, pese a la llegada de la paridad a los congresos y, por primera vez, a un gabinete presidencial, mientras se destinan cuantiosos recursos a partidos políticos y campañas electorales, es sumamente abrumador.

Ser "mamá soltera" en contextos donde el capitalismo asfixiante no permite disfrutar de la maternidad porque hay que conseguir más de un trabajo formal que genere ingresos extra a costa de la propia salud para adquirir una canasta básica de alimentos; donde a mujeres jóvenes que son madres se les exige mantener un promedio mínimo de 8.0 para tener acceso a una beca que les permita continuar sus estudios de posgrado, mientras no hay un radar que identifique a tantos deudores alimentarios que abandonan a sus infancias —ellos sí pueden acceder fácilmente a todos los beneficios de su desarrollo profesional—, resulta desalentador.

Ser "mamá soltera" es entregar nuestra propia vida para asegurar la existencia del ser que gestamos aunque nos olvidemos de nosotras mismas y de lo que alguna vez soñamos. Somos las hijas de los padres ausentes, las nietas de las madres solteras que parían más de cinco hijos porque el mandato del matrimonio era "estar como las escopetas, atrás de la puerta y siempre cargadas". Es impactante repensar lo que describo, pero así es y así ha sido.

Nos quedan nuestras redes y las estamos ampliando en un hermoso tejido sororario por todo el país. Las mamás estamos perdiendo el miedo a denunciar a los agresores, a no callar más las violencias normalizadas, como el abandono paterno, y a exhibir a los padres que violentan infancias y a sus cómplices. Nos tenemos a nosotras, a nuestras hermanas, a nuestras amigas y a la generación de niñas que nos viene pisando los talones, que mira cómo sus mamás luchan por defender sus derechos. Hay esperanza, estos abusos patriarcales tienen que cambiar, y para dejar trazado ese camino nos toca impulsar la llegada no solo de mujeres a la toma de decisiones, sino de *mujeres feministas cuya agenda sea la de cuidados y maternidades.*

ENTONCES, ¿CÓMO NOS IDENTIFICAMOS?

El lenguaje nombra, define lo existente y lo describe, por eso las palabras y la narrativa importan. Es necesario renombrarnos, resignificarnos y colocar un lenguaje distinto que ponga al centro los derechos de las infancias en dos premisas relevantes: nosotras no elegimos a los malos padres, ellos deciden serlo; y la soltería no puede ser una condición que describa nuestra maternidad.

La sociedad nos quiere ver solas, que nuestro cuerpo gestante sirva únicamente para su cosificación, para el uso y disfrute del patriarcado, como "mamás buchonas"; en tanto, somos encasilladas en la función de maternar y criar porque es nuestra "naturaleza", y poseemos un supuesto instinto maternal por el solo hecho de ser mujeres, al tiempo que se rechaza nuestra autonomía, empezando por las décadas de lucha feminista que ha costado dejar de debatir el aborto para situarlo en una agenda de salud de las mujeres, de libertades y de derechos. Lo mismo pasa con las maternidades, somos *mamás autónomas* y en esta nueva postura política nos vamos a colocar de aquí en adelante.

¿POR QUÉ MAMÁS AUTÓNOMAS?

Entendemos la autonomía como la explica la representante del feminismo latinoamericano Marcela Lagarde, en sus claves feministas para lograr el poderío de las mujeres, donde no exi*ste una sola teoría de autonomía porque cada experiencia de vida es única.* "Poderío como categoría, como un conjunto de poderes positivos para vivir y que podemos desarrollar las mujeres. Y la autonomía que, desde esta perspectiva, se enmarca en el tema de poder y como algo por construir, como algo que hay que defender porque no existe plenamente. La autonomía es parte de la estrategia de la lucha de las mujeres en el mundo y tiene como soporte la libertad. La libertad no como un hecho abstracto, sino definida a partir de la experiencia de cada mujer".

La autora de *Los cautiverios de las mujeres* explica que no es lo mismo la independencia que la autonomía. Podemos ser más o menos independientes, pero eso no es equivalente a ser autónomas. La primera es un requisito indispensable para la segunda, pero la autonomía requiere de una construcción social que abarca a personas, ámbitos sociales y relaciones.

Pensemos en una mamá que genera ingresos para la manutención de sus hijes. Puede tener cierta independencia económica, pero su entorno social no le garantiza ejercer una maternidad plena pues no puede evitar el señalamiento del constructo social patriarcal por ser madre autónoma, como tampoco disfrutar el pleno goce de su sexualidad por temor a ser doblemente juzgada.

La autonomía tiene un fundamento sexual, nos dice Lagarde, y construirla pasa por revisarla críticamente para transformar sus contenidos. Tenemos entonces que analizar la sexualidad erótica y la procreadora. Afincar la autonomía como una experiencia de la sexualidad.

Otro aspecto fundamental es que la autonomía se construye a través de procesos psicológicos; hay una relación estrecha con las experiencias vividas, con la cultura, con los procesos estéticos, con lo que leemos: ¿qué canciones escuchamos, qué canciones cantamos? ¿Seremos autónomas si nos atraen canciones que cosifican a las mujeres, que nos degradan?

"No se nace mujer, se llega a serlo", premisa básica de la biblia feminista *El segundo sexo*, de Simone de Beauvoir. Tampoco nos convertimos en mamás autónomas por el hecho de maternar solas. Llegamos a construir esa autonomía propia, que no puede ser igual para otra mamá, porque cada una tiene historias de vida y contextos sociales diferentes.

Es interesante la insistencia de la autora en ir bordando el discurso de la autonomía, sin dejar de lado la lucha por consolidar derechos específicamente de las mujeres.

Hace hincapié en la autosuficiencia, que en el caso de las maternidades autónomas se podría traducir en los procesos que tienen que atravesar por el reconocimiento y la exigencia del cumplimiento de sus derechos y de sus hijes por parte del progenitor, así como también en la identificación de las violencias que pueden estar viviendo.

No se puede ser autónoma mientras se permanezca en un entorno de violencia o con violentadores que agreden, degradan, humillan, manipulan o sobajan la dignidad.

Marcela Lagarde también puntualiza que

> No se puede tener autonomía si se tienen 10 hijes, podrán ser mujeres que hacen muchas cosas, que van y vienen, pero están cosificadas como seres que encuentran su sentido práctico y filosófico en los otros. Para ser autónomas, todas las mujeres necesitamos redefinir nuestra vida en torno a nosotras mismas y dejar de ser objeto. Y tampoco se puede ser autónoma si se carece de autoestima. La autoestima de las mujeres se apoya profundamente de la estima de los otros y acaba siendo una reacción a la estima de esos otros. Por eso la autoestima es tan endeble en muchas mujeres. Cuando la autoestima crece, la autonomía también.

Y es que por mucho tiempo se nos ha culpado de haber "elegido mal" al padre de nuestres hijes. Ese pensamiento machista ha hecho que el miedo y la vergüenza inunden a millones que hemos tenido que soportar lo tremendamente violento que resulta maternar en solitario, antes que exigirles por todos los medios a los progenitores que se hagan cargo.

Así lo hicieron nuestras abuelas y madres, y lo siguen haciendo millones de mujeres desde la precariedad, a costa de su salud, renunciando a oportunidades profesionales porque la crianza es brutalmente absorbente, agotadora y desafiante, mientras paralelamente no existen maternajes dignos debido a la ausencia de políticas públicas.

Es inaudito que sigamos organizando tetadas masivas como protesta porque amamantar en espacios públicos puede resultar ofensivo. Es inadmisible que les sigan negando la entrada a las infancias a oficinas de gobierno o a congresos o que no haya cambiadores de pañales en ambos baños; que en plena pandemia nos hayan negado el acceso a los supermercados, y criminalizar a las madres por robar latas de leche y pañales para sus bebés, como sucedió en Coahuila, cuyo caso se viralizó. Estamos lejos de naturalizar y abrazar socialmente la maternidad.

¿QUÉ ES EL PACTO PATRIARCAL?

Hacerse cargo de la crianza, los gastos y las responsabilidades que conllevan formar y criar a un nuevo ser deberían repartirse entre dos personas, las mismas que participaron en la procreación, es lo justo; pero vivimos en un régimen patriarcal que juzga la maternidad, mientras los padres disfrutan de la impunidad que les da ese sistema que les permite embarazar mujeres y abandonarlas junto a sus hijes sin menor reparo, porque saben que no les pasará nada, porque saben lo tardado y costoso que puede durar un juicio de reconocimiento de paternidad o de alimentos y lo sencillo que es evadirlos ante la complicidad de jueces y la ausencia del Estado.

Al sistema machista le conviene seguir manteniendo un problema social como el de los padres ausentes en el ámbito de lo privado. Por eso decimos, como la líder feminista Kate Millett, que lo personal es político y, por ende, maternar también lo es. *Los asuntos de las mujeres son asuntos del Estado*, como bien lo refiere la escritora Sabina Berman; los deudores alimentarios representan el avispero del patriarcado, son muchísimos, están en todos lados.

El orden social no se concibe sin nosotras las madres. Somos las que nos encargamos de mantener con vida a nuevos humanos. Somos las que realizamos todo ese trabajo no remunerado "en nombre del amor", que se puede traducir en amor a nuestra pareja, a nuestres hijes, como lo explica la filósofa Silvia Federici, y que sirve al capitalismo para mantenerse. De ahí la crítica enormemente simbólica que hace a Carlos Marx al solo valorar el trabajo asalariado y no considerar el trabajo reproductivo y de cuidados que realizamos las mujeres.

Con esa misma mirada, la escritora italiana Carla Lonzi escupe sobre Hegel y en su manifiesto publica: "No queremos continuar pensando toda la vida en la maternidad y continuar siendo instrumentos inconscientes del poder patriarcal".

Todo hace sentido cuando nos damos cuenta de que hay muchos deudores alimentarios y padres abandónicos que no han reconocido a sus hijos y que están en el poder, ocupando cargos públicos y participando activamente en la toma de decisiones. Aquí palpamos el pacto patriarcal, una red de protección entre hombres que es usada para seguir conservando sus privilegios. El privilegio de nacer hombre, embarazar mujeres y dejar a la deriva a infancias con la protección y el encubrimiento del Estado.

En México tenemos, por ejemplo, a un expresidente del que en plena campaña se difundió que tenía un hijo no reconocido, al que no le pagaba la pensión alimenticia. En una nación que cuida a las infancias, su candidatura debió ser anulada, pero no sucedió así. Enrique Peña Nieto gobernó México y ese episodio solo fue un escándalo mediático y no de una indignación colectiva.

¿Cómo puede gobernar un país un sujeto que no es responsable de lo que debiera ser lo más importante, sus propios hijos? ¿Qué nivel de cinismo y qué nulos valores debe tener un hombre para ocultar a un hijo? Son preguntas que nos seguimos haciendo, pero que requieren también de una profunda reflexión social y de una conversación permanente.

Contemos el caso del expresidente de la Suprema Corte de Justicia de la Nación Genaro Góngora Pimentel, quien gracias al tráfico de influencias se negó a pagar una pensión alimenticia digna a sus dos hijos con autismo porque ellos no podían "gastar" su dinero en recreación por su condición de salud y, en un acto de venganza por haberlo denunciado, metió a la mamá a la cárcel.

El expresidente sigue cobrando una pensión vitalicia millonaria y continúa también revictimizando a la madre, al solicitar recientemente la anulación económica de lo que aporta, y aunque sus hijos alcanzaron la mayoría de edad y nunca ha paternado —porque hay que dejar claro que una cosa es suministrar parte de los gastos económicos y otra muy distinta asumir cuidados, cuyo valor es incuantificable—, la condición de ellos requiere atención médica de por vida.

La radiografía de los padres ausentes es amplia. Senadores, diputados, presidentes municipales de todos los partidos políticos (ninguno se salva), conductores, futbolistas, periodistas, cantantes como Luis Miguel —que acude a la escuela de las hijas de su nueva pareja pero no visita a sus hijos biológicos— son solo algunos casos más visibles que nos dan un panorama de lo naturalizado que tenemos el abandono paterno y que pagar una pensión alimenticia no es sinónimo de paternar. Ser padre implica más que aportar una cantidad económica, requiere cuidados afectivos, pero también es cierto que cuando los progenitores no quieren paternar, tampoco se les puede obligar. Lo que sí es su obligación es pagar la pensión alimenticia que les corresponde, porque sus hijes comen todos los días.

¿CÓMO NOS AFECTA EL ABANDONO?

Mi mamá me ha dicho toda la vida que me parezco mucho a mi papá, pero eso no me genera ni un ápice de agrado. Aunque he de confesar que en algún momento tuve el ferviente deseo de saber quién era, de salir corriendo como lo hizo Alma Delia Murillo en *La cabeza de mi padre*, para buscar al mío y descubrir si en verdad la forma de mi cara se asimilaba a la suya, a qué se dedicaba, si tenía más hermanos... Pero con los años y la desesperanza, esos pensamientos se disiparon.

No sentí el abandono sino hasta la adolescencia, y desde entonces me es inevitable hablar de mi papá ausente, sobre todo en conversaciones frecuentes con la terapeuta. Necesité su compañía, sus brazos, su consejo, su sola presencia. Quizá me habría evitado a un primer novio que me trataba como su hija, 10 años más grande que yo y con el que duré casi otros 10 de noviazgo, en una relación muy abusiva. Claro, andaba en busca de mi padre y ahora lo entiendo. Nadie me explicó que una pareja que te regaña por la forma de vestirte, te vigila y revisa el teléfono mientras a ti te parece que lo hace por tu bien, no es normal y no está bien.

A veces pienso en la mala fortuna que ha de ser tener un papá maltratador o golpeador, que esté presente, pero siendo agresor, y quizá fue mejor no tenerlo. No puedo saberlo. Tuve la suerte de que mi abuela y mis tías me dieran raíces y llenaran mi niñez de remembranzas que atesoro.

Desde sus posibilidades me brindaron escuela y herramientas que me permitieron sobrevivir, a pesar de todo el sistema que se encarga de hacer difícil la vida de las mujeres que maternan en solitario.

A Hortensia, mi abuela, la abandonó su padre cuando tenía tres años. Fue hija de un acaudalado poblano, dueño de la famosa empresa Huevos Tehuacán, de apellido Romero y a quien no recuerda porque era muy pequeña cuando eso sucedió. Su mamá se hizo cargo de criarla hasta que cumplió 16 años y Tenchita, como le decían en el barrio, decidió casarse con Juan porque ya estaba muy cansada de trabajar, o al menos eso le dijo a su mamá, quien solo se rio y la ayudó a preparar su boda. Su marido era un ferrocarrilero, de afición alcohólico, que la golpeaba un día sí y otro no. Todo el mundo en la cuadra lo sabía. A diario se le escuchaba gritar y nadie se metía. Era normal.

Las esposas eran propiedad de sus maridos. Ir a un Ministerio Público a denunciar la violación cometida por el esposo causaba risas. "Ay, señora, pero si es su marido, es su obligación. Ya váyase a su casa y deje de quejarse. Para qué se casa", respondían a las mujeres que intentaban denunciar.

Fue hasta 2005 cuando en México logró tipificarse la violación conyugal, 12 años después de que el alto comisionado de las Naciones Unidas para los Derechos Humanos publicara la declaración sobre la eliminación de la violencia contra la mujer, en donde quedó establecida la violación marital como una afrenta a los derechos humanos.

En el cuerpo de mi abuela había rastros de esas violencias, cicatrices por todas partes, la mayoría porque don Juan llegaba borracho, quería comida caliente, luego le daban ganas de tener relaciones sexuales, y cuidadito si ella no quería, porque era su "obligación" estar dispuesta. Su cuerpo no le pertenecía.

En una de esas santas tundas, como las describía mi abuela, la persiguió por toda la casa con un ladrillo con el que alcanzó a pegarle en una pierna. Aún tengo en mi memoria la marca que me mostró al alzarse un poquito la falda, uno de esos días en los que me platicaba sus anécdotas, mientras la escuchaba asombrada durante horas en la mesa del comedor que quedaba al lado de la cocina. En esos espacios donde se dan las mejores charlas y de los que tengo los mejores recuerdos con ella.

Las abuelas son un regalo bello de la vida; siento nostalgia cuando pienso en ella. No sé cómo le hacía con tanto nieto en su casa, cómo les echaba más agua a los frijoles para que alcanzaran para todos porque decía que, aunque fuera un pan, no nos iba a faltar comida en la panza. ¡Cuántas violencias sufrieron las mujeres del pasado en nombre del amor y por mandato de Dios!

Tenchita tuvo 14 hijos vivos, pero se le murieron siete de neumonía. No tenía dinero suficiente para pagar medicinas y su marido no aportaba ni un peso. De ahí nació María, de quien les platiqué al principio. Mi mamá me cargó en su vientre, después de que mi progenitor saliera huyendo al decirle que estaba embarazada. No respondió, se fugó, no sin antes proponerle que me abortara, pero mi mamá se aferró a tenerme. Así que aquí estoy, inhalando y exhalando mientras escribo, por ratos furiosa y por momentos con lágrimas.

Es catártico compartir desde una hoja en blanco la herencia de abandono paterno que marcó a las mujeres de mi casa, como si fuera una especie de maldición en la que todas mis tías padecieron la ausencia y las violencias de los progenitores de sus hijos.

Cuento los detalles porque he visto de cerca todo lo que se vive maternando en solitario y cómo las abuelas y la hermanas son fundamentales en los cuidados de las infancias. No es sencillo criar solas o sin una red de apoyo, como tampoco es garantía encontrar un hombre que paterne en lo económico y en lo afectivo. El trabajo de cuidados de manera frecuente recae en las madres, a menos que pertenezcas a esa escasa élite que puede pagar cuidadoras y que también, generalmente, recae en otras mujeres.

Se ha abierto una brecha cada vez más amplia de mujeres que postergan la maternidad o deciden no tener hijes y me parece maravilloso. *La maternidad no debe ser el fin último de las mujeres.* La maternidad será libre, elegida, informada y deseada, o no será.

¿CÓMO SE LLEGA AL FEMINISMO?

Quisiera decir que estudiar, postergar la maternidad hasta terminar una profesión, tener una maestría o recorrer el mundo pueden evitar que seamos "mamás solteras" o que no repitamos los relatos familiares con padres ausentes, pero se repiten. Sucedió de nuevo, pasaban los meses y con quien había procreado a un ser que crecía lentamente en mi interior me bloqueó en su celular, desapareció. Di a luz sola y nació una niña. La nombré Sabina en honor a la chamana oaxaqueña María Sabina.

Cuando supe de mi embarazo se lo hice saber de inmediato al entonces futuro papá, a quien llamaremos Señor M, para fines sencillos de lectura. Le platiqué sobre mi más profundo miedo: ser "mamá soltera", como lo fueron mi abuela, mi mamá y mis tías.

El planteamiento fue sencillo: ambos cogimos, los dos nos hacemos responsables. Le dije de forma concreta y sin rodeos: "O abortamos y tú me acompañas, o nos ponemos de acuerdo en cómo y cuál va a ser tu papel si decidimos que el embarazo continúe".

Se incomodó y respondió muy indignado que no iba a cargar en su conciencia con la muerte de un bebé. Ahí descubrí que el Señor M era Provida. Tal como se lee: Pro-vi-da. Lo digo así porque el patriarcado tiene doble moral, condena la libertad de decidir de las mujeres, pero nos hace parir a sus hijes para después desentenderse y todavía enojarse cuando se les exige un pago de pensión alimenticia, como sucedió con el progenitor y como ocurre con muchos sujetos carentes de toda empatía con sus propias criaturas.

"Mi papá me ha dicho que tenga los hijos que puedo mantener y te voy a apoyar", fueron las palabras que me convencieron de seguir el embarazo. "Apoyar", como si se tratara de un programa de beneficencia. Y así piensa gran cantidad de hombres, cuando lo que hacen en realidad es responsabilizarse, ejercer su paternidad, asumir su obligación. No nos están apoyando ni ayudando, es complejo que lo entiendan los progenitores, forma parte de su deconstrucción machista que ve a les hijes como de las madres y no de ambos.

Salí de ese desayuno confiando en lo que conversamos y sobre todo acordamos. El Señor M sería un papá presente y contribuiría con las necesidades económicas que se requirieran. No seríamos la familia heteropatriarcal idealizada que nos cuentan las telenovelas, con casa, perro y la niña que venía en camino, pero estaría en los momentos trascendentes. Eso me bastaba y me tranquilizaba.

Pasaron unas semanas para que notara, exactamente igual que en esa campaña en Twitter de "Amiga, date cuenta", generada para concientizar sobre la violencia en las relaciones amorosas, que el Señor M no se aparecería durante los nueve meses de gestación ni en el parto. Asumí todo el proceso y los gastos sola. De inicio pagué cerca de 30 000 pesos entre el sanatorio y la cirugía, un aproximado de lo que cuesta un alumbramiento de forma particular en México. Era el principio.

A los pocos meses supe que no fui la única embarazada: éramos dos, sí, *dos mujeres embarazadas del mismo hombre, al mismo tiempo*. Por supuesto, el progenitor nunca tuvo la decencia de mencionármelo en la reunión que tuvimos. Mi hija se lleva solo tres meses con uno (no tengo claridad de cuántos más sean) de sus hermanos.

Es necesario reflexionar que mientras los hombres pueden procrear 365 infancias en un año, las mujeres podemos hacerlo solo una vez, y no es recomendable para nosotras tener más de tres hijos, porque de lo contrario arriesgamos la vida si nacen por cesárea.

Para los hombres es muy sencillo negar su paternidad y continuar engañando a mujeres con las trampas del amor romántico, procreando y abandonando hijes. Después de esta experiencia que me ha causado mucho dolor, la percepción sobre mis vínculos sexoafectivos dista mucho de la que tenía antes de convertirme en madre. Por eso quiero que muchas mujeres que aún no deciden procrear puedan leerme. Escuchar y aprender de la experiencia de otras forma parte del poderío de las mujeres que menciona Marcela Lagarde.

Los padres ausentes y deudores alimentarios están en todos lados, sin distingo. Es una situación que puede sucedernos a todas, pero que no a todas afecta de la misma forma. La capacidad económica, el grado de escolaridad, una red de cuidados, tener un empleo formal y acceso a estancias infantiles son elementos capaces de aligerar el enorme trabajo del maternaje y la crianza; por el contrario, en caso de no tener las herramientas anteriores, puede colocarnos en situaciones de vulnerabilidad.

Platicaba con una amiga sobre las posibilidades que tenemos de encontrarnos con un abandónico o cómo podemos saber que con quien salimos no nos va a enamorar, embarazar y después desaparecerá. Por supuesto que después de vivir una historia así quedas con el terror de que vuelva a sucederte, pero por fortuna vamos aprendiendo.

Hay *red flags* o banderas rojas que nos ponen en alerta sobre estos hombres y necesitamos nuestras antenas listas para detectarlos y no dejarnos ir como si fuera "tobogán en Semana Santa" cuando estemos enamoradas. De esto hablaremos más adelante.

Les he contado hasta aquí cómo fui hija de un sujeto que me procreó pero de quien no conozco ni su rostro, y cómo después repetí la historia familiar que tanto quise evitar. Esto, en palabras de mi terapeuta, es un doble abandono y me ha generado bloqueos en mis relaciones de pareja por ese miedo a ser nuevamente abandonada. Lo voy trabajando, despacio y con plena conciencia. Me ha llevado un par de años y no ha sido nada sencillo.

Marta Lamas, en su libro *Dolor y política*, nos enseña que muchas mujeres llegamos al feminismo a través del dolor de experiencias propias de la violencia con la que nos han roto, y menciona que a partir de esas emociones tenemos rabia acumulada. Le doy la razón. He llegado a la protesta feminista, a la organización colectiva a partir de un hecho que me hiere en lo más profundo, porque esa violencia ha lastimado a las mujeres que más quiero y ahora se trata de mi hija.

Con la digna rabia que caracteriza al movimiento feminista, pero llenas de la ternura radical en la que nos envuelve nuestra propia maternidad, iniciamos una lucha por todo el país y por Latinoamérica para visibilizar la violencia económica y emocional de los padres ausentes.

Las historias de abandono que compartimos en colectiva nos hermanan, nos sentimos en un espacio seguro entre nosotras y somos capaces de gritar y accionar juntas para exigir justicia para nuestras infancias.

El movimiento de mamás que hemos gestado me ha hecho cambiar muchos pensamientos, me he vuelto más sorora, más paciente. A estas alturas no podría involucrarme con ningún sujeto que tenga novia, pareja, con un deudor alimentario o con alguno que diga que su ex está loca. Ese ánimo de competencia entre mujeres ha dejado de tener cabida en mi vida. Procuro entender el dolor que atraviesa a otras mujeres y no juzgar ninguna maternidad. Estoy en aprendizaje permanente y lidiando con mis propios prejuicios y cultura patriarcal inculcada.

Cada una estamos librando batallas que no son perceptibles a simple vista. Trato de no alterarme con aquellas mujeres, sanas, hijas del patriarcado que insultan y ofenden a las madres; por lo regular se trata de las nuevas parejas de los abandónicos y mujeres sin conciencia de género. Ya les tocará estar de este lado, porque los agresores no cambian, solo eligen nuevas víctimas.

Para llegar hasta aquí he tenido que resistir el dolor de mi propia experiencia y escuchar lo que han padecido otras mujeres al creer en el amor romántico que describe Coral Herrera y que urge desmitificar, estableciendo límites, creando nuevos pactos y contratos de amor que privilegien la salud mental y emocional. *Mujeres que ya no sufren por amor* y *Hombres que ya no hacen sufrir por amor* son textos sugerentes de la escritora.

El daño que producen estos sujetos tiene múltiples dimensiones. Si bien las madres sentimos el dolor de ser abandonadas, lo que nos pesa aún más es el dolor de que rechacen a nuestres hijes, los seres que parimos. Sentimos el dolor de la carencia, que el dinero no alcance para pañales, ropa, leche, escuela, alimentos, renta, servicios y medicinas cuando se enferman.

Leemos y cantamos. Coreamos la romantización de la pobreza de las madres con "La patita" de Cri-Cri, a la que no le alcanza para pagar lo que sus patitos comerán. Recordamos "El reloj cucú" y que papá se fue, de Maná, "Pa dónde se fue", de Mon Laferte, o "Mamá soltera", de Patita de Perro, melodías que transmutan el dolor de la ausencia del padre.

Es el dolor de estar agotadas y sentirnos malas madres cuando no podemos cubrir los cánones del mandato social patriarcal, pues no tenemos derecho al cansancio. No podemos decir en voz alta que hubiéramos deseado no ser madres, no podemos divertirnos sin ser juzgadas.

Nos habita el dolor cuando el juez expone las respuestas de los deudores alimentarios cuando son demandados: "No deseaba ese hije, ella se embarazó, que ella se haga cargo…", y las formas con las que revictimizan a las mamás desde las instituciones al prolongar los juicios, al otorgar irrisorias cantidades de pensión alimenticia. Duele la forma en la que las maternidades autónomas son percibidas por una sociedad complaciente con los agresores de infancias e implacable con las madres. *Duele resistir.*

¿CÓMO NOS EMPODERAMOS ENTRE MUJERES?

Acompañarnos entre mujeres es maternar en tribu. Las redes de mujeres salvan, son las que hacen sostenible al mundo, nos cargan, nos abrazan, y volvemos a ellas cuando nos convertimos en madres, para pedirles consejo, nos ayuden a cuidar ahora a nuestres hijes o para que nos consuelen, o al menos es lo que frecuentemente sucede. Otras veces esas redes son nuestras hermanas, nuestras amigas.

¿Podemos solas? Sí, lo hemos hecho por siglos, pero nadie debería maternar sin acompañamiento, sin su tribu. La socióloga Orna Donath entrevistó a un conjunto de madres y les preguntó si estaban arrepentidas de serlo. Es sorprendente cómo respondieron: "Están arrepentidas de ser madres pero aman a sus hijos", esto como una justificación para no ser catalogadas como "malas madres". Leer sobre sus sentimientos de descontento, desilusión y confusión se acentúan cuando las condiciones en las que crían a sus hijes las hacen elegir entre desarrollarse en el plano profesional o dedicarse a maternar, una lucha librada diariamente para compatibilizar su maternaje con oportunidades de empleo.

Las tribus que acompañan a las madres con sus hijes son las que ayudan a resistir las crisis de la maternidad y la hacen más llevadera, más soportable. Existe un falso empoderamiento que nos taladra los oídos para repetirnos que "podemos solas", *que somos suficientes para sostener un hogar.* El problema es que quieren que criemos mientras mantenemos limpia la casa, hacemos de comer y al mismo tiempo generamos ingresos.

Un proverbio africano aconseja: "Para criar a un hijo hace falta una tribu entera" y rodearnos de mujeres. Tener un grupo seguro y de apoyo puede hacer la diferencia en periodos de estrés y ansiedad. La tecnología actual nos permite encontrarnos y organizarnos en colectiva. Crear espacios que permitan intercambiar dudas, experiencias y emociones con otras madres es poderosamente sanador.

Si aún te preguntas: ¿le hará falta el padre a mi cría?, la respuesta es sí, nosotras no somos padre y madre a la vez, como nos han hecho creer. Somos mamás y punto. Cuidadoras que nos esforzamos al triple padeciendo el *burnout*, junto al cansancio de la crianza, problemas económicos, ansiedad y depresiones constantes, aunque no todas las veces lo percibamos o podamos nombrarlo.

Una gran cantidad de mamás autónomas está en condiciones de pobreza o a punto de estarlo. El abandono paterno es, como lo he mencionado, una herida profunda que tenemos que sanar primero en nosotras. Requiere mucha conciencia y acercarnos a una crianza amorosa y respetuosa. Repensarnos desde el cuidado: ¿quiénes cuidan desde el inicio de los tiempos?

En el origen de la humanidad, mientras el hombre salía a cazar, las mujeres "cuidaban". Esta idea parte de la historia que nos han contado los hombres; porque, en efecto, la historia ha sido contada por ellos, como reafirma Simone de Beauvoir, y al ser contada por hombres, anularon la participación de las mujeres en la caza (con "z") y la función de los hombres en los cuidados.

La antropóloga Rachel Reed expone en *Reclaiming Childbirth as a Rite of Passage* (El retorno del parto como rito de iniciación):

> Los humanos vivían en sociedades matriocéntricas, que significa centradas en la madre y en la crianza de los hijos y no matriarcal, que responde a un gobierno ejercido por las madres. Las mujeres eran las responsables de recolectar alimentos, pero también participaban en la caza. Aunque las mujeres eran consideradas creadoras de los hijos, no eran las únicas responsables del cuidado de los mismos. En cambio, la tribu compartió la responsabilidad de criar a los miembros más jóvenes de la comunidad. En particular, los hombres y los ancianos cuidaban a los niños móviles, mientras las mujeres recogían comida y llevaban a sus bebés amamantados.

He escuchado narraciones de comunidades indígenas de Oaxaca cuyas abuelas describen cómo sus ancestras cuidaron a sus hijos en tribu, cómo es que mientras iban a lavar la ropa a los ríos, las infancias de una eran las infancias de todas, el cuidado era en colectiva. Cómo daban pecho a sus niñeces hasta los ocho o nueve años de edad e iban a las escuelas a la hora del recreo para amamantarlos. Una tribu comunitaria.

Marylène Patou-Mathis, prehistoriadora francesa, retoma en su publicación *El hombre prehistórico es también una mujer* el postulado de Carol Gilligan, psicóloga estadounidense creadora del concepto *care*, quien sostiene que

> las mujeres tienen una moral distinta, que puede definirse como ética del *care* (cuidado, solicitud, empatía), centrada en los cuidados de los otros, no por naturaleza sino por experiencia.
>
> En el sistema patriarcal, a los niños y a las niñas se les educa de manera diferente, según el sexo, especialmente cuando se refiere a las relaciones con los demás. La vulnerabilidad se declara femenina, los niños han de disimularla y anular toda empatía. Este desapego permite instaurar un orden político con subordinaciones y opresiones, y de este modo, el patriarcado político se alimenta del patriarcado psicológico. Ahora bien, la diferencia entre los hombres y las mujeres no está inscrita en nuestros genes. El *care* es una capacidad compartida por todos, los niños deben aprender a recuperar esta actitud. Hay que desprenderse del patriarcado psicológico para acabar con el patriarcado.

¿CÓMO MATERNAR EN TRIBU?

El primer canal de ayuda es la tribu familiar. Encontramos que hay mujeres que no están dispuestas a abrazar a otras mujeres, porque continúan con pensamientos machistas de antaño como: “Hijos de mis hijas, mis nietos; hijos de mis hijos, quién sabe”, sobre todo en el seno de la familia paterna. Sugerimos compartir lo que sucede con la familia del padre, pero no esperemos que den su ayuda. Si sucede, maravilloso, pero no te frustres si no pasa, la empatía es una virtud y no todas las personas la poseen.

Puedes formar tu propia tribu con mamás de la escuela a la que acuden las infancias, con tus amigas, con vecinas que se repartan los cuidados en fines de semana, con tus hermanas, con tus primas. Procura generar esa red que te sostenga y te ayude a resistir los recónditos y complejos embates de la maternidad. Participa en chats de maternidades sororas. No tengas duda de que dialogar y compartir con otras madres es poderosamente sanador. Las mujeres salvan.

Maternar en tribu no es solo darnos tips de cómo podemos ser mejores madres, también se trata de compartir lo que nos preocupa, lo que nos duele: ¿cómo nos sentimos?, ¿en qué procesos jurídicos estamos y cómo vamos? La experiencia de otras madres que luchan por los derechos de sus infancias puede ayudarnos a ser más asertivas en nuestros propios procesos. Reunirnos, conversar, organizarnos para no callar las violencias también son formas de maternar en tribu.

Esto apenas inicia. Los malos padres deciden ausentarse y tienen patrones y conductas comunes que es necesario que conozcas. ¡Vamos al siguiente capítulo!

CAPÍTULO 2

NO ES TU CULPA: HAY MALOS PADRES

¿CÓMO SÉ QUE ES UN MAL PADRE?

Hay tres premisas básicas para identificar a un mal padre:

1. Si necesitas demandarlo para que reconozca a su hije o cumpla con el pago de la pensión alimenticia que le corresponde, es un mal padre.
2. Si violenta en cualquiera de sus formas a la mamá de sus hijes, es un mal padre.
3. Si prefiere gastar en abogados, antes que hacerse responsable de sus obligaciones económicas, es un mal padre.

Una vez que tenemos claro lo anterior, podemos detallar cómo es el comportamiento de los abandónicos y cómo el entorno patriarcal favorece y fomenta sus conductas violentas.

Postergué por semanas escribir sobre los malos padres porque representa hurgar en un momento que aún me lacera y cala profundo en mi dignidad. Releí la contestación a la demanda de pensión alimenticia por parte del progenitor de mi hija, la cual presenté, en un tercer intento, cuando Sabina tenía tres años de edad, pues mi primer abogado pactó con el deudor, el segundo era un acosador, y como la tercera es la vencida, por fin pude iniciar el proceso en la Ciudad de México con una abogada feminista que me dio mucha confianza.

Ahorré algo para pagarle, aunque no fue tan simple, sobre todo porque venía de reponerme en lo económico, pues le había prestado una fuerte suma de dinero al progenitor, que tardó en devolverme, y cuando lo hizo estuvo incompleto. Y, literal, a gritos y sombrerazos lo recuperé.

¿CÓMO SE COMPORTAN?

Es común que estos sujetos pidan dinero a sus parejas, las dejen endeudadas o las hagan solicitar créditos para su beneficio. Esa información la obtuvimos de una encuesta elaborada por el Frente Nacional de Mujeres Contra Deudores Alimentarios a 565 mamás autónomas en marzo de 2023: 52.5% de ellas reconoció que los progenitores les dejaron alguna deuda de dinero a su nombre; 42.3% fue estafada o el abandónico solicitó a algún integrante de su familia un préstamo que no pagó; 81.9% de los deudores alimentarios las amenazó después del abandono de sus infancias. Así es como me volví parte de las estadísticas.

Detrás de un padre que no reconoce a su menor o se niega a pagar los gastos de manutención de les hijes hay un cúmulo de violencias previas y posteriores.

Conseguir representante legal no es nada sencillo y los abogados de oficio son una calamidad. Pero nadie me dijo que malbaratara mi vehículo y le diera todo el efectivo al Señor M porque estaba construyendo su despacho y si le iba bien, "le iría bien a nuestra hija". Me la creí y me volvió a ver la cara, como reza el argot popular, pero ahora por segunda ocasión. Mi molestia, como es natural que sucediera, incrementó. Me desquicié.

Estoy segura de que él mismo elaboró esas líneas llenas de mentiras contenidas en el documento, porque es abogado y porque evidentemente puedo reconocer cada una de sus palabras. Ahora que las repaso, me parece abusivo y completamente despreciable lo que ahí plasmó. Me inundó la rabia —y vaya que mi abogada me sugirió no leerlo, pero terminé haciéndolo—, lo que me provocó, aún recuerdo, un fuerte dolor abdominal. Sentí girar mi cabeza tipo la niña de *El exorcista* y arañar todas las paredes de la sala.

Fue mucho enojo y dolor al pensar que esas hojas podrían ser leídas por mi hija en el futuro; era aterrador. Me dio miedo que pensara en el rechazo de su padre y en todas las palabras hirientes que utilizó para describirme. ¡Qué vergonzoso es el sentimiento de culpa "por elegir mal"! Tal como lo escuchamos reiteradamente y hasta el cansancio.

Han pasado cuatro años de lo sucedido. Ahora veo las cosas de manera distinta. Junto con mis hermanas de lucha, somos capaces de reírnos a carcajadas al compartir las joyas de respuestas a las demandas que dan los abandónicos para evadir su responsabilidad paterna. Es una forma de abrazarnos porque hemos pasado por lo mismo, hemos sentido la misma rabia contenida.

Este libro es pensado y dedicado al amor inconmensurable que le tengo a Sabina, pero sobre todo a tantas madres a las que les puede resultar un aliciente saber y reconocer que no es su culpa. Para todas esas infancias conscientes que merecen resignificarse a partir de las luchas de sus madres por sus derechos y no desde la negación y abandono de sus progenitores.

Mostraré a continuación un fragmento de la respuesta que dio Martín Rosado Chávez a su juicio de reconocimiento de paternidad, expediente 345/2020, que obra en la Ciudad de México y que me parece pertinente compartirles:

> Respecto del hecho Décimo, del capítulo de hechos de la demanda que se contesta [...] la pensión alimenticia radica en que debe ser

> proporcionada a las posibilidades del que debe darlos y a las necesidades de quien deba recibirlos y no así como lo intenta hacer valer la demandante, ya que al tener tres años de edad la menor D.S.V.R. es imposible que erogue los gastos de hipoteca, gasolina, servicios (teléfono e internet) y niñera, atendiendo que al ser estos "lujos" y que por su imposibilidad física y por su minoría de edad, no son erogados dichos gastos en su persona o para su desarrollo, teniendo que no son hechos que cumplan con la integración de los alimentos, por lo tanto es inconcluso lo que establece la demandante al querer establecer dichos gastos como propios de la menor…

Para el Señor M, como para bastantes deudores alimentarios Provida, pagar el internet representa un L-U-J-O. Al abogado experto en derechos humanos le convino olvidar que el acceso a internet debe garantizarse y que podría servir hasta para poner música y dormir a su hija mientras él no paterna ni forma parte de esos desvelos.

Tampoco puedo tener una niñera que me ayude ante su ausencia en el trabajo de cuidados, que también le correspondería compartir. Los gastos de la hipoteca de la casa donde vive su hija deben ser totalmente cubiertos por la madre. Además, debo ser buena mamá y generar ingresos suficientes que me permitan subsistir, por si requiero de otros "lujos", como llevar al doctor a la niña cuando se enferme o solventar los viáticos cuando vayamos a ver su abuela. Solo le faltó recalcar que él pagaría únicamente la mitad de los pañales y también la mitad de la leche, con la respectiva emisión de la factura.

En la primera parte enmarcable de la contestación a la demanda negó su paternidad. En los párrafos siguientes alegó, de una forma totalmente falsa, haber consumido alcohol después de una fiesta a la virgen patronal de la Candelaria. (Eso es clásico en estos tipos; he leído cantidad de respuestas así. Cabe destacar que Sabina fue concebida en diciembre, no en febrero, como el señor aseguró. No tenía ni idea de la fecha, pero, según él, quien no sabía quién era el padre era yo). Asimismo, que fue la única vez que mantuvimos relaciones sexuales. Luego aceptó haberme pedido dinero prestado, que le sirvió para mantener a sus otros "cuatro hijos" de dos mujeres distintas. Lo transcribo literal, como aparece en su contestación:

> Manifiesto que la actora actualmente cuenta con estudios de maestría, es feminista, **tiene experiencia en relaciones de pareja**, es conferencista en temas de género, es aguerrida, conoce sus derechos y de los menores, por lo cual es incongruente que teniendo que a la fecha su hija ya cuenta con tres años de edad, hasta este momento reclama su derecho de filiación, lo cual evidencia que no era prioritario para la actora salvaguardar los derechos primordiales de la infante, y concretamente porque hasta la fecha, **la ahora demandante no sabe con certeza quién es el padre**, soslayando que el actuar de la actora es de mala fe, al quererle fincar responsabilidad y deberes al suscrito que no le corresponden.

De esto último no hay nada más que decir. Un padre al que se le tiene que iniciar un juicio para que reconozca a sus hijes, que niega su paternidad en lugar de someterse de inmediato a una prueba de ADN, cuando sabe perfectamente que ha tenido una relación con la mamá que lo demanda; un padre que da contestación denigrando a la madre y evadiendo de forma cobarde sus actos; aquel que falsea ingresos para dar lo menos posible, que cambia de domicilio para no ser notificado, que modifica el propietario de sus inmuebles para declarar que no posee ninguno, que se declara insolvente, que violenta a la madre porque se enfurece al ser demandado, esos no merecen llamarse padres, son progenitores y tampoco podemos obligarlos a paternar, pero sí a que paguen una pensión alimenticia justa para las infancias que procrearon. Es el derecho de nuestres hijes.

Lo increíble es que después de largos procesos de revictimizar a la madre y negarse a cuidar de la infancia, al fijar el juez la pensión alimenticia en una sentencia provisional o definitiva, inmediatamente los abandónicos piden convivencias a las que, en casi 80% de los casos, nunca llegan o incumplen, solo las solicitan para vengarse de la madre, mientras que en los casos en los que su rencor es mayor, piden cambios de guarda y custodia con tal de no cumplir, promoviendo la violencia vicaria, es decir, la sustracción de les hijes.

Datos del Frente Nacional de Mujeres contra la Violencia Vicaria en México arrojan que 90% de los agresores vicarios son deudores alimentarios, o bien, cometen fraudes procesales para dar lo menos posible. Son capaces de ir con la ropa más vieja y los tenis más rotos al juzgado con tal de no pagar.

Si somos dos quienes procreamos, "haiga sido como haiga sido", emulando al expresidente mexicano, ergo dos somos los que tenemos que participar de forma igualitaria en la responsabilidad que conlleva la crianza de un menor, aunque de manera muy frecuente las mujeres damos un mayor esfuerzo y todo el trabajo de cuidados y quehaceres del hogar no remunerados recae en nosotras.

De lo contrario, si en ellos no hubo "consentimiento" para la relación sexual, que acudan de inmediato a los ministerios públicos para dar su declaración, que les realicen tactos y estudien los restos de sustancias en su cuerpo, que lleven a sus dos testigos a declarar a la Fiscalía de que se trató de una violación, así como nos hacen a las mujeres cuando denunciamos.

¿Cuántos Señores M hay que piden que los gastos sean 50/50? Tal escenario no existe porque mamá da hasta 300% de su salario, consigue más de un trabajo para ello y brinda más del doble del tiempo dedicado a sus hijes. Es el cambio en la narrativa que como sociedad tenemos que repensar. Debemos trasladar un asunto que ha sido tratado como privado (que no lo es), para hablar de los deudores alimentarios como un problema social, de interés público y en el que el Estado tiene la obligación de intervenir para garantizar y poner al centro los derechos de las infancias.

El termómetro de la responsabilidad en la procreación puede medirse en redes sociales: hay un odio encarnizado a las mamás por "abrir las piernas", "por dejarse embarazar", "por putas", "por pendejas al no fijarse con quién se meten", "por ser las amantes", mientras a los señores ese rasero no los mide igual. Las mujeres deberíamos ser, bajo este contexto patriarcal, quienes nos aseguremos de cuidar nuestra sexualidad y de no embarazarnos. La responsabilidad es nuestra. Claro, ellos no se embarazan, si así fuera el aborto no sería criminalizado y se promovería en todos lados, posiblemente hasta en los consultorios de farmacias similares y en los Oxxo de cualquier esquina.

¿CÓMO VIOLENTAN NUESTROS CUERPOS?

En su libro *Las mujeres que luchan se encuentran*, la feminista colombiana Catalina Ruiz-Navarro aborda la paternidad de este modo:

> Muchas veces he oído a los hombres decir que su pareja "se embarazó a la fuerza", quizás porque él nunca preguntó si ella estaba tomando anticonceptivos o quizás sí preguntó, pero ella dijo mentiras (ella no tendría por qué darle explicaciones sobre sus métodos de planificación a nadie). Ese "ella se embarazó a la fuerza" es un perfecto ejemplo de cómo muchos hombres evaden la responsabilidad sobre su vida reproductiva: si el tipo está teniendo sexo contigo y no te quiere preñar, pues fácil, se puede poner un condón, o hacerse la vasectomía.

La escritora barranquillera amplía diciendo que: "Para todas las mujeres que tienen sexo con hombres es muy frecuente tener que negociar una y otra vez el uso del condón. También es una práctica frecuente que los hombres digan tener puesto el condón y sea falso" (como la denuncia pública que hizo la saxofonista agredida con ácido, María Elena Ríos, contra el actor Tenoch Huerta, por quitarse el condón sin su consentimiento durante una relación sexual,) o que intenten penetraciones a la fuerza por la vía anal, oral o vaginal. Muchas personas se enfrentan con una reacción violenta si intentan negociar el uso del condón con sus parejas.

Es muy común que el poder sobre nuestro cuerpo lo ejerzan los hombres desde estos espacios. El novio que tuve por casi una década y que actualmente es magistrado del Tribunal Superior de Justicia (acusado de violación, por cierto), me decía: "¿Por qué quieres usar condón? ¿Te acuestas con alguien más? Si es así mejor dímelo".

No cuidé mi salud durante aquellos años. Me arrepiento tanto de no haber tenido las herramientas para impedir esa violencia. La relación terminó paradójicamente tras un cúmulo de infidelidades y excesos. El otro día publicó en redes sociales que había emitido una resolución en relación con una menor víctima de violación. Le hizo una carta adultocentrista en la que prácticamente dio a entender que lo que le sucedió es muy común y le contaba que su pareja estaba embarazada de una niña y se encontraba muy feliz. ¿Eso qué tenía que ver con lo que la menor vivió? De inmediato le llovieron comentarios sugiriéndole aprender de qué van las violencias hacia las mujeres y cómo *no es nuestra culpa* que los agresores abusen de su condición de poder.

Lo que él compartió es solo una ínsula de la perspectiva egocentrista y patriarcal con la que la mayoría de las personas juzgadoras emiten las sentencias. Hay una centena de deudores alimentarios que son jueces familiares; ¡imagínense en manos de quiénes estamos! Lo lamentable es que sus funciones no son evaluadas ni mucho menos sancionadas.

Ruiz-Navarro continúa:

> Hay un doble estándar, a los hombres se les celebra la promiscuidad y a las mujeres se les castiga [...] la promiscuidad da pie a que la gente diga que no nos queremos a nosotras mismas o somos autodestructivas. Eso nos deslegitima ética y profesionalmente, algo que jamás les pasa a los hombres. Atacar nuestra moral sexual es una de las formas más comunes de joder a las mujeres. Nadie vale menos o más dependiendo de con quién se acuesta o cómo es que tiene sexo, eso lo sabemos en abstracto, pero aun así las mujeres nos pasamos la vida cuidando una suerte de cinturón de castidad metafísico que llamamos "reputación".
>
> El problema es que a muchos hombres les enseñaron a tratar a las mujeres como una especie de masturbadores gigantes, y más a esas que "no quieren llevar a casa para que sean las madres de sus hijos". También les enseñaron a deshumanizar e irrespetar a las mujeres y venerar a las madres. Eso sí, placer para ninguna.

Durante más de cuatro horas y media charlé sobre estas posturas de paternidades machistas con la *youtuber* Jessica Fernández. El contenido se encuentra disponible en sus plataformas digitales y puede verse tipeando en el buscador "Más allá del rosa ley Sabina".

¿YO ELEGÍ MAL, ES MI CULPA?

Si los hombres que conocemos tuvieran una etiqueta en la frente diciendo que nos van a enamorar y después nos abandonarán con nuestres hijes, difícilmente aceptaríamos salir tan siquiera a tomar un café con ellos. Lo hacen porque pueden hacerlo, porque hay toda una estructura que se los permite. Por eso es imperativo desmitificar el amor romántico, que es "el opio de las mujeres", en palabras de la teórica feminista Kate Millett.

Si las mujeres que dedicaron su vida a maternar y a los trabajos en casa supieran que una vez divorciadas o separadas del padre de sus infancias este va a divorciarse también de los menores, les negará una pensión alimenticia y hará del litigio una tortura, dejándoles incluso hasta en la calle, seguramente tomarían muchas precauciones, como la de tener independencia económica en todo momento para no quedarse en un lugar donde estén encadenadas a tolerar violencias o abusos ante la falta de ingresos; como la de no compartir propiedades al momento de casarse por bienes en conjunto, porque después las pueden despojar de lo que es suyo; como no ser sus prestanombres en ningún préstamo bancario que pudiera poner en riesgo su estabilidad financiera y hasta la propia libertad.

En fin, no podemos conocer hasta qué límite puede llegar un hombre en el que confiamos y con el que compartimos nuestra intimidad, debido a los modelos patriarcales que aprendió en su familia y en su entorno y a los que se suman sus propios machismos, que se detonan cuando ven a las mujeres como propiedad y a las infancias como objetos que pueden desechar.

Hemos visto cómo les arde en el ego que las mujeres inicien nuevas relaciones de pareja y como revancha no pagan la pensión de las infancias, haciendo comentarios como: "ahora que te los mantenga con el que coges", "no te voy a dar nada", "arréglatelas como puedas", "quieres que pague tus puterías", "no te voy a dar para que mantengas a ese güey", "el dinero lo quieres para gastártelo en uñas y en tinte de cabello", "por demandarme, ahora no voy a pagar"... y un sinfín de enunciados que emanan de su más hondo odio por haberlos dejado, o bien, emplean las mismas frases y otras más cuando ellos se van con otra pareja para justificarse: "tienes que entender que tengo más hijos", "eres una interesada", "te sigue doliendo que te haya cambiado por otra", "déjame ser feliz", "estás loca", "pides millones".

A veces pienso que hay una especie de instructivo que siguen los abandónicos para ser padres miserables. Para ejemplificar tenemos el caso de Alejandro Agapito Ríos Villanueva, radicado en Nuevo León, representante de una agrupación de hombres denominada No Más Hijos Rehenes, integrada por deudores alimentarios y agresores de mujeres, que difunde audios en sus redes sociales sobre la supuesta infidelidad de su expareja para no pagar una pensión alimenticia justa.

Hasta 2021 este sujeto daba 3 000 pesos al mes para tres infancias, después del litigio aporta 10 000, pese a que sus ingresos —que provienen de sus empresas, a las que cambió de nombre—, a decir de la madre, son mucho mayores. Su despecho como "hombre" lo hace vengarse a través de les hijes.

Existe otro patrón común de los deudores alimentarios que se manifiesta cuando tienen una nueva pareja con hijes, a los que terminan paternando y asumiendo gastos antes de hacerlo con los propios, llegando a ponerles sus apellidos con tal de mantenerse en esa relación. Los hombres no deberían asumir la enorme responsabilidad de jugar a paternar hijes que no son suyos si no están seguros de permanecer, porque generan daños colaterales en las infancias a las que les arrancan los cariños y cuidados que únicamente validan mientras tienen una relación con la madre, pero les es muy sencillo terminar los vínculos cuando se van, destrozando la seguridad de las infancias.

Le sucedió a Mayté: su "no papá" biológico la registró con sus apellidos y cuando termina la relación con la mamá, esta le demanda la pensión alimenticia. Lo que obtuvo como respuesta fue una contrademanda de "desconocimiento de paternidad", solicitando que se le retiraran los apellidos a la niña por no ser el papá consanguíneo, cuando fue él quien se presentó muy bañado y perfumado al registro civil para asumirse como el padre de la niña. Urgen sanciones a este tipo de acciones de malos padres y, agregaría, malos seres humanos.

Los malos padres podemos describirlos también como los que abandonan a las mujeres embarazadas y les dicen que no son sus hijos, los que evaden la prueba de paternidad y prolongan el juicio no presentándose. Hay un caso digno de ser enmarcado: su nombre es Casiano Luis Mejía, candidato en 2021 y 2024 a procesos electorales por el Partido del Trabajo en Oaxaca. Fue demandado desde 2011 por el reconocimiento de paternidad de su hija, que a la fecha tiene 14 años de edad y serán los mismos 14 años de postergar su responsabilidad paternal. ¿Cómo logró escabullirse de la justicia?

No tenemos pruebas, pero tampoco dudas de la corrupción en el Poder Judicial. Padres compran a jueces para alargar los procesos. Una vez se presentó el casi… padre al examen de ADN para no caer en lo que jurídicamente se denomina "rebeldía" y evitar ser sancionado con la adjudicación directa de la paternidad como marca la ley. Sin embargo, estando ya completas las personas y autoridades involucradas en el juzgado se negó a hacerse la prueba refutando al biólogo que "la jeringa estaba sucia", cuando fue frente a sus ojos que se abrió el empaque. De no creerse.

Como esta argucia tuvo otras por más de 10 años, que fueron validadas por la jueza (el patriarcado también viste de mujer), revictimizando a la menor y a su madre. Su hija entonces tenía cinco años y le dijo: "Papá, cárgame", y el señor se hizo el sordo. No solo no le contestó, sino que no tuvo el gesto más mínimo de afecto hacia ella. Ambas todavía lo recuerdan y lo único que exigen tras ese largo tiempo es que la justicia llegue, aunque todo el daño emocional, psicológico y la violencia institucional que han padecido es irreparable.

Ahora bien, hay otros padres peores, los que contrademandan a las mamás por exigirles el pago de manutención de sus hijes, acusándolas de todo, de putas, borrachas, de traer despeinadas y sucias a las infancias, por lo que piden cambios de guarda y custodia aun sin haber paternado ni participar en la crianza.

Existen los violadores que abusan de la confianza que se les tiene por ser los padres biológicos y también los padrastros o padres adoptivos que agreden sexualmente a los seres que debían proteger.

La periodista Yohali Reséndiz, en su libro *Violar desde el poder*, pone al descubierto el caso del exmagistrado de la Ciudad de México Manuel Horacio Cavazos López, presunto violador de sus propias hijas y que es protegido desde las esferas más altas de la clase política. En México la impunidad prevalece en los casos de abuso sexual infantil. De cada 1 000 abusos, se denuncian 100. De ellos solo 10% llega a presentarse ante un juez y únicamente 1% recibe sentencia condenatoria, señala la agrupación Reinserta.

La también periodista Lydia Cacho documentó en 2016 toda la red de pornografía infantil que es promovida desde lo más profundo del poder. Padres biológicos, padrastros, políticos que tienen hijas… El abuso sexual infantil en México y su nivel de impunidad es vergonzoso y alarmante. Hay otros más que golpean a las madres, llegando a cometer feminicidios frente a los ojos de sus propies hijes.

¿CÓMO DISTINGO LAS *RED FLAGS*?

Es apremiante plantearnos relaciones sanas, honestas y prestar atención a los detalles y *red flags*: desde cómo el sujeto con el que tenemos una relación trata a su madre, cómo se expresa de las mujeres y de sus exparejas, si ya tiene hijos. Pregúntale cuánto paga de pensión, cómo ejerce su paternidad y si participa o no en los cuidados. Qué opina de las maternidades autónomas…

Nunca, bajo ningún motivo, hay que involucrarse con señores que dicen estar con una pareja "solo por los niños", ni mucho menos con quienes tengan una novia, esposa o relación. De ahí hay que huir sin pensarlo dos veces. Son actos de amor propio y de sororidad con otras mujeres. Son esos nuevos pactos entre nosotras los que pueden llevarnos a que cada vez menos mujeres suframos por amor y seamos capaces de exigir responsabilidad afectiva.

Tengamos presente que para que el patriarcado subsista, requiere de mujeres que lo sostengan, como lo asegura la teórica feminista Marcela Lagarde. Encontraremos madres solapadoras y encubridoras de deudores alimentarios, así como nuevas parejas de los abandónicos que permiten que violenten a sus hijes y que tienen más criaturas con ellos para convertirse en madrastras agresoras. Hay juezas que emiten sentencias machistas y les quitan sus hijes a las madres. Mujeres en los centros de trabajo que, a pesar de ser madres y haber padecido las complejidades de la crianza, son agresoras de otras madres. El patriarcado opera de formas inimaginables.

¿QUÉ HAGO CON EL SENTIMIENTO DE ABANDONO?

La salud mental en nuestro país es decepcionante. Seguimos sin aprender aun después de la pandemia que vivimos. No puedo describir lo sanador e importante que me ha resultado charlar con mujeres psicólogas con enfoques feministas en todo mi maternaje. Margaret Isabel Ruiz Franco, especialista en psicología, ha sido una voz valiosa que me ha dado inmensa luz en momentos de crisis, de contenciones emocionales. Maternar no es sencillo y requerimos hablar con especialistas que puedan ser nuestras guías en tan difíciles procesos. Conversé con ella y esto es lo que me compartió:

MARGARET ISABEL: Lo primero que tendríamos que hacer ante la sospecha de que algo dentro de mí se llama sentimiento de abandono es identificar: ¿qué es eso que estoy llamando sentimiento de abandono?, ¿cuál es la carga afectiva ante eso? Porque hay una diferencia entre sentirme abandonada y simplemente percibir la ausencia de alguien que no ha estado en mi vida.

Si me he sentido desde niña abandonada por mi papá, tengo que revisar ¿qué ha pasado durante ese abandono? Si la ausencia de ese papá provocó que toda una red amorosa de apoyo se haya acercado a mi madre, que mis tías y tíos se hayan alternado un rol para acompañar la maternidad de mi mamá; si alguien sustituyó esa figura y, por consiguiente, tuve ciertas atenciones afectivas a razón de esa ausencia, lo que puedo tener, más que una herida de abandono, es una percepción de una figura ausente, que puede ser dolorosa, en efecto, pero lo que hago es comparar a mi familia con la de alguien más y cuestionarme: ¿por qué yo no tuve un papá? Viene más por la expectativa social que por haberlo padecido emocionalmente.

¿Cuándo podemos hablar de un sentimiento de abandono que toca fibras de tristeza, de dolor? Cuando ese sentimiento de abandono tuvo costos en mi vida, por ejemplo: si soy la mayor de cinco hermanos y, una vez que se fue mi papá, me tuve que hacer cargo de ciertas tareas que no me correspondían como hija y que al ser la mayor, mi mamá se apoyó en mí porque tenía que irse a trabajar, de pronto cambiaron los roles en mi familia, si mi mamá se hizo la proveedora y yo terminé siendo cuidadora, ¡claro que la herida va a ser muy profunda! Porque no viví mi infancia en la forma como hubiera querido, pues había exigencias.

Pensemos en ese papá que se fue, que no cumplió su rol, que no aportó económicamente, que nunca dio cuidados, que nunca ofreció atenciones, ahí tenemos una herida profunda. Si los costos del abandono de mi papá implicaron que yo renunciara a cosas, incluso a pensar que el abandono de mi papá provocó el abandono de mi mamá, no porque quisiera, sino porque ella tenía que salir a trabajar, ahí hablamos de una herida profundamente dolorosa y también cargada de resentimiento a esa figura masculina que se fue.

DIANA LUZ: Mi tía Sol es la hermana mayor de mi mamá, de mis tías y tíos. Mi abuela la hacía cuidar de sus hermanos porque ella tenía que trabajar; cosía ropa en una máquina antigua para darles de comer a sus siete hijes porque su marido, Juan, mujeriego, borracho y golpeador, no aportaba nada a la casa, más que violencias. Cada que había discusiones en casa, Chole (odia que la llamen así) gritaba y reclamaba su trabajo de cuidados a todos como disco rayado. No lo entendí por mucho tiempo. Ahora que soy madre me hace sentido su dolor y cansancio, que inició a muy corta edad.

La relación entre hermanas no ha sido buena, ni antes ni ahora. Espero que un día mis tías puedan abrazarse y disculparse por tanto y por todo. No fue su culpa. Los padres ausentes e irresponsables dejan secuelas en toda la familia.

MI: Una vez que logramos identificar en dónde se coloca ese sentimiento de abandono, podemos empezar a comprender si eso que me dijeron: "tu papá no te quiso reconocer", "tu papá te rechazó", "tu papá no quería que nacieras", "en el momento en el que yo le dije a tu papá que yo te esperaba, se fue" responde a esas cargas que me han adjudicado, por el simple hecho de existir y de haber llegado a este mundo. Es importante identificar los comentarios que me dicen y quiénes me los dicen, dónde lo escuché y ver si eso ha tenido una implicación en mi forma de verme frente al mundo. Si eso ha implicado o ha influido en la forma en la que me he relacionado con mis parejas. Cuando finalmente lo haya comprendido, puedo empezar a transformarlo, pero esto ya es con la conciencia de la adulta que soy.

¿Qué nos sucede en estas historias de mujeres que viven lo mismo que vivieron sus mamás? Con el abandono del papá de tus hijos, creemos que otra herida se revive. El abandono de la pareja, de esa persona con la que yo pensé que podía construir una familia, con la que pensé que podía compartir una responsabilidad y que de pronto sale del mapa, por supuesto que detona emociones, sobre todo si vengo de una historia en la que mi papá le hizo pasar lo mismo a mi mamá. Esa herida se va a revivir, pero no la voy a revivir como la niña ni como la hija de, la voy a vivir como la madre, como la pareja. Y seguramente mi nivel de empatía con mi madre va a ser mucho más alto, porque vamos a reconocernos en un lugar común.

No hay manera de que experimentes la herida de abandono de tu hijo o que asumas lo que él está viviendo. Es muy importante que sepan esto las mamás: si tu hijo o tu hija no tiene una convivencia cercana con su papá, o es una figura que no está presente en su vida, si eso que tú estás experimentando es muy doloroso —y piensas: "Yo sé lo que mi hijo siente porque yo viví lo mismo"—, tendrías que tomar mucho distanciamiento.

La experiencia de tu hijo con su papá no es la misma que tú tuviste. Las implicaciones que ha tenido no van a ser las mismas, y tú, como adulta, tienes el poder de colocar en un lugar muy distinto esa experiencia que te atraviesa como mamá, frente a lo que te pasó como pareja o a lo que te pasó como hija. Separarlo y no asumir que es lo mismo: "Todo es herida de abandono". ¡No! Habrá algo que tenga cierta carga de abandono, efectivamente, pero habrá otra que simplemente sintamos como ausencia, por lo que también tienes que entender que lo que te sucede con tu hije puede ser más un sentimiento de culpa que un elemento para indagar sobre ti misma, tu historia y la historia familiar del papá.

DL: Sabina, en medio de una reunión con amigas, tomó la palabra y empezó a contar que su papá abandonó a su mamá cuando ella estaba en la panza. Fue un balde de agua fría escucharla: se me fue la voz y se me escurrieron las lágrimas. No supe qué decir ni qué hacer. En el instante me sentí pésima madre por causarle ese dolor, por tener que explicar nuestra historia, porque quizá ella no tiene por qué saber del abandono de su papá en este momento.

MI: Las niñas y los niños son maravillosos maestros en estos procesos de reconocer nuestras emociones, de trabajarlas y de trascenderlas, porque ellos son muy resilientes. A las niñas y a los niños no les tenemos que explicar muchas cosas para que logren organizar su realidad.

Si una infancia dice: "Mi papá abandonó a mi mamá", eso es una realidad, porque no solamente la mamá lo ha expresado, es algo que ellos y ellas ven. Los señores no han estado ahí y, el no estar presentes, es abandono. Sabina dice: "Esto que llaman abandono es parecido a la ausencia y entonces es parecido a alejarse". Pero no le está dando el sentido que nosotras le damos porque lo vivimos. Cuando Sabina habla de que su papá abandonó a su mamá, ella no se está dando cuenta de toda la experiencia emocional que su mamá vivió. No hay manera de que la conozca. Eso es una experiencia de la mamá. Y debe de ser muy doloroso para las mamás escuchar estas aseveraciones de sus hijes, pero creo que es más sano que decirles a las infancias: "Tu papá no te quiere, no te quiso".

Que una niña o niño diga abiertamente: "Mi papá no me quiso", eso es profundamente doloroso y va a atentar contra su autoestima. Pero si las niñas y los niños describen comportamientos de esos señores, de esos adultos, están en un proceso de resiliencia, es decir, un proceso en que las niñas y los niños no se van a doler por esa conducta, van a aprender a vivir con eso y a entender que fue una decisión que no dependía ni de la mamás ni de ellos.

DL: En pandemia tuve una pareja que llegó a vivir en mi casa. Convivimos por corto tiempo. Después mi hija me preguntaba por él y eso me dolió mucho. Tuve una depresión tremenda y no entendía por qué, si no había existido ninguna relación entrañable o duradera. ¿Podrías explicar por qué sucede esto?

MI: Es importante que seamos pacientes con nuestros propios procesos emocionales. Nosotras sabemos qué es felicidad porque tenemos experiencias que nos recuerdan cuándo fuimos felices, tenemos experiencias en toda nuestra historia de vida que nos remiten a un momento doloroso, a un momento triste y muchas veces esos momentos no suceden una sola vez en la vida, son recurrentes, se parecen. Si yo te dijera: "Recuerda un momento en el que te sentiste profundamente feliz", seguramente esa emoción la vas a pensar en un contexto, en un espacio en donde las cosas que estaban alrededor tenían ciertas características que se parecen, aunque no sea la misma experiencia, en donde hay afecto, cariño, en donde hay expresiones afectivas, en donde hay risas, en donde hay diversión. Y así es como las personas nos vamos relacionando en un entorno afectivo.

¿Por qué recurrimos a estas herramientas que tenemos para relacionarnos con diversas personas? Porque son las que conocemos. No es algo que suceda solo en la cabeza de una sola persona. Eso que te pasa a ti es algo que les ha pasado a muchas mujeres. Esta relación con los varones tenemos que revisarla profundamente, porque nos relacionamos con los hombres desde una necesidad de ser elegidas. No nos educan a las mujeres a elegir.

Todo el tiempo estamos compitiendo con otras mujeres, a desplazar a mujeres, a vernos más bonitas que la otra para ser la elegida. Y entonces todos estos dispositivos, que nos han metido desde muy pequeñitas, es difícil que los podamos erradicar de nuestra psique cuando eso ha dado sentido a la forma en la que nos relacionamos con los hombres.

Es como cuando alguien nos dice: "Es muy guapo, tiene dinero, te conviene, anda con él". Y tú dices: "Es que no me gusta, pero como parece que eso es lo menos importante, entonces acepto ser su novia". O, en la pedida del noviazgo, cuando los chicos dicen: "Quiero que seas mi novia", y no preguntan: "¿A ti te gustaría que fuera tu novio?". Es algo que pareciera que las mujeres tenemos ahí, socialmente, un dispositivo que nos coacciona, incluso para estar agradecidas de que alguien nos elija.

Pienso que eso también abona a que nos relacionemos amorosamente desde lugares que pocas veces nos favorecen, desde la necesidad, desde el abandono.

Ese miedo profundo a la soledad es un miedo infundado. Pensemos en esas frases que muchas mujeres les dicen a otras, como: "No te vayas a quedar sola". O cuando elegimos no ser mamás, una preocupación de las abuelas y de las mismas madres es: "Pero vas a estar sola, aunque sea ten un hijo sola, pero no te quedes abandonada en el mundo". La soledad ya es algo que pareciera que a las mujeres nos representa de una manera muy distinta que a los varones.

Un sujeto como Luis Miguel que tú dices es un hombre rico, que sus relaciones de pareja no son su fuerte, que sus relaciones con los hermanos, con la mamá, con el papá, fueron poco sólidas, poco amorosas. Y lo vemos como el señor soltero, misterioso, el soltero codiciado, pero si pensáramos en una mujer que tuviera esas mismas características, lo primero que diríamos es que "está sola porque algo malo debe pasar con ella", "si la mamá y el papá no tuvieron una relación con esa mujer es por algo", "si esa mujer no ha podido sostener una relación sana a sus casi 50 años es porque debe estar muy mal de la cabeza", "si esa señora abandonó a sus hijos es una mala madre, es una puta".

Pasamos del soltero codiciado a la mujer que, ocupando el mismo lugar y las mismas características, es peligrosa, poco valiosa. Esto es lo que atraviesa el tema del género.

Cuando las mujeres ponemos límites a un señor para frenar situaciones de violencia, el sonido social es que nos abandonaron, en lugar de referirse a nosotras como mujeres capaces de defenderse y poner límites. De sentir el empoderamiento en relaciones en las que también se trata de mi voluntad, de lo que yo quiero, lo que yo deseo y lo que yo necesito. Una relación amorosa va a durar lo que a mí también me apetezca.

DL: No hay cruce de información entre el número de divorcios que incrementó en México después de la pandemia, con una variable de feminicidios en esa correlación. Los señores no soportan que los dejen las mujeres, que tengan una nueva pareja…

MI: Habría que indagar si esos divorcios fueron promovidos o iniciados por las propias mujeres como un ejercicio para frenar la violencia, de decir: "Si tengo que convivir todos los días con mi agresor, a partir de ahora pongo un alto".

Si nos ponemos muy profamilia vamos a lamentar la crisis que hay, que la familia esté en riesgo porque "hay muchos divorcios", pero si lo vemos desde otra perspectiva, podríamos estar celebrando la capacidad de elegir de las mujeres. La liberación de "no condenarse por haber elegido mal" al papá de sus hijes.

DL: He intentado indagar con los hijos de mis tías que son mamás autónomas por qué no demandan a sus padres abandónicos y sus respuestas han sido tajantes: "No me interesa saber quién es ese señor ni qué hace". Les insisto: "No es para conocerlo, es para que reclames tus derechos". En mi caso, siempre tuve la curiosidad de saber quién era mi padre, a qué se dedica. Cuando leí a Alma Delia Murillo [*La cabeza de mi padre*], sobre su curiosidad de saber de su padre, hice clic de inmediato. ¿Por qué a los hombres a los que les pregunto por sus padres sus respuestas son tan distintas?

MI: Las masculinidades son un tema pendiente de los varones, el cuestionamiento a la relación que tienen con sus padres ausentes o presentes. Es un gran tema, porque pocos hombres se atreven a cuestionar el efecto que tuvo esa ausencia, presencia o figura en sus vidas. Pienso, sobre todo, cuando ya son hombres, cuando ya hicieron esa transición de niños a hombres; ahí hay una transformación interesante. Te aseguro que cuando fueron niños tus primos sí tenían esa curiosidad.

Muchos niños a muy temprana edad asumen un rol de hombres-papás como parejas de las mamás. Las mamás dicen: "Es que mi hijo me cela, no me deja tener novio"...

DL: Mis tías jamás se volvieron a casar y los recuerdo a ellos diciéndoles: "Aquí no entra ningún hombre, porque si eso pasa, entonces me voy". Ellas tenían miedo de que eso pasara o de lastimar sus emociones. Permanecieron solteras. Bueno, mi abuela vistió de negro toda su vida "porque era viuda y guardaba su luto". Al firmar colocaba un "Hortensia Romero viuda de Ruiz", como si se tratara de una propiedad, de una cosa...

MI: Es el efecto de estas identidades. Es un rol que toman los niños y los adolescentes, que como hombres se aseguran en un pacto patriarcal de cuidar la honorabilidad de sus mujeres, pero que a muchos hombres los ha llevado a negar la experiencia emocional de todo lo que les ha pasado. Que un hombre hable abiertamente de la herida de abandono porque papá se fue, o que hable sobre las golpizas de su padre a su madre es un trabajo profundo. Que un varón logre hacer eso y que siendo papá lo tenga en el consciente para no reproducir los mismos patrones en sus hijos es un trabajo profundo en la psique y en las emociones, pero la mayoría de los hombres se niega a conversar sobre sus emociones.

Muchos hombres que son parte de nuestro universo afectivo no se cuidan físicamente, no procuran su salud, se abandonan, no hablan de sus emociones. Hay papás que tienen buena relación con sus propios padres, aun sabiendo que fueron agresores; no son capaces de decir: "Mi papá agredía o violentaba a mi mamá o a mis hermanas". No se lo permiten. Es como una traición al *pater* y tampoco se permiten ser vulnerables ante esa figura que les abandonó. De alguna forma es una imagen con la que compiten toda su vida. Lo niegan o lo desprecian.

Cuando les hacemos esta pregunta a los hombres adultos que tuvieron padre abandónico o ausente, la mayoría de ellos recurre a: "A mí me sobró madre", "mi madre me bastó, no me hizo falta", porque ni siquiera se permiten contactar con aquello que nosotras, al ser socializadas en entornos en donde se aceptan las expresiones afectivas de las mujeres, lo podemos gestionar.

Nosotras hacemos catarsis en cada charla, en terapia, con las amigas. Los varones solo se lo permiten a través del alcohol, y una vez que están sobrios es como si eso no lo hubieran dicho, no se detienen para volver a reflexionar en eso. Es un gran pendiente a revisar, dentro de los mandatos de masculinidad, con el primer hombre que les modeló lo que era ser un hombre.

Ahora les compartiré lo que me respondió la psicóloga Viviana Muñoz Sánchez a las mismas preguntas, cuyo enfoque, dicho sea de paso, parte de ser mamá autónoma:

VIVIANA: Quienes hemos padecido el abandono paterno, cuando nos vuelve a pasar, es distinto al de aquellas mujeres con una primera experiencia de ausencia, porque sí tuvieron un papá. Al final ese sentimiento hay que reconocerlo para después abordarlo. Se inicia por nombrarlo, identificarlo y entonces decidir qué hacer con eso.

Desde las terapias que trabajo, que son la cognitivo-conductual y la de esquemas, no les llamamos "heridas", pero les llamamos "esquemas desadaptativos", y ahí hay un esquema que se llama "abandono". Todos los esquemas requieren satisfacerse de manera adecuada, acorde a nuestras necesidades emocionales básicas. Así como todas las personas tenemos necesidades físicas como comer, dormir, ir al baño, también tenemos necesidades emocionales.

Cuando no se cubre la necesidad de aceptación y conexión, se genera el esquema de abandono desde nuestras experiencias primarias, regularmente en nuestra infancia. Entonces eso se genera sin darnos cuenta; cuando crecemos identificamos que tenemos ciertas situaciones que duelen y que nos dicen que está sucediendo algo. Pasa mucho con las mamás cuando de pronto la pareja se va en algún momento de la relación, del embarazo, de lo que sea, y se despiertan sensaciones y sentimientos que no sabíamos que estaban ahí. Surge el rechazo y, conforme profundizamos, vemos que hay una sensación de insuficiencia, culpa y otras emociones que tienen una carga social muy importante por el contexto en el que estamos.

Entonces es primordial identificarlo y retroceder en nuestra historia de vida hasta ubicarlo. A lo mejor papá o mamá se fueron cuando eras una bebé y no sentiste el abandono en ese momento, pero hubo alguna situación en tu historia de vida, por ejemplo: los festivales en la escuela del Día del Padre, en donde los compañeritos hacen muy evidente la ausencia del papá en esa celebración. Entonces, ese suceso me generó la sensación de abandono y empieza a crecer ese sentimiento o esa herida. Por tanto, una vez que podemos ubicar en dónde comienza el sentimiento, podemos nombrarlo, apalabrarlo, comenzar a identificarlo y de ahí a trabajar, sobre todo a nivel experiencial: trabajamos pensamientos, trabajamos emociones y trabajamos experiencia. Va a depender de cada caso particular, pero, de manera general, por ahí es el caminito.

Diana Luz: ¿Cómo haces tú, en tu experiencia como madre, ya con las herramientas que tienes de conocimiento, para abordar la ausencia paterna con tu hijo cuando te pregunta sobre su papá?

V: Primero que nada, desmitificarla y quitarle la connotación negativa. Mi hijo tiene siete años y actualmente son muy contadas las veces que él me pregunta sobre su papá. Hace preguntas genuinas porque él creció sabiendo que él y yo éramos una familia completa, repito, siendo solo él y yo. Entonces cuando llegan preguntas del exterior o que ve en sus compañeritos a sus papás, él pregunta. Pero pregunta de una manera especial, con curiosidad, con este sentimiento más cómodo de conocer que de sufrimiento; eso en el caso particular de mi hijo, porque desde que él es un bebé le vengo diciendo que esa ausencia no es algo malo, y reafirmo: "Tenemos todos estos beneficios por ser una familia compuesta por ti y por mí".

Por tanto, una de las claves en los procesos terapéuticos con otras mujeres es que podamos quitarle la connotación negativa al "me quedé sin pareja", "estoy mal maternando de manera autónoma", porque si cargamos con ese sentimiento de que es malo, de que somos insuficientes, etcétera, muy probablemente es lo que vayamos a proyectar en la crianza con nuestros hijos. No te quedaste sola, sigues teniendo una red de apoyo; tienes que repetirte que no fue tu culpa. Hay un señor que decidió no paternar ni hacerse responsable, pero de su decisión no es culpable nuestre hije y esa idea hay que reforzarla.

DL: Es común que las infancias pregunten regularmente: "¿Por qué no está mi papá?". ¿Qué sugieres responder?

V: Ahí vale la pena, primero, identificar cuál es el primer sentimiento, este pensamiento de: ¿qué sucede cuando tu hije te pregunta este tipo de cosas? En psicoterapia la recomendación es hablar con la verdad, ¿a qué me refiero con esto?, a poder describir la situación. Más que explicarle los motivos precisos de por qué pasó lo que pasó, podríamos describir qué es lo que está sucediendo, como si lo fuera a narrar a cualquier persona de manera general. A mí me ha funcionado explicarle los tipos de familia a mi hijo. Nuestra familia somos él y yo y así se lo digo, pero también le describo cómo son otros tipos de familia conformados por tías, abuelitas, o bien, un papá únicamente con su hijo. Así él puede identificarse entre todos esos modelos que existen.

DL: Dame un ejemplo de respuesta cuando preguntan: "¿por qué no está en la casa, por qué no está aquí?".

V: Bueno, pues muy sencillo: porque él tiene su casa, porque él vive en otra casa. ¿Por qué nos queremos complicar la vida? Cuando eso suceda, porque eso es muy común, pregúntale: "¿por qué cree eso?". Nosotras entramos en un ciclo de eternas respuestas porque los niños tienen una capacidad impresionante de elaborar preguntas. Es normal. Entonces, para no entrar en ese ciclo de eternas preguntas y respuestas, tú pregúntale: "¿Tú por qué crees?". Porque además ella [Sabina] tiene una noción de las cosas y se da cuenta, percibe su entorno, en su realidad, de alguna manera. Cuando te haga esas preguntas, tú dile: "¿Tú por qué crees?". Y escúchala, porque si no, nunca vas a acabar de responder.

DL: Cuando estaba embarazada y me abandonó el progenitor, pasando noches en vela, iniciando una vida en una ciudad que no era la mía, sin redes de apoyo, me generó mucho odio, mucho coraje. Yo soñaba, de verdad, con matar a ese señor. Al compartirlo con otras mamás (esto que digo suena muy fuerte, pero es real), me di cuenta de que hemos sentido lo mismo; pocas lo verbalizamos, pero hemos deseado matarlos. Me costó muchísimo poderme sentar a conversar con él después de años para hablar sobre el tema de la pensión. ¿Cómo se trabaja el coraje? En mi caso, tuve que platicarlo en terapia, pero no todas pueden acceder a ese privilegio. Una terapia cuesta.

Sucede que a las mamás, después de exhibirlos y cuando la vergüenza los alcanza, los deudores las buscan, pero ellas los rechazan. "No, ahora que se espere, ahora ya no quiero, ahora vamos a seguir con la demanda". Y yo les digo: "No, espérate, porque en la demanda te vas a tardar otra vez otros diez años. Si ya hay una ventana de diálogo, platiquen, hablen, acuerden", pero no puedo inhibir su sentimiento. ¿Qué les dirías a las mamás cuando, después de todo lo que han pasado maternando en solitario, que tienen dolor, coraje, contra el señor, surge una oportunidad de diálogo para la pensión alimenticia. ¿Qué hay que hacer para tratar de aminorar el enojo?

V: Hay que partir de ahí: sentir no es el problema. Sentir odio, sentir coraje, sentir ira no es el problema. Yo siempre les digo: "Aun con el enojo, con el coraje, con el odio, con las ganas de matarlo, podemos dialogar", pero tenemos que pasar por reivindicar esas emociones. ¿Qué te quiere decir tu emoción? ¿Qué te quiere decir el enojo? Porque es una de las emociones clave que nos ayuda a marcar límites, nos ayuda a reconocer la violencia, nos ayuda a reconocer cuando alguien nos quiere hacer daño.

No debe preocuparnos querer dejar de sentir; suprimir emociones sería un error muy grave, porque es ponerse otra vez como víctima y victimario en un espacio, y eso es algo fuertísimo. No le podemos pedir a la víctima que vaya desarmada, sin su enojo, sin su coraje, eso es ponerla en una situación de riesgo: va a estar otra vez frente al hombre que la ha violentado sistemáticamente a ella y a sus crías, lo cual es un error. Más bien se trata de entender qué es lo que dice tu enojo, por qué está ahí; tiene una función. Ahora que reconoces la función, recuerda que está ahí para eso, para protegerte, y que lo vas a dejar salir en caso de que sea necesario.

Tienen que revisar sus redes de apoyo, por ejemplo, la abogada que asesora; lograr entre ambas consolidar herramientas que van a protegerlas ante ese encuentro y fomentar también que sea lo más seguro posible para ellas: que no vayan solas, que sea en un espacio público, que ellas pongan los términos y las condiciones: "Sí, vamos a platicar, pero va a ser de esto, de esto, de esto… tengo tanto tiempo, tú me vas a escuchar, no me vas a interrumpir mientras hablo". Que se sientan capaces y seguras de que esa reunión puede ser en los términos más benéficos para ellas, y que si no se puede, también se vale posponerlo.

"Es que nadie me quiere acompañar", o tal vez le tendió una trampa y a pesar de haber acordado lo que van a conversar, en el momento del encuentro, se pone violento, por ejemplo. Prever escenarios para saber cómo se procedería en cualquier situación. Pero los sentimientos y las emociones no son un problema; todo lo contrario.

Tú dijiste algo bien interesante: ¿CÓMO DEJAR DE SER VÍCTIMA? Ahora que participamos en el movimiento de madres autónomas, en donde las madres deciden funar (exhibir o mostrar en redes sociales o en exposiciones públicas) a su deudor, parte de lo que yo les digo es: "Aquí tienes que tener claridad de que tú eres la víctima", porque regularmente los señores salen con su clásica: "Me están agrediendo con esta exhibición", y no, a ver, aquí no hay dos víctimas; la víctima son la infancia y tú, que no reciben la pensión alimenticia que les corresponde y que no es una ayuda, es su obligación. Este señor es un cínico, es un manipulador.

Surgen muchos problemas con esto porque, insisto, se le vuelve a dar una connotación negativa. Ellos nos han quitado el derecho de asumirnos como víctimas, lo utilizan hasta como insulto. "Ay, ya te estás haciendo la víctima…". No, no me estoy haciendo: soy una víctima. Soy víctima de tus violencias, porque no dar la pensión es violencia económica y es necesario reconocernos víctimas para poder acceder a la justicia que anhelamos: una justicia igualitaria. Pero si no nos reconocemos como víctimas, todo lo demás es imposible.

Tenemos que pasar por ese camino de reconocernos: “Me hicieron esto y aquello”. Pudo tratarse de un abuso de poder y eso es violencia, tiene la intención de dañar, generó tales consecuencias, entonces soy una víctima. Después de identificarlo y reconocerlo, que es todo un camino, lo podemos hablar. Por ejemplo, mi hijo tiene siete años; pasamos dos procesos legales, no hemos obtenido justicia ni nada de lo que queremos, pero gracias al trabajo personal, psicológico, emocional que he llevado a lo largo de siete años reconozco que sigo siendo víctima de violencia, aunque ya no me siento en indefensión, ya no me siento vulnerable, ya no me siento sola, ya no me siento de todas estas maneras que antes me impedían avanzar. Reconozco que sigo siendo víctima porque no se han hecho valer mis derechos ni los de mi hijo, no tengo una pensión alimenticia ni tengo un juicio resuelto. Entonces, sigo siendo víctima. El cómo nos situemos en estos procesos va a depender de cada una de nosotras, del trabajo psicoemocional que realicemos primero nosotras y después con las infancias.

En los siguientes capítulos daremos más ejemplos concretos que te ayudarán a ampliar tu abanico de respuestas a tu hije o hijes. Siente la confianza de que lo estás haciendo bien. Llenarte de herramientas que te permitan disminuir el caos mental y emocional que producen los abandónicos es parte de tu autocuidado.

CAPÍTULO 3
¿CÓMO MANEJAR LA RELACIÓN CON EL PAPÁ?

La mirada del padre sobre el niño constituye una revolución en potencia. Los padres pueden hacer saber a sus hijas que ellas tienen una existencia propia, fuera del mercado de la seducción, que poseen fuerza física, espíritu emprendedor e independiente, y pueden valorarlas por esta fuerza sin miedo a un castigo inmanente. Pueden hacer saber a sus hijos que la tradición machista es una trampa, una restricción severa de las emociones al servicio del Ejército y del Estado.

Virginie Despentes

Es imposible obligar a paternar a un sujeto. En muchas ocasiones, cuando es agresivo o no representa una buena influencia para la infancia, es mejor que no esté presente.

Cuidado es también cuidar de nosotras mismas como mujeres y como mamás; luego viene el cuidado de nuestras infancias y la forma en la que están explicando y entendiendo lo que viven. Esto puede ejemplificarse como cuando se viaja en avión y toca usar la mascarilla de emergencia: primero se la tiene que colocar una misma y después ponerla al menor. Las emociones funcionan exactamente igual: las mamás tenemos que estar bien para que nuestres hijes estén bien.

Por eso no puedo entender a los padres que prolongan los juicios de paternidad o de pensión alimenticia. Ellos tienen plena conciencia de lo largo y costoso de los procesos legales, de las dificultades para maternar, hacer trabajo de cuidados en casa, ir a laborar y todavía acudir a audiencias. Todo eso que ellos no hacen. Somos mujeres sobreexplotadas por este sistema. Es extenuante, por eso terminamos desistiendo. Lo saben, conocen toda la carga mental y económica que implica estar en un juicio de esta naturaleza. Nos desgastan, nos cansan, lo hacen a propósito.

No les preocupa que las mamás estemos tan agotadas y tengamos todavía que cuidar de sus hijes. Saben perfectamente que con voluntad podrían realizar acuerdos en beneficio de los menores, pero no les interesa, lo que quieren es no pagar o dar lo menos, vengarse de las madres. Y los jueces son complacientes, incluso cómplices del abandono paterno en México y en América Latina.

En los numerosos libros que abordan los procesos biológicos del embarazo nos quieren explicar cómo ser "buenas madres", pasando por "consejos de la buena crianza", pero ninguno aborda a los "malos padres". Cuando digo "padres" me refiero a los varones, porque es paradójico enunciar "padres de familia" cuando somos mayoritariamente las madres las que vamos por les hijes, las que acudimos a las reuniones escolares y nos fletamos a hacer las tareas. Decir "padres de familia" es absolutamente machista.

Tenemos que cambiar estas narrativas en los centros educativos, porque lo que no se nombra, no existe. Ya lo dijo la escritora francesa Virginie Despentes: "Siempre hemos existido, pero nunca hemos hablado".

¿ES DIFÍCIL SER BUEN PADRE?

Ser buen padre es una decisión: estar o no presente en la vida de les hijes. No hay ningún estudio serio que avale el supuesto "instinto maternal". El neuropsiquiatra y psiquiatra infantil Jorge Barudy y la psicoterapeuta infantil Maryorie Dantagnan escriben, en su libro *La inteligencia maternal?*, que cuando los contextos sociales y culturales no lo alteran, el hombre se prepara para ejercer su papel durante el embarazo de su pareja:

> Se producen cambios en sus hormonas que actúan en el cerebro y hacen que los padres, no solo se comporten de forma distinta. Los hombres también poseen una estructura cerebral, que ha sido influenciada por una historia de buenos tratos durante su infancia, misma que les permite ocuparse de los cuidados, de la estimulación y de la educación de sus hijes. Pero, en muchos casos, la integración de una

> cultura patriarcal es un obstáculo para el aprovechamiento integral de estas posibilidades.
>
> En las representaciones más caricaturales se sigue defendiendo la idea que el papel se limita a la fecundación, el momento que le proporciona al niño la mitad del ADN, tarea que requiere unos pocos minutos de placer y poco trabajo posterior. La existencia, desde siempre, de una minoría de hombres implicados en la crianza de sus hijos desmiente esa creencia. En el presente, los padres que pertenecen a la manada de hombres buenos, muestran una implicación comprometida, responsable y placentera en las tareas de cuidado de sus crías colaborando con las madres [...] la etología nos aporta una serie de ejemplos, donde se observan en animales machos comportamientos que cubren todos los aspectos del comportamiento maternal, salvo la lactancia.

Con esta explicación podemos afirmar que los trabajos de cuidados pueden ser realizados por la madre y también por el padre de la misma manera, pero paternar con responsabilidad no significa únicamente compartir la crianza. Cuidar no es solo en lo emocional, es procurar la satisfacción de necesidades básicas de las infancias que se cubren con recursos económicos, como su alimentación y educación.

Un padre que no aporta dinero para la pensión alimenticia de sus hijes y todo lo que conlleva no es buen padre, aunque se haya ido a tatuar el nombre de su criatura y diga a los cuatro vientos que la ama. Dejarle toda la carga económica a la madre es un abuso y los padres abusivos no son buenos padres.

En el estudio elaborado por el Frente Nacional de Mujeres contra Deudores Alimentarios a mamás autónomas, 83% de los padres abandonó a sus hijes en el proceso de los 0 a 3 años; un periodo sumamente complejo por las pocas horas que se duerme, lo difícil de adaptarse a nuevas rutinas y toda la carga de cuidados del nuevo ser.

¿Qué le vamos a decir a nuestre hije de su papá? O, en el caso de que el abandono se consume cuando la infancia ya tiene conciencia de esa ausencia, ¿cómo justificamos que su papá se fue, sin causarle dolor? Son las preguntas que nos empiezan a rondar en la cabeza…

Al respecto de los padres ausentes, Margaret Isabel Ruiz Franco, psicóloga y especialista en pedagogía y trabajo con infancias, me comentó lo siguiente:

¿Cómo manejar la relación entre mi hije y su papá deudor alimentario?

Primero hay que entender que esta figura ya está en el imaginario de la niña o el niño, ya existe, aunque digamos que "no tiene nombre" o que lo llamemos como "el señor que se fue". Ahí aparece, hay una silueta en la cognición de los pequeños; ya hay una relación. A veces creemos que las relaciones solo existen si conocemos a la persona, si la vemos, pero no es así.

Cuando hay convivencia e incluso en la ausencia hay una forma de relacionarnos con esa figura. ¿Cuáles son los errores que cometemos? Tal vez que nosotras creamos un arquetipo de hombre que no existe más que en nuestra cabeza. Le pintamos una idea de papá con la que nuestro hija o hijo se pueda sentir cómodo e identificado, y entonces decimos: "Ay, tu papá era muy buena onda", o de plano lo matamos: "Ay, es que tu papá se murió, pero era un buen hombre".

Son recursos que usan algunas mamás para cuidar la autoestima y las emociones de la hija o el hijo, cuando eso es muy peligroso porque, al final, no tienes que hablarles a tus hijos de todo lo que viviste con su papá, eso es poco a poco: no se les enseña álgebra a menores de cuatro años, es un proceso de educación que va de menos a más. Hay cosas que no necesariamente tienes que abordar en la primera etapa del desarrollo, pero seguramente en la adolescencia vas a tener que dar información más detallada y mantener charlas profundas.

¿Qué les digo?

No los engañes, pero tampoco generes sentimientos de desprecio, de odio hacia una figura que no está presente. Si a veces está y su presencia es intermitente, también es importante enseñar a las niñas y los niños que esa es una elección del señor, no es que algo malo pase con ellos, pues es lo primero que ellos podrían pensar cuando se preguntan: "¿Por qué papá no viene a verme?", como si ellos fueran responsables de eso.

Muchas veces, cuando los papás les dicen a los niños: "Es que tu mamá no me deja verte", ya hay un adiestramiento emocional y una intención para que la niña o el niño diga: "Ah, la razón por la que yo no tengo a mi papá cerca es por culpa de mi mamá".

Eso es muy importante tenerlo en cuenta; estos hombres que hacen un turismo afectivo generan expectativas y muchas veces no las cumplen: "Voy a venir en tu cumpleaños", y no llegan; envían regalos retrasados o un día —de los 365 días del año— son un desborde de permisión, ni siquiera consentimiento, de permisión: "Come lo que quieras, vamos a donde quieras, ten dinero", eso hace que las niñas y los niños quieran eso todos los días. Dejan emocionalmente saqueadas y confundidas a las infancias y, por supuesto, son las mamás las que terminan haciéndose cargo de ese trabajo emocional para reconfortarlos.

Entonces, ¿cómo manejar esa relación?

1. **Identifica quién es el papá.** Si es un hombre que genera violencia psicológica o emocional, que sabes que va a dominar o predisponer a tus hijes en tu contra, sé realista y asume que él no va a cambiar y, con lo que él es, no es suficiente para acceder a la convivencia con tus hijes.
2. **Haz una red de apoyo que permita blindar a tu hija o hijo de esa violencia.** Es importante que las personas con las que cuentas sepan el riesgo que puede representar el papá para tu hijo, y que puedan tenerlo en cuenta, sobre todo cuando se hacen comentarios o preguntas que pueden vulnerar emocionalmente al menor.

Ahora, si se determina que convivan con él, es importante acercar a las infancias recursos de *autodefensa emocional*; una de las premisas básicas es enseñarles que pueden reaccionar con expresiones como "no digas eso", "no quiero escuchar", "no me gusta que digas cosas feas sobre mamá"; si no es capaz de poner límites de forma verbal, puede alejarse de la conversación o taparse los oídos.

Para reforzar ese consejo es importante que le digas que tú haces lo mismo, que no dices cosas feas de su papá delante de él, porque eso sería lastimarle, y que alguien que te ama no te lastima.

¿Es correcto que justifiquemos la ausencia de él?

Las mamás, al justificar a los abandónicos, les terminamos cuidando la honorabilidad, somos cómplices también de la falsa imagen de hombres intachables y responsables; todo el tiempo los justificamos: "Él te quiere mucho, pero tiene trabajo". Una de las preguntas que muchas mamás me hacen es: "¿Qué le digo a mi hijo cuando me pregunta si su papá lo quiere?", la respuesta automática de cualquier mamá es: "Claro que sí, mi amor, porque tú eres una niña o un niño extraordinario". Y entonces nosotras enaltecemos un montón de cosas de nuestres hijes como si fueran los señores quienes se los dicen, cuando no estamos seguras de eso.

Tampoco podemos decir a las niñas y a los niños: "Tu papá no te quiere, es un irresponsable, si le importaras estaría aquí", porque eso los lastimaría muchísimo; pero sí hay que entender a qué se debe que te pregunté: "¿Mi papá me quiere?", es una duda sobre qué tan querida o querido soy para alguien. ¿Cómo le hacemos?, le decimos lo que sí sabemos y lo que sí conocemos: "No lo sé, mi amor, pero yo te quiero con toda el alma. ¿Y sabes quién más te quiere? Tu tía, tu tío, y por eso en tu cumpleaños celebramos, y cuando tú naciste…".

Entonces le damos recursos a ese niño que no se está sintiendo querido para que pueda identificar cómo se ve, cómo se siente que alguien lo quiera, que alguien lo cuide, que alguien lo procure.

Las niñas o los niños con baja autoestima por la ausencia del papá generan altas expectativas sobre la relación con ellos. Si nosotras les decimos que sí pueden darles el amor que les corresponde y no llega, van a tener la sensación de que, de todo el amor que les toca, la mitad no les está siendo concedida. Tenemos que generar en las niñas y los niños identidades completas: "Tú no eres una niña o niño incompleto porque no está papá, estás completa o completo en afectos, porque toda esta gente que te rodea te ama".

¿Tiene derecho a verlo si no aporta en su manutención?

Esto es importante porque lo tenemos que revisar no solamente en función de la responsabilidad económica. La primera figura que modela lo que es ser un hombre o una mujer en este mundo es tu papá y tu mamá. Si tú, como hija o hijo, en este esquema, comprendes o entiendes que, en tu realidad, la que se hace cargo de todas tus necesidades es mamá, y papá solo viene a jugar, ese es un mensaje potente de qué rol o qué lugar voy a ocupar yo en mi vida adulta, cuando me reconozca como un papá o una mamá.

> Eso es algo que no tenemos en el radar. Nos basta con decir: "Pues que no dé, pero que lo vea"

Si por 300 pesos va a hacer un escándalo, va a poner peros, o si por cobrarle la pensión ya no va a venir, ya no se la cobro, estamos mandando un mensaje de que, por amor, cedemos; por un poquito de atención somos capaces de renunciar a lo que tenemos derecho. Y las mamás sí se tienen que reconocer como defensoras de los derechos de las niñas y los niños frente a los papás; o sea, las niñas y los niños no le van a cobrar al papá, ni le van a decir: "Tú me debes seis meses de pensión". Evidentemente las mamás son mediadoras, están velando por el derecho de las infancias, entonces el hecho de que se ponga un límite a esas visitas es enviar un mensaje claro de que eso es un cuidado incompleto.

Si hablamos de un hombre que vive en condiciones de precariedad y le resulta imposible generar recursos hasta para sí mismo, es importante que le quede claro que tiene una deuda con su hijo y que no solo económicamente la puede saldar; existen labores domésticas y atenciones de cuidado que puede dar y esas no se necesitan solo una vez al mes, son del diario: lavarle la ropa, dejar y recoger en la escuela, acompañar durante el día, preparar la comida, limpiar su hogar, hacer la tarea; esas cosas por las que muchas veces pagamos.

¡Cuidado! Para considerar hacer este tipo de acuerdo no podemos confiar en hombres con antecedentes de comportamiento violento, uso problemático de sustancias o problemas de ira. Estamos hablando de un hombre que tiene una buena relación con nosotras, que le tenemos confianza para permanecer en nuestro hogar, que sabemos que no va a sustraer a nuestros hijos, y que de verdad puede dar cuidados y afectos.

¿Cuántos hombres habrá en esa situación? Son excepciones, la mayoría de los hombres que pretenden compensar con cuidados ni siquiera saben darse esos cuidados a sí mismos, y muchas veces lo que proponen es que sus nuevas parejas, sus madres o hermanas los sustituyan en dichas labores.

Los hombres que son deudores alimentarios deberían tener la conciencia de lo que son, desde la autoobservación, desde lo ético y desde la responsabilidad, tener claro que "yo no podría ir a ver a mi hijo si no estoy al corriente". Incluso si vivieron en precariedad, en situación de calle, viviendo al día, con un problema de adicción tremendo, que los señores no comen o que subsisten gracias al asistencialismo de la familia, hasta en esos casos no debería faltarles la certeza de que están en deuda con sus hijes y que las madres están haciendo el doble o hasta triple de esfuerzo por darles una vida digna a sus hijes, a pesar de ellos.

En el caso de los señores que tienen acceso a un montón de cosas, a un montón de recursos, a capital cultural, a capital económico y que, en un ejercicio de mezquindad, hacen sentir que le ganan a la mamá, esos señores que en lugar de pagar la pensión prefieren pagar a abogados por años y años, o que amenazan con dejar de trabajar para ya no dar un solo peso; esos que reafirman su poder de forma constante hasta reventar a las mamás y hacerlas desistir, esos personajes son sumamente peligrosos, no solo para la madre, para las mismas infancias.

Es importante mencionar que si un hombre termina por cumplir con lo justo en cuanto a una demanda de pensión, eso tampoco garantiza que sea una figura positiva en la vida de nuestras infancias, estas personalidades que creen que el que paga manda también representan un gran peligro ¿Qué tipo de relación o enseñanzas crees que pueda darle alguien así? Y si lo único que puede aportar a una crianza responsable es dinero, pues bueno…

¿Cómo evitar la violencia vicaria?

Es tremendo, porque hay algo en la violencia vicaria que se romantiza: pensamos en los hombres que abandonan a las hijas y los hijos, en los hombres que se fueron y no regresaron y les decimos que son unos miserables canallas, pero cuando un señor asegura: "Yo me voy a quedar con mis hijos porque la señora no puede, porque la señora tiene un problema de taca, taca, taca", y se ponen a diagnosticar a las mujeres que eligieron para madres de sus hijos con un montón de cosas: ¡un recetario ahí de todo lo nocivo para los niños! Incluso la misma sociedad dice: "¡Wow, qué buen papá, se quiere quedar con les hijes!, ¿qué hombre hace eso?".

Esa romantización del hombre que toma una responsabilidad que le toca es un terreno fértil para que la violencia vicaria sea percibida más como una actitud reactiva de las mujeres ante el beneficio de los hijos. Y vamos a ser más concretas: la violencia vicaria es más aguda en la medida en que el papá sustractor tiene más poder, sobre todo cuando hay recursos económicos o políticos. Si pensamos en hombres que no tienen recursos —y no digo que no haya sustractores en desventaja económica—, me refiero a que no tienen los recursos suficientes para llegar muy lejos al sustraer a la infancia, porque es probable que la vayan a dejar en casa de la abuela paterna y a los tres días la mamá va a llegar y va a recuperar a su hija o hijo.

Pero los señores que acceden a poder político, a conexiones, que además tienen conocimiento de la ley y que conociendo esos huecos dicen: "Basta con que yo me lo quede y diga que la mamá lo golpeó y que yo le diga a mi hijo que diga tal o cual cosa para que ella no vuelva a verlo", y aquí estoy pensando en una infancia que domina el lenguaje pero que no ha desarrollado juicio moral, a la que todavía se le puede aplicar condicionamiento: un pequeño de dos a cinco añitos.

¿Qué sucede con la sustracción de un bebé que en unos meses se adaptará a los cuidados de la nueva figura y que si no vuelve a ver a su mamá jamás la recordará?, o si es un adolescente que, a partir de coacción emocional, le hacen creer que pone a salvo a su madre quedándose con su padre, o que se pone a salvo a sí mismo porque le han hecho creer que su madre es peligrosa, o que si regresa con ella puede perder lo que el padre le da; son innumerables las situaciones que se viven dentro de la violencia vicaria. Es difícil decir cómo evitarla, pues al final no hay víctima que se pueda responsabilizar de la conducta de su agresor. Aun así, quizá sí pueda mencionar algunos puntos a considerar para las mamás.

Si ante la solicitud de una separación el señor no quiere, va a utilizar la violencia vicaria para que la madre desista; si hay divorcio y la pensión le parece injusta, va a sustraer a sus hijas o hijos para incluso hacer que ella pague pensión; si el señor después del divorcio decide formar una nueva familia y quiere ahorrarse la pensión, va a buscar por todos los medios desprestigiar a la madre, de tal forma que parezca que su nuevo hogar puede ser un mejor lugar para su hija o hijo.

Si la mamá empieza o crece en su vida laboral o retoma su vida social, amorosa, se casa o tiene un nuevo bebé, cuestionarán su capacidad de cuidar a sus hijas e hijos, después retirarán recursos y dejarán de ver a las infancias o empezarán a sacar información y a sembrar dudas en ellos sobre su madre, la nueva pareja, el nuevo empleo, la nueva organización familiar, etc. Si la madre no había solicitado pensión y lo empieza a hacer y sienten que pagarán mucho, sustraen a las infancias para condicionar su regreso si ellas desisten.

Hay tantos ejemplos como historias, atravesadas por un sinfín de variables, pero el común denominador es que esta violencia que atenta contra las infancias y sus madres atiende al machismo herido, que responde ante el desacato de las mujeres que fueron de su propiedad o que dependían económicamente de ellos y ya no más. Hay una necesidad de castigar a la madre, no reparan en dañar emocional y psicológicamente a sus hijos.

Entonces, la madre que reconoce que el padre de sus hijos ha sido generador de violencia, que se resistió a la conclusión de la relación, que se resiste a reconocer a las infancias, que se resiste a pagar, que intenta hacer creer en las redes sociales o ante la gente que es un padre responsable desprestigiando a la madre, es un potencial agresor vicario, y es importante que si quieren convivencia con menores de cinco años de edad, siempre sea en tu presencia y en espacios conocidos para ti, y que una vez que tu hija o hijo pueda hablar, sugiero que estés atenta a toda la información que registra.

Después de una fuerte discusión debes estar alerta, porque pueden esperar al fin de semana, al cumpleaños de la hija o el hijo, a las vacaciones de verano o de fin de año para entonces sustraerlos.

¿Qué hacer si hay un intento de manipulación para dañar la imagen de mamá?

Eso sucede hasta en las familias tradicionales, en donde alguien hace de policía bueno y policía malo. Los papás buena onda tienen ciertos puntos a favor. ¿Cuáles son? Yo juego a ser el buena onda y dejo toda la responsabilidad de los límites y las reglas a la mamá. ¿Entonces con quién van a querer estar los niños? Pues con quien da más libertad, es más permisivo, hay más recompensas, hay menos acuerdos, menos reglas, y entonces las niñas y los niños se sienten en plenitud de hacer lo que les viene en gana, porque es su naturaleza.

Lo que tendríamos que empezar a observar es cómo romantizamos estas formas de ser papá como respuesta al rechazo de esas paternidades violentas, duras y sobreexigentes, es decir, preferimos esa laxitud que la dureza o la violencia; pero ¿cómo juega esto en contra de la mamá? Si ella también se coloca en el lugar antagónico del papá, seguramente las infancias se pondrán en contra de ella. Aquí es importante que desde la crianza los límites y las reglas, así como el ejercicio cotidiano de valores, sean actitudes valoradas, como los hábitos de vida saludable que me permiten tener estructura, la organización y limpieza como una forma sana de vivir.

Si desde lo más cotidiano acercamos estos recursos de forma positiva y no como condiciones que pone mamá porque ella así lo decidió, entonces va a ser difícil que pongan en su contra a los hijos; ellas y ellos desarrollarán el suficiente juicio moral que cuando el papá les diga que pueden hacer lo que quieran, ellos sepan que eso lo hacen todos los días, con hábitos y estructura; que los regalos que pueden recibir del padre son la forma en que ellos saben dar afecto, no son premios a ningún comportamiento o reconocimiento a su valor como personas, sino solo una atención afectiva que el señor da porque quiere.

Ayuda mucho escuchar a las niñas y los niños, cuentan todo, sobre todo a sus mamás, que son las cuidadoras. Las infancias son capaces de darte el termómetro de la relación que tienen con su papá, dan detalles sobre el lugar en el que están, los ruidos qué hay alrededor, lo que estaban haciendo, el tono en el que les dijeron alguna expresión. Todo, dicen todo.

Entonces, ¿cómo le podemos hacer? Primero, identificando. Si en su convivencia el papá o alguien más indaga sobre la vida de mamá, eso te puede dar una pista de que hay un interés por saber cómo te percibe tu hija o hijo para después empezar a coaccionarle. Si la información que encuentran es que tú estás haciendo cambios en la alimentación y que regulas el consumo de azúcar es posible que él dé una opinión sobre que los niños tienen derecho a comer dulces y ser felices. O si tu hijo le expresa que a veces se le antoja un poco de refresco, el papá podría decir: "Aquí siempre habrá para ti, yo soy muy diferente a tu mamá".

Si tu hija o hijo le dice que tu nueva pareja se queda a dormir en casa, es posible que si no has dialogado a profundidad con ella o él sobre esos cambios, el papá dé una opinión que predisponga su comportamiento, lo que irá en contra tuya y originará muchas confrontaciones.

¿Qué se hace en esos casos?

El reto es que tenemos que aprender a poner límites y reglas amorosas, porque lo que hacen muchas mamás es renunciar al límite o a la regla con tal de que la niña o el niño esté mejor con nosotras que con ellos y empezamos a competir.

En estos casos sugiero poner límites al papá, y si el señor no los respeta, empezar a hacer un proceso educativo con nuestras hijas y nuestros hijos. ¿Lleva tiempo? Sí. El tema de la autonomía es progresivo, si tú le dices a una niña pequeña: "¿Quieres comer o no?", y ella dice "no", y 30 minutos después te dice que tiene hambre, no puedes decirle: "Hazte cargo de tus decisiones".

Es posible acompañar ese proceso de capacidad de elegir poco a poco, acorde con su edad, quizá en lugar de preguntar si quiere o no, le doy opciones, ¿sandía o papaya?, estoy siendo firme en algo, que es el hecho de que va a comer, pero que puede participar en la elección; porque para alcanzar la autorregulación, para que sean capaces ellos mismos de decir: "No comeré eso porque me hace daño", y no porque se enoja mi mamá, aunque el padre le diga que se lo permite. Es decir, se trata de encaminar a esas infancias hacia la autonomía y a la capacidad de elegir como forma de autocuidado.

¿Cómo manejar la relación con un papá ausente?

Aunque el papá esté ausente, las infancias tienen presente a este personaje en sus vidas. Este hecho no les afecta emocionalmente de la misma manera cuando son bebés que cuando son adolescentes. Para intentar comprender el proceso emocional y psicológico que se desarrolla en las infancias y adolescencias debemos considerar, además de la edad, el entorno familiar, escolar o social, y también el nivel de consistencia de la presencia del padre; es decir, si es un hombre que no conocieron, que dejaron de ver por largas temporadas, que solo los ve una vez al mes o que era parte de la familia y que una vez que se separó de mamá él dejó de estar presente.

Imagina que las niñas y los niños de edades muy tempranas empiezan un proceso de adaptación a su entorno y organizan la vida con momentos y personajes, que yo llamaré figuras, a los que reconocen con todos sus sentidos. Después empiezan a relacionarlos con cuidados, compañía, o bien, con pequeños momentos de su vida, como un rompecabezas. Lo que sigue es un proceso de desarrollo de lenguaje verbal; en esa etapa empiezan a nombrar a esas figuras, a través de la imitación de sonidos y palabras que escuchan o que, de forma deliberada, les repetimos. En esta primera fase las palabras *mamá* y *papá* no tienen la carga afectiva que pueden tener cuando crecemos y les damos un sentido nutrido de experiencias, sentimientos y emociones.

Cuando son así de pequeñitos no piensan o sienten que les falta alguien en su vida, eso sucederá en cuanto comparen entornos diferentes al suyo, como en la escuela, en donde empiezan a tener conciencia de su identidad, cuál es su nombre completo; sobre sus familias, quiénes la componen, y de que hay otras niñas y niños que tienen identidades y familias diferentes a la suya; es aquí en donde, al escuchar que al tío, al abuelo o a cualquier otra figura le llaman papá, ellos estarán en el entendido de que conocen o tienen a un papá; después descubrirán y comprenderán que su parentesco es otro, pero quizá por costumbre decidan seguir llamándole así.

Entonces, ¿qué respuesta le damos cuando pregunte: "En dónde está mi papá"?

Lo primero es que no le des más información de la que está pidiendo, segundo, ante estas preguntas indaga por qué surgió la duda y qué es lo que quiere saber; una vez que sepas dale una respuesta concreta y verdadera. Por ejemplo, si nos cuenta que a su compañera de la escuela la estaba esperando en la salida su papá, y el señor la abrazó, le cargó la mochila, le compró dulces y que ella se veía muy contenta, puedes tener pistas de que eso que observó le hizo pensar si eso le podría suceder. Entonces nosotras le podemos decir: "No sé dónde está tu papá, pero a mí me gusta ir por ti a la escuela y recibirte con abrazos porque te amo".

Otro ejemplo, si alguien le dice en tono de burla: "No tienes papá", es importante preguntarle cómo se sintió, escucharlo y acompañar su enojo o su tristeza; después explicarle que hay muchas familias que solo tienen un hijo y que, por esa razón, ese hijo no tiene hermanos; que hay familias en donde no hay mamá, solo papá; o que hay familias donde solo hay abuelitas y tías. Luego se le podrá decir que su familia es especial.

Te vas a dar cuenta de que en edades tempranas no genera conflicto o ansiedad, no genera nada de eso. ¿Cuándo hay un encontronazo con la realidad? Cuando se desarrolla el juicio moral, que sucede entre los ocho y nueve años, el momento en que las infancias comienzan a distinguir entre lo bueno y lo malo y organizan comportamientos o actitudes aceptadas y rechazadas dentro de la escuela, familia o sociedad.

También considera que algunas fechas, como la celebración del Día del Padre o la representación de los papás y las familias en las caricaturas, cuentos, series de televisión, nos hablan de familias tradicionales, por lo que es posible que la primera respuesta no sea suficiente y quizá las infancias requieran más información.

Será importante dejar que ellas y ellos hagan sus propias conjeturas, decirles que fue una decisión que su padre tomó y que es lo único que sabes, o si hubo situaciones de violencia, basta con decirles que había tratos que no te gustaban, o si es una figura intermitente explicarles que pueden solicitarle más tiempo juntos, y que si el papá no accede es porque no tiene herramientas para hacerlo, pero que eso nada tiene que ver con él o ella.

En concreto, desde que las niñas y los niños preguntan es importante no mentirles, decirles que papá trabaja mucho y no tiene tiempo, pero aun así los ama, es mandarles un mensaje potente de que quien te quiere no te da tiempo. Por otra parte, decirles que pronto volverá genera una esperanza que al no cumplirse causará una herida profunda de abandono. Otra frase que puede atentar contra la autoestima de las infancias es: "Si te conociera, te adoraría", es terrible porque las infancias esperan con mucha ilusión ese encuentro, y cuando se conocen y no ven en ese hombre expresiones de afecto o cariño es posible que piensen que no son suficientes para ser amadas o amados.

Es importante que cuando hagan estas preguntas te asegures sobre lo que en realidad quieren saber. Si la pregunta nace desde la curiosidad de saber en dónde se encuentra esa persona, basta con decirles lo que sabes (si vive en otra ciudad, si desconoces su paradero, etc.). Si la pregunta responde más a una necesidad afectiva, te sugiero que le recuerdes el amor que le tienes diciéndole: "No sé en dónde está, pero quiero que sepas que yo te amo y que toda tu familia te ama". Si te dice que lo necesita, explora las experiencias que lo hayan detonado (comentarios en la escuela, dentro de la familia o en el vecindario) y recuérdale que todas las familias son diversas e igual de valiosas.

Es un proceso progresivo, que va de menos a más, y también comprendamos que esos cuestionamientos que tienen las infancias no son similares a los que tenemos desde la mirada de adultas. Porque entonces nosotras queremos justificar: "Él se lo pierde", "es que no sabe lo hermoso que eres". Y esa no es la información que buscan las infancias, que simplemente están diciendo: "¿en dónde?", en todo este rompecabezas que creían que estaba completo, "¿en dónde está esa figura?". Muchas niñas y niños terminan colocando en estos lugares al abuelo, al tío incluso a los hermanos. Cuando piensan en un papá no piensan en sus progenitores, sino en esas figuras que ocuparon ese rol.

Pensemos en una familia en donde están los abuelos —abuelita, abuelito— y está mamá, pero no hay papá. Las niñas y los niños terminan adoptando al abuelo como papá; entonces, aunque saben que es su abuelito, muchas veces utilizan la palabra *papá* para dirigirse a quien la mamá llama "papá", porque también da cuidados o atenciones afectivas como uno, entonces las infancias les identifican como: "Este señor es papá".

¿Hay que aclarar a las infancias que es su abuelo y no su papá?

Los ejercicios que hacen las infancias son para ordenar su realidad. Si la niña o el niño le llaman al abuelo "papá" no está mal porque es un recurso que utilizan para comprender el entorno; poner una figura masculina en eso que está entendiendo como una parte de esa dualidad sexogenérica, porque las niñas y los niños saben de la división sexual antes, muchísimo antes de conocer la diferencia a partir de los genitales. Las infancias saben que son niños o niñas por cómo se visten o las cosas con las que juegan.

Entonces, si le preguntas a una niña o niño de dos o cinco años: "¿Tú qué eres, niña o niño?", te va a decir "niña" o "niño", "porque juego con muñecas", "porque uso vestidos", "porque tengo el pelo largo", pero no necesariamente es por la diferencia de los genitales; eso viene más adelante, entre los seis o siete años.

De este modo, si consideramos que las infancias en esa primera etapa de desarrollo no están buscando una explicación con detalles, minuciosa, sobre "¿qué pasó con papá?", sí es importante darles a entender que es una figura que está en algunas familias, pero en otras no, y ahí es donde tenemos que fortalecer toda una cultura y sociedad que ha romantizado la construcción de la familia. Nos venden arquetipos de cómo se supone que debe ser una familia: debe existir una mamá, un papá, hermanitos, animalitos, abuelitos.

Si tengo una nueva pareja, ¿es correcto que lo llame "papá"?

Esto depende del papel que ocupa en la vida de la infancia, es decir, si es una persona que decide tomar un rol de paternidad, dando cuidados y atenciones afectivas, se involucra en la crianza responsable, respetuosa y construye un vínculo con las infancias, por supuesto que sí.

¿En dónde considero que no?

Cuando esta relación está mediada por la mamá; es decir, si me emparejo con una persona que tiene hijos, y a esos hijos los veo como una propiedad; si al participar económicamente en su educación, alimentación o vestido me asumo como el padre o padrastro y considero que accedo al derecho de maltratarles o violentarles, eso simplemente no puede suceder. Los hombres y las infancias deben consentir ese vínculo de forma directa y solo ellos podrán definir qué tanta cercanía y confianza están dispuestos a mantener, y si no hay un deseo de paternar, es importante que tengan en cuenta que es necesario establecer una relación de respeto mutuo, aunque haya ese distanciamiento afectivo.

Ahora bien, si se construye un vínculo paterno-filial sano, si mi hija o mi hijo reconoce a mi nueva pareja como su papá y un día nuestra relación de pareja termina, las mamás también tienen que considerar que no pueden diluir ese lazo afectivo de forma arbitraria. Tendrán que respetar que sigan teniendo cercanía y se reconozcan como familia, tal y como lo hacen los padres que se divorcian. Solo si él quiere, porque a lo mejor también se desvincula.

Hay que dejar claro que no se puede jugar con las emociones de las infancias y si se adopta un rol de padre también se asumen compromisos, se lo tienen que pensar bien, justo por eso. No hay papá de ocasión, por eso es importante que no esté mediado el vínculo por la relación con la mamá, no vas a ser papá de esa niña o ese niño en la medida en que seas pareja de alguien.

Es común que algunos hombres desaparezcan de la vida de las infancias solo porque terminaron la relación amorosa...

No está bien que exista un compromiso mediado por la mamá, que como hombres digan: “Me comprometo con la infancia porque se trata de ti”. Eso es lo que tendríamos que erradicar y caminar hacia una sensibilización de los varones que participan en este cocuidado o cocrianza: que tengan conciencia del impacto positivo que puede tener una relación sana con las infancias, que los vínculos paternofiliales se construyen y son incluso más fuertes que los vínculos consanguíneos y, por lo tanto, desaparecer sin siquiera decir adiós puede repercutir en el desarrollo de una infancia que pone en riesgo no solo su autoconcepto y autoestima, también la forma en que, a largo plazo, esa persona va a aprender y a aceptar este tipo de comportamiento en los hombres con los que se relacione o que representen un modelo a replicar.

La masculinidad es tan frágil que si los hombres dan cuidados a las hijas o hijos de sus exparejas, pueden sentir que son abusados y dentro de las relaciones de poder es un imperativo evitar a toda costa ocupar ese lugar, es mejor abusar que ser abusado.

Falta mucho machismo por reconocer y erradicar en prácticas social y culturalmente normalizadas, entre ellas sobrevalorar a los hombres que te aceptan con hijas o hijos, como si una valiera menos. Esto no sucede con las mujeres, si una mujer decide relacionarse con un hombre que tiene hijos no es sobrevalorada, al contario, está siendo calificada para ver si su disposición para el acompañamiento de la crianza es suficiente. Las mujeres sabemos que hay una línea que no vamos a transgredir: el lugar de la madre, los varones no.

Aquí el tema del dinero es muy importante porque ponderamos más al señor que destina parte de sus recursos a una hija o hijo que no es suyo, que los cuidados que las mujeres dan a hijas o hijos que nos son suyos. La potencia económica de los hombres reafirma poder, lo cual muchas veces se traduce en reproducción de violencia, en casos de maltrato infantil.

Si reflexionamos sobre los derechos de las infancias, en 1989 México firmó la Convención de los Derechos de la Niñez, instrumento internacional que entró en vigor en 1990 y que no solo reconoce a las infancias como sujetos de protección, sino de derechos; lo cual significa que el Estado mexicano debe buscar la forma de implementar mecanismos a partir de los cuales se garanticen los derechos de las infancias. Eso implica erradicar cualquier tipo de violencia hacia las niñas y los niños.

¡Qué trabajo les costó a los docentes dejar de usar el maltrato físico o psicológico como estrategia pedagógica y empezar a buscar otras formas de relacionarse con las infancias! O bien, como sociedad erradicar el trabajo infantil, del cual muchas y muchos sabemos porque nuestros abuelos y abuelas nos han compartido experiencias enmarcadas en una época en donde eso no era mal visto, al contario, era valorado.

Lo mismo pasó con la crianza: muchas y muchos normalizamos el maltrato infantil que recibimos por parte de mamá o papá, porque pensábamos que si nos corregían era porque nos estaban educando, incluso al escuchar a nuestra madre o padre decirnos: "Me duele más a mí que a ti" hacía que de verdad pensáramos que detrás de esos dolorosos eventos había algo de amor; a la fecha todavía hay gente que con cierta nostalgia dice: "Los niños de ahora necesitan unas buenas nalgadas, como las que me dieron a mí". Porque somos hijos de esa violencia todavía la romantizamos. Como nos exigimos una relación amorosa con nuestra madre y nuestro padre, a pesar de todo, no hemos reparado en nombrar y señalar la violencia que ejercieron sobre nosotros, por acción, por omisión o por tolerancia. No queremos reflexionar sobre esas heridas.

No estoy invitando a nadie a que reclame a sus padres por esa violencia ejercida o que se les guarde rencor. Lo que quiero decir es que muchas y muchos tuvimos una madre o un padre que durante nuestra infancia nos lastimó, física, verbal o psicológicamente. Y lo hicieron porque no tenían herramientas, no se desarrollaron en contextos que rechazaran esas prácticas, crecieron creyendo que así se educaba a las infancias; ellas y ellos hicieron lo mejor que pudieron.

Ahora tenemos la tarea de llamar a eso que nos pasó maltrato infantil para poder erradicarlo.

En eso están muchas personas, que ya lo señalan, ya lo denuncian. Porque ahora si tu hija te dice que la maestra le pegó, tú ya no vas a cuestionar a tu hija: haces un escándalo y levantas una denuncia. Sin embargo, esa sensibilización y esa conciencia no ha llegado del todo al ámbito doméstico; todavía, cuando se trata de poner límites y reglas firmes, seguimos replicando esas prácticas violentas que conocemos, aunque algunas las hemos disfrazado de suavidad, "si mi hija llora y hace berrinche, la ignoro; jamás le pegaría". Pero ignorar es terrible, es enviar un mensaje poderoso de "tu sufrimiento no me importa", y tiene un impacto muy similar a cuando los padres o madres de épocas anteriores no atendían los ruegos de las niñas o niños de parar con las golpizas.

Si te das cuenta, es difícil aún para muchas mujeres y hombres definir lo que es violencia o maltrato hacia las infancias. Esta expresión de corregir o educar esconde muchas veces violencia y, ante tantas dudas, casi siempre terminamos por justificar que "es su mamá" o "es su papá"; entonces cuando un hombre se suma a la familia que compone una madre y sus hijas o hijos y se le da el reconocimiento de papá, pues muchas veces toleramos que ejerza violencia como símbolo de cuidado, y eso lo tenemos que erradicar.

¿Te imaginas que madres o padres adoptivos solicitaran el derecho a maltratar o violentar a las infancias que adoptaron, porque así son la mayoría de las madres o padres, o que creyeran que al no compartir vínculo consanguíneo es normal que no sientan un profundo sentimiento de amor y cuidado?

Te diría que en la adopción, no en todos, aunque sí en la mayoría de los casos, hay un fuerte deseo de paternar, pero si ese deseo no existe en las parejas de las madres que hacen crianza en solitario, es predecible que tengan actitudes poco cercanas hacia las infancias, lo cual en ninguna circunstancia es responsabilidad de la madre, ¡nunca!

Las personas adultas debemos responder por nuestros actos, pero si la madre desconoce prácticas de maltrato, no hay forma de que se responsabilice al agresor por lo que hace. ¿Cuándo si hay responsabilidadde parte tuya? Cuando lo ves y no haces nada, cuando tu hija o hijo te lo cuenta y tú no lo escuchas o le dices que es su culpa; cuando eres tú quien por omisión o tolerancia no frenas esa violencia. Pero por desconocimiento, ¡jamás!

Entonces, ¿cómo incorporamos a la nueva pareja a la dinámica familiar?

El acompañamiento psicoterapéutico siempre ayudará en estos procesos para asegurarnos del cuidado de las infancias y también de las madres y sus parejas. Porque no hay recetas, cada caso tiene particularidades que deben considerarse y trabajar a partir de ellas, pero, si por alguna razón no es posible acceder a ese servicio, podemos acercar una posible estrategia.

Vamos a partir del supuesto de que tú ya has hablado con tu pareja y que él está entusiasmado por conocer a tu hija o hijo, que ya tuvieron una plática larga y profunda sobre lo que tú entiendes por maltrato hacia las infancias y también lo que entiendes por respeto. Dialogan y ponen en común temas que resultan importantes para ambos y acuerdan que ese primer encuentro dependerá del consentimiento de las infancias, y que si un día tu relación con él termina es importante que considere hacer un cierre con tus hijas o hijos. Entonces, pienso que puedes tomar en cuenta los siguientes pasos:

1. **Indaga la opinión de tus hijas e hijos sobre el hecho de que tengas una nueva pareja.** Es importante porque a veces, sin

conocer a tu pareja, las infancias escuchan comentarios de otras personas que influyen en la construcción de prejuicios o miedos, o hay información que les ha llegado de forma poco suave y mal intencionada. Si, por el contrario, se muestran contentos y dispuestos, también registra sus expectativas o sus ilusiones. En este primer paso no tienes que aclarar, contradecir o invalidar su percepción, tampoco decirles que tienes la intención de generar un encuentro, solo escucha atentamente y cierra ese momento recordándoles lo mucho que los amas y lo importante que era para ti escucharles.

2. **Identifica si esas dudas se pueden resolver teniendo una charla profunda** o si es importante acercarte a otras personas que han dado información a tus hijas e hijos sobre tu relación de pareja para frenar cualquier tipo de malentendido. Si consideras que la resistencia responde a miedos que detonan en crisis de ansiedad, no abordes el tema y procura estar atenta a su cuidado emocional. Por otro lado, si en tus hijas o hijos hay una gran ilusión en la que hay altas expectativas sobre el rol que va a tener esta figura en sus vidas, es importante que también acerques recursos que les permitan reducirlas. Si piensan que es una persona con la que van a vivir o va a ser un "papá", es importante decirles que en ese momento es tu pareja y que es difícil saber con certeza hacia dónde se irá construyendo la relación.
3. **Define un lugar en tu vida para tu pareja.** Si tus hijas o hijos muestran profundo rechazo a conocer a tu pareja, respétalo; eso no significa que dejes de mantener esa relación. Dialoga con ellos y haz acuerdos, en donde establezcan los días, horarios o actividades que compartirás con ellas y ellos, y también comunícales los momentos que reservas para ti y tu pareja.

Hazles saber que no le conocerán hasta que ellos estén de acuerdo; por otro lado, si le quieren conocer, pregúntales en qué momento se sentirían más cómodos, en qué lugar o en qué actividad. Pide que te den más de una opción para que la compartas con tu pareja y juntos decidan la más cómoda.

4. **Comunica los cambios a tus hijas e hijos, así como a tu pareja.** Si la relación poco a poco se hace más cercana, es decir, si él empieza a quedarse a dormir o a dejar cosas personales en casa, asiste a las fiestas familiares, participa económicamente con algunos gastos o en las actividades de cuidado y labores domésticas, es importante que se los hagas saber a tus hijos; es diferente tener a alguien de invitado que tenerle como un integrante más. Si tus hijas o hijos solicitan algo, es importante atenderlo (que les visite menos, que salgan más, que les llamen por su nombre y no por el apodo que tú usas para llamarles, etcétera).
5. **Observa las actitudes de tus hijas e hijos ante tu relación**. Revisa cómo reaccionan ante la comunicación que tienes con tu pareja frente a ellos, si los apodos que usan para llamarse entre él y tú les incomodan, si se sienten desplazados, por ejemplo; si a mi hijo le digo "mi amor" y escucha que llamo a mi pareja de la misma manera, se puede generar cierto sentimiento de desplazo, y podemos observar conductas de competencia; si tenemos muestras erótico-afectivas frente a ellos y vemos que cierran los ojos o tienen reacciones de asco, es importante hablar con ellos e indagar qué les produce tanto rechazo y considerar si cambiando o regulando dichas conductas podemos generar un espacio más cómodo de convivencia.
6. **Si la relación termina, procura que sea en los mejores términos**, para modelarles a tus hijas e hijos que las relaciones

> pueden terminar, sin que eso signifique fracasar o ser abandonada. Permite un cierre entre ellos y tu expareja y asegúrate de que él esté en la misma disposición de mandar un mensaje contundente sobre que las relaciones terminan y que seguirán con sus vidas, que seguro se extrañarán, pero que se recordarán con mucho cariño. Ahora, si la relación termina en muy malos términos, explica a tus hijas e hijos que no está siendo lo suficientemente sana y que es importante para ti frenarla, protegerte a ti y a ellos.

Si tu relación pasa a otro nivel y deciden formar una familia, debe quedar muy en claro qué tipo de rol está dispuesto a tener tu pareja dentro de la familia. Yo recomendaría que esto fuera poco a poco, para que durante ese proceso escuches a tus hijas e hijos y te compartan sus dudas y las puedas ir despejando. Algunas infancias sienten un profundo miedo a dejar de ser queridos por sus madres y es natural si de pronto ellos tienen que aprender a compartir la atención con alguien más. En este proceso, recuerda tener en cuenta la edad que tengan tus hijas o hijos; es muy distinto la forma en que lo vive un bebé a que tenga ocho, 10, 14 o 15 años. La respuesta de cada niña, niño o adolescente va a ser muy distinta y hay niveles de diálogo y de negociación para cada edad.

DIANA LUZ: En México somos un país de mamás protectoras. Exparejas de países como Canadá o en Europa, una vez terminada la relación, y si existen infancias, llegan a acuerdos y pueden seguir conviviendo. Eso no pasa en América Latina. Regularmente terminamos en conflicto. ¿Cómo podríamos evolucionar las madres que sentimos miedo de que nuestra hija o hije sea maltratado por la nueva pareja? ¿Cómo ir estableciendo canales de comunicación?

MARGARET ISABEL: Hay un miedo a que estos señores les propongan a nuestros hijos corregir a la mamá que eligieron, eso también es cierto. O sea, los miedos de las mamás no están mal infundados, pero ¿a qué responde ese miedo? A que muchas veces los señores, cuando presentan a las nuevas parejas, son como la sustitución de mamá, la que va a ser buena onda, y entonces es como sacar del cuadro familiar a mamá, porque ya no es mi pareja y entonces poner a la nueva. Y en eso hay un desplazamiento tremendo y doloroso; pensar que para las mamás, sobre todo las que están haciendo cuidado-crianza y que ya llevan muchos años haciéndolo, exista esta amenaza, incluso de que el niño o la niña sea incorporado al núcleo familiar del papá o a la nueva familia.

Tenemos que caminar, no solo las mujeres, sino los varones, a relacionarnos desde otros lugares: validando cómo se da una separación, entender a qué responden estas emociones o esta inseguridad de la mamá, que casi siempre tiene que ver con proteger a los hijos. ¿Por qué? Porque también es cierto que las hijas o los hijos son la representación de esa relación que tuvieron dos personas. Entonces como es esa representación, no sabemos cómo lo va a tomar la nueva pareja.

Hay que generar una pedagogía en la que mujeres y hombres estemos dispuestas o dispuestos a reconocer que esa hija ya tiene una mamá, que yo no puedo ser la sustitución de esa mamá ni ser la suplente. Y que se tiene que empezar a normalizar el diálogo entre las adultas o los adultos que vamos a acompañar ese proceso de crianza, si es que lo vamos a acompañar, y también respetar si alguien no quiere acompañarlo de forma directa y solo lo quiere hacer con cierto distanciamiento para no involucrarse afectivamente. Se vale, pero se habla y se ponen mínimos, mínimos de convivencia.

Pero para eso el papá tiene que poner de su parte y entender que lo que la mamá necesita es importante. Si la mamá dice: "Yo creo que no es momento para que mi hijo conviva con tu nueva pareja", él tiene que respetar. Es un proceso, eso va a suceder, pero todavía no. Tal vez la mamá primero necesita conocer a la nueva pareja y quizá no alcanza para echarse las dos un café; ojalá que eso sucediera. Pero pensando en esta cultura en donde las relaciones sexoafectivas las entendemos como apropiarnos de la persona, a veces la interacción con la nueva pareja se siente como contactar con aquella que tiene algo que era de tu propiedad y, por consiguiente, te enojas y pareciera que estamos más peleando la mirada de los varones. Aquí el señor tiene que salir de la ecuación, aunque sea la razón por la que nos vinculamos.

Si tú te vinculas con una niña o un niño afectivamente y de forma directa, no importa que ya no tengas ese vínculo con esa pareja, vas a seguir viendo a esa niña o ese niño como alguien de quien formaste parte de su red de apoyo. Lo ideal es que nos alcanzara para eso, pero viendo la situación y pensando en el contexto mexicano, sí tendríamos primero que repensar en las relaciones sexoafectivas. Uno, en la ética amorosa: no solamente en cómo me involucro, también en la responsabilidad afectiva, en las relaciones basadas en el respeto, la escucha.

Las personas que decidimos en algún momento relacionarnos con una persona que tiene hijas o hijos debemos entender que hay otro tipo de código ético en el que nos tenemos que habilitar. Dejar atrás ese deseo irracional de competir con la expareja o, peor aún, competir con las hijas o hijos por la atención del padre; nuestro comportamiento debe basarse en un total respeto y con cierto distanciamiento en la participación de acuerdos de crianza, a menos que en esos acuerdos participe la mamá.

Si lo pensamos, los varones que son la nueva pareja de la mamá representan un miedo latente: no vaya a ser un agresor, no vaya a abusar sexualmente de mi hija, pero de pronto, con las nuevas parejas mujeres no existe esa alerta, damos por hecho el instinto materno, aunque muchas no sepamos qué es eso, y tampoco tengamos la certeza de que no puedan ejercer violencia sobre las infancias.

A lo que voy es: hombres y mujeres que se involucran sexoafectivamente con personas que tienen un compromiso de crianza tenemos que ser sensibles, no solamente con lo que dice mi pareja, sino también a las necesidades de las infancias y a las opiniones de la mamá o el papá.

Deseo que estas herramientas que ha compartido la psicóloga te hayan dado más luz en los recónditos caminos del maternaje en autonomía. Antes de irnos al siguiente capítulo, te sugerimos leer con tus hijes el cuento: *Tengo una mamá y punto*, de la autora Francesca Pardi. Es una lectura para infancias que les permitirá responder a la ausencia paterna de una manera amorosa y generará una gran simpatía conocer al personaje de Camila. La versión digital y en audio está en YouTube.

CAPÍTULO 4
¿CÓMO AFECTA EL PADRE AUSENTE?

Las mamás queremos cuidar el corazón de nuestres hijes en todo momento para que no sufran el abandono de su padre; no obstante, la mayoría de las veces no contamos con las herramientas para gestionar todos los cuestionamientos que durante su desarrollo y crecimiento nos hacen.

En este capítulo nuevamente la experta en psicoterapia, Margaret Isabel Ruiz Franco, nos ayudará a entender diversos planteamientos para adentrarnos en una gama de respuestas que pueden ser de gran ayuda para nosotras ante las preguntas de nuestras criaturas:

¿CÓMO AFECTA EL PADRE AUSENTE EN LA VIDA DE LAS INFANCIAS?

La afectación psicoemocional muchas veces se da cuando esa figura lleva o tiene una carga negativa para las infancias; por ejemplo, he escuchado a muchas personas decir: "Con mi madre me basté para sentirme amado, respetado. No siento el impulso ni la necesidad de saber quién es mi papá porque no hay un lugar en mi vida o en mis afectos para una persona que no conocí". Y afirman que no les hizo falta su padre porque en su infancia sustituyeron esa figura con otro familiar, incluso con la misma mamá. Se trata de personas adultas que lograron resolver su relación paterna. Pero esa no es la voz de las infancias; para ellas es un proceso particular y complejo.

Para comprender los efectos de la ausencia de un padre en las niñeces, es importante dejar en claro que hay padres ausentes aun viviendo bajo el mismo techo. La ausencia no solo la generan los padres que se fueron, hay infancias diversas viviendo con un profundo sentimiento de abandono. Si nos enfocamos en el impacto que tiene en niñas y niños que desde nacidos no conocen a su papá, puede no tener un impacto tan agudo, a menos que el entorno les acerque información sobre "ese abandono" a través de narrativas que configuren ese sentimiento.

Cuando hubo contacto, convivencia cercana y esta un día desaparece, va a existir una experiencia de duelo, y entre más edad tengan, más insustituible será. A esas infancias que tuvieron cerca al padre y de pronto se retira es probable que les afecte más.

En los divorcios, aunque sea en los mejores términos, es inevitable que los hijos vivan un duelo por la separación, no importa la edad; si hay un divorcio o separación, algo de lo que representaba estabilidad en la vida, esta se tendrá que reconfigurar. Por otro lado, una separación de pareja en pésimos términos puede ser más dolorosa, más aún si el padre violentó a la madre, si están peleando la custodia, etcétera.

¿Y SI PREGUNTA POR QUÉ NO ESTÁ CON NOSOTROS?

Tenemos que considerar la etapa de desarrollo en la que están las niñas y los niños para dar una respuesta; no tienes por qué inventar, porque si no lo sabes, tan fácil como decir: "No lo sé, pero ¿qué necesitas?".

Las niñas y los niños tienen la capacidad de ser muy concretos y de responder: "Porque quiero que me acompañe a tal lado", "porque cuando me preguntan por él no sé qué decir". Es necesario identificar en qué interacción o procesos de socialización están las niñeces, qué es lo que les genera ese tipo de preguntas.

A veces lo detona incluso una película, y de pronto surge una duda sobre su propia vida, pero no solamente con el papá, les sucede con un montón de cosas. Por ejemplo, infancias que ven películas en donde notan casas grandes y ven su propia casa y dicen: "Mamá, ¿por qué en mi casa no hay escaleras?". Y no son preguntas en las que haya que dar una explicación minuciosa, basta con decir: "Porque esta es nuestra realidad". A las infancias hay que recordarles que eso que ven es una sola forma de representar algo y que puede incluso ser ficticia. Por eso es importante investigar ¿a qué responden esas preguntas?

¿CÓMO LE DIGO QUE ES DEUDOR ALIMENTARIO?

Hay información que las infancias no necesitan saber, por muy maduras que las veamos. Un niño de los cero a seis años todavía no desarrolla eso que llamamos juicio moral. Y ¿qué es el juicio moral? Es la capacidad que tenemos de distinguir lo que es bueno de lo malo. Es un proceso cognitivo que llega de los ocho años en adelante y va madurando de forma progresiva.

Con las infancias de cero a seis o siete años funciona algo que se llama condicionamiento, es decir, las niñas y los niños en esa edad atienden indicaciones; ya después las cuestionan y en la pubertad las pueden contradecir y confrontar.

Entonces, ¿cómo hacer, dentro de estas etapas de desarrollo, estrategias propias de la edad? Eso es algo que también las mamás tienen que identificar a partir del carácter, temperamento y nivel de resiliencia de sus hijos. Como mamás lo pueden saber. Cuando afirman: "Es que el niño es muy sensible". Bueno, si es muy sensible, hay información que hay que administrar y habrá que irle acercando de forma suave y concreta.

Para explicarle que su papá es deudor, sugiero no decirle de forma inmediata: "Tu papá no da para tu uniforme", "tu papá no da para lo que comes", "tu papá no dio..."; es mejor recurrir a otra narrativa: "Todo esto que se genera aquí es a partir de mi trabajo y muchas veces por eso también yo me ausento o muchas veces yo te encargo con tu tía o tu abuelita, porque tengo que acercar estos recursos". Y si te pregunta: "¿Por qué lo tienes que hacer tú?", puedes responder: "Porque alguien con quien yo compartía esta responsabilidad decidió no hacerlo". Es mejor ser así de claras y, en nombre de la verdad, no aseverar algo que ellos mismos pueden racionalizar o deliberar. Si tú les dices: "No aporta económicamente porque es un irresponsable", ahí estás sembrando cosas en el niño que no necesita; es importante considerar que todo eso abona a fortalecer su capacidad de elegir, autonomía y juicio ético moral.

Ante un "¿por qué?", entra una respuesta como: "No lo sé. ¿Tú por qué crees?". Entonces ya puedes tener un indicador de en qué términos está pensando tu hije la participación o la ausencia de su papá. Si da una respuesta como: "Porque mi papá es malo", pregúntale: "¿Por qué es malo?"; si dice: "Pues porque no le importo", puedes darle una devolución a manera de conclusión: "No lo sabemos, pero veo que ahora no te estás sintiendo importante". Este tipo de estrategias funcionan con infancias de ocho años en adelante y permiten validar las emociones sin responsabilizar a la otra persona de lo que está sucediendo.

No es lo mismo decirle a alguien: "Tú me haces enojar", a decirle: "Cuando escucho eso, me siento enojada". Si soy capaz de reconocer cómo me siento, no doy por hecho que sea tu intención hacerme sentir así, y eso me ayuda a hacerme cargo de mis emociones y acciones.

Ayuda mucho empezar a familiarizarnos con preguntas del tipo: "¿Cómo te sientes con eso?, ¿triste, angustiado, enojado?, ¿Cómo te sientes de saber que hay otras personas que participamos en tus cuidados?". Hay que intentar hacer estos contrastes para que las niñas y los niños puedan caminar hacia una ruta de resiliencia.

¿QUÉ HACEMOS EL DÍA DEL PADRE?

De pronto las mamás buscan celebrar el Día de las Madres y también el Día del Padre. De entrada, la celebración del Día de las Madres habría que resignificarla. El 10 de mayo los reconocimientos y mensajitos que damos casi siempre son romantizando la sobreexplotación del cuerpo de mamá. ¿Por qué? Porque decimos gracias por ser mi enfermera, mi doctora, mi psicóloga, etc. ¡Qué duro para las mamás ver que están haciendo siete, ocho profesiones y que no reciben pago por eso y que además tienen que sentirse muy felices y reconfortadas porque la hija o el hijo se los reconoce!

Habría que resignificar el Día de las Madres, no solamente con el amor y el afecto que le tengo a mi mamá por los cuidados que me da, sino como un día que nos invite a ser recíprocos con esos cuidados. Si yo educo a mis hijas e hijos en que las personas que cuidan son igual de importantes que ellos, podemos caminar hacia una sensibilización en donde comprendan que lo que hace mamá es importante y no solamente hace lo que le toca.

Si ya de inicio la celebración de las madres representa un reto para reivindicar su trabajo y las desigualdades que enfrentan, el Día del Padre no puede significar el festejo del doble rol que hacen las madres autónomas. Tenemos que movernos de ese lugar en donde me reafirmo y decir: "Yo soy mamá y papá", así que vamos a festejarme. En esa fecha solo pregúntate: "¿Yo tengo una figura masculina a quien reconocerle atenciones afectivas y de cuidado?", si no es así, no tengo ni por qué sufrirlo.

El Día del Padre también es pensarlo en esos términos. Si tenemos papá, pensar que ese día no es para decir: "Gracias por salir a trabajar y traer dinero", sino tal vez buscar la forma de repensar cómo me vinculo con mi padre. Los varones tienen una gran tarea ahí, repensar su masculinidad a partir de la relación que tienen con sus papás. Si esa figura no la ocupó nadie, no hay que festejar nada.

El problema es que, de forma arbitraria, la escuela uniforma expectativas sobre los comportamientos, familias y recursos. A veces, en esos festivales del Día del Padre piden que solo vaya el papá y las madres o las infancias sienten que deben llevar al abuelito, al tío o al cuñado en sustitución; cuando se hace así, solo para cumplir con una exigencia, las niñas y los niños pueden sufrirlo. Tenemos que acompañarlos emocionalmente para que no sientan presión social o estrés de celebrar ese día.

Tener en cuenta estos elementos puede permitir hablar con las infancias y, desde sus necesidades afectivas, averiguar sobre lo que a ella o a él le gustaría hacer respecto a esta celebración y contribuir a la liberación ante algo que pueden sentir más como una obligación que como deseo.

¿ES BUENO NO LLEVARLO A LA ESCUELA, POR EJEMPLO, SI SABEMOS QUE JUSTO HABRÁ ALGUNA ACTIVIDAD ESE DÍA?

Esto es importante hablarlo con las infancias e incluso con docentes: ¿Qué tipo de actividad va a haber? ¿Es una manualidad o un ejercicio en compañía de él? Hablar con tu hija o hijo y preguntarle qué opina, dándole la posibilidad de no participar. Si decide que no, hablar con la maestra y decirle que no va a participar porque esa figura no le representa un vínculo afectivo; ahí es en donde tenemos que entrar en un diálogo y en una sensibilización con las educadoras, porque a veces ellas dicen: "Pero tienen que participar igual que todos", y no es así. Es una celebración que si no tiene nada que ver con la realidad familiar de las infancias simplemente no la celebres.

ES COMÚN QUE EN LAS ESCUELAS HAYA *BULLYING* O PREGUNTAS DE LAS NIÑECES SOBRE LOS PAPÁS DE OTROS: "¿Y DÓNDE ESTÁ TU PAPÁ?". EN ESTOS CASOS, ¿QUÉ DEBEMOS DECIR A NUESTRES HIJES?

Hay que entender el proceso de socialización de las niñas y los niños en la escuela, empiezan por reconocerse en otras infancias, por eso se amigan o por eso a veces no logran empatarse o no hacen clic. Y no solamente es si tienes papá o mamá, a veces es si tienes mascotas o hermanos.

Cuestionan: ¿por qué un compañero tiene tres hermanos? O ¿por qué su abuelita va por ella a la escuela y no va la mamá? ¿Por qué el Día del Padre este niño no hace regalos? ¿Por qué cuando le pregunto: "Quién es tu papá", no sabe qué contestar? Estas dudas, que se traducen en comentarios que juzgamos como crueles, no necesariamente responden a una forma de acoso escolar, solo a preguntas que hacen las niñeces durante su proceso de identificación. Ahora que si son comentarios cargados de intención de ofender o lastimar, tenemos que ponernos en contacto con la escuela.

Lo que habría que decirle a nuestre hije de forma natural es: "Mi familia se compone de mi mamá y yo", y que eso no implique poner en riesgo su autoestima. Pero las niñas y los niños no van a llegar a ese lugar si las mamás no resuelven también esa inseguridad, que transmitimos cuando hablamos bajito y decimos: "No tiene papá", o "no, no le hables de él", o nos inventamos uno que otro pretexto.

¿ES CORRECTO DECIR QUE NO TIENE PAPÁ?

Lo correcto es decir: "Nuestra familia se compone de mamá e hija. Esta es nuestra familia. No falta ni sobra nadie".

¿QUÉ HACEMOS SI QUIERE CONOCER O VER A SU PAPÁ?

Lo que hay que valorar y tener en cuenta siempre es la seguridad de las infancias. No las podemos exponer a un maltrato, a un desaire en el que solamente por el impulso o el deseo de "quiero ver a mi papá", nosotras busquemos la forma de que se dé un encuentro a toda costa. No sabemos si, de darse el encuentro, van a ignorarlas o a decir cosas que no son ciertas.

El fin no es que las infancias vean a su papá inmediatamente cuando demanden verlo. Si tu hijo te dice: "Quiero pastel", no corres a comprar uno. Lo que hay que indagar es: ¿por qué?, ¿qué necesita?, ¿qué quiere? Si las respuestas son: "Quiero platicar con él", vale la pena que tú le preguntes: "¿Sobre qué?", y dependiendo de su respuesta valorar si tú misma puedes despejar sus dudas o tantear el terreno en el caso de que el papá tenga las condiciones mínimas para acercarse.

Si es un señor que no es responsable, al que no le has hablado en años, que dejaste de ver y es la primera llamada que le vas a hacer para decirle: "Tu hijo te quiere ver", ¡foco rojo!, porque corres el riesgo de que el señor diga que sí y que pida que tú no estés presente, que termines exponiendo emocionalmente a tu hijo a un encuentro que tal vez esté idealizando o que salga de ese encuentro enojado contigo porque le dijeron que tú eres la responsable de que no se hayan visto antes.

¿Qué sucede si las niñas o los niños quieren ver al papá? Indagar qué es lo que quieren conocer y hasta donde tú puedes resolver. Si solo lo quieren conocer físicamente, ver cómo es, esto se resuelve mostrando una foto. La niña o el niño lo va a dar por resuelto: solo quería ver a quién se parecía. Ya está. Y si de forma progresiva, un adolescente de 15 o 16 años dice: "Estoy muy enojado con mi papá, le quiero reclamar, quiero verlo y decirle que me hizo falta", ayuda a ese adolescente a que vaya a un espacio terapéutico y acomode sus emociones y empiece a resolver esa figura para que el día que pueda tener, o no, un encuentro con su papá, no sea una catarsis mal gestionada en la que después simplemente diga: "Tal vez ni siquiera lo necesitaba o son cosas que hubiera preferido no hacer".

Dependiendo de la etapa de desarrollo podemos acompañar a las infancias o a las adolescencias a gestionar esas ausencias y puedo decir que hasta de adultos, porque hay muchas personas adultas buscando a sus papás, cargando con una idealización, y cuando van a sus respectivos encuentros salen muy decepcionadas y lastimadas, porque acumularon durante mucho tiempo una expectativa que, cuando no se cumple, aun siendo adultas, repito, los rompe emocionalmente.

En cualquier proceso de vinculación o revinculación siempre debe considerarse tu participación y acompañamiento. No puedes dejar a tu hija o a tu hijo con alguien que no le conoce, que no ha interactuado con él o ella, aunque sea su progenitor. Si ese encuentro se va a dar, tú tienes que supervisarlo, como un acto de responsabilidad en el cuidado de tu niñez.

¿SUGIERES TENER UNA FOTO DE SU PAPÁ EN CASA?

Las fotos las empezamos a acumular cuando nos significan algo. Y si un día tu hija va a tener una foto de su papá, va a ser porque a ella le va a significar algo, o si ella sale en esa foto, va a sentirse parte de ese momento que está evocando. Las fotografías son eso, recursos de la memoria para preservar ciertos momentos. No vas a recordar un momento de la foto de alguien que no conoces, de la foto del señor sonriendo para alguien que no sabemos quién haya sido. Lo importante es que en esa foto aparezcan las infancias. No busques la foto del señor en internet para enmarcarla; créeme, tu hije no la necesita.

¿CÓMO PREVENIMOS UN ABUSO SEXUAL INFANTIL, CONSIDERANDO QUE ES FRECUENTE QUE SEAN COMETIDOS POR PADRES O PADRASTROS?

Una de las herramientas fundamentales que contribuye a proteger a las infancias es el lenguaje. Las niñas y los niños que logran desarrollar un lenguaje claro y que repiten todo lo que escuchan representan una amenaza para el agresor sexual; por eso lo tenemos que motivar, aunque muchas veces nos incomode.

"Es que todo lo que ve, dice". Quizá nos pongan en predicamentos cotidianos, pero motivarlas a hablar y a nombrar las partes de su cuerpo acercará recursos a las infancias para revelar los secretos o juegos que los agresores les proponen. Siempre hay que motivarlas a que digan todo, que nos cuenten todo.

El perfil psicológico de un agresor sexual infantil es diferente al del agresor sexual de adultos, tiene una carga simbólica muy particular. Hay comportamientos que podemos identificar para proteger a las infancias. Mencionaremos los más importantes:

Estructura del comportamiento de los agresores sexuales:

1. Personas que les cuesta relacionarse con otros adultos. Prefieren el contacto con infancias o animales pequeños; se relacionan con otros adultos desde la necesidad de recibir cuidado y comprensión.
2. Construyen vínculos con las infancias a partir del condicionamiento; dan regalos o ceden ante solicitudes de juegos o permisiones a cambio de besos o abrazos. Utilizan los juegos o espacios lúdicos para generar confianza. Ritualizan el acercamiento sexual a través de roles que enmarcan, dentro de la resignificación de juegos, las agresiones como parte de la dinámica del mismo; proponen "poner la cola al burro", "escondidillas", "la casita", etc., juegos que las infancias conocen, pero a los que el predador adiciona elementos, tanto agresiones como recompensas.
3. Gestionan el rechazo de forma violenta. Cuando las infancias empiezan a evitarlos, comienzan a ejercer coerción psicológica a través de la intimidación y los amenazan con el riesgo que corren sus padres, hermanos o personas que quieren, si ellos hablan.
4. Tienen predilección por infancias que no dominan o aún no desarrollan el lenguaje verbal, así como por infancias que perciben como obedientes a figuras de autoridad.

5. Aprovechan oportunidades de vulnerabilidad de las infancias para figurar como elemento de protección y seguridad (después de un regaño, contienen y llenan de premios).
6. Suelen dar atenciones de cuidado y de afecto no solicitadas. Se muestran serviciales ante los cuidados, sobre todo cuando lo hacen en solitario o en sus espacios de dominio (la escuela en la que trabaja, la casa que habita, su auto, etcétera).

Comportamientos de las infancias atacadas:

1. Proponen los juegos o las conductas de sus agresores a otras infancias o a otros adultos; es importante entender que el juego es una herramienta que les permite, a partir de la recreación, comprender lo que les sucede. Si las infancias tocan los genitales de alguien más, besan en la boca o utilizan expresiones distintas para nombrar algunas partes de su cuerpo, es posible que estén en contacto con una víctima de abuso sexual o, bien, ellas sean las víctimas.
2. Tienen comportamientos de rechazo agudo para asistir a determinados espacios; la escuela, la casa de cierto familiar, la casita de juego, etc. Es común que hagan rabietas, berrinches o digan que les duele la panza, que tienen fiebre, etcétera.
3. Alteraciones de sueño y pesadillas recurrentes. Si bien es cierto que las infancias pueden tener estos comportamientos cuando empiezan a dormir solas, sufren maltrato escolar o viven en ambientes de violencia doméstica, es importante identificar si adicionalmente a eso existe falta de control de esfínteres, ya que mojar la cama habla de un nivel de ansiedad e intimidación agudo.
4. Falta de apetito, rechazo a bañarse, regresión en hábitos superados como chuparse el dedo. Estos signos de alteración

de hábitos aparecen después de la acumulación de agresiones sexuales. Es posible que el miedo esté tan interiorizado que tema hablar sobre lo que le sucede.

En los casos de abuso sexual por parte de padre o padrastro es importante identificar estos comportamientos:

1. Tratan a sus hijas como pareja. Les dan anillos de compromiso, flores el Día de San Valentín, esperan ser "el único hombre en su vida" y las nombran la mujer de su vida o su verdadero amor; disminuyen el valor de la relación con la pareja.
2. Alejan a la madre de los espacios que comparten con las infancias: juegos, hora de la comida, la hora del baño, etcétera.
3. Los besos en la boca y en genitales, desde que son bebés, hablan de un comportamiento propio de los agresores de infancias, así como la tendencia a meter el dedo en la boca del bebé para sentir la succión.
4. Desde su propia narrativa se definen como papás celosos. Por lo mismo, impiden o se incomodan con la vinculación de sus hijas con otros niños.
5. Suelen tomarse fotografías con sus hijas en situaciones de "cortejo": llevan serenata, regalan joyas, arreglos florales, etc.; en los casos más agudos se toman fotografías desnudos o semidesnudos en la cama, en la ducha o besándose en la boca.

Estas son solo algunas de las señales que nos pueden poner en alerta para atender o prevenir un abuso sexual sobre las infancias, pero también es importante que revisemos qué recursos podemos acercar desde la crianza.

Debemos asegurarnos de mandar un mensaje poderoso de que el maltrato no se justifica bajo ninguna circunstancia. ¿Por qué? La psique de las niñas y los niños hay que entenderla como una programación. Imaginemos a un agresor sexual de infancias que, a través del juego, realiza toqueteos y tal vez en ese primer encuentro no va a ser incómodo, pero sí sorpresivo para la niña o el niño y eso va a ir de menos a más. La mayoría de los agresores sexuales son suaves, buscan tener cercanía y se les reconoce por ser amigables, lo cual permite que se dé este enganche.

Las niñas y los niños, cuando empiezan a sentir la agresión sexual, se cuestionan por qué alguien que les dice que los quiere mucho los lastima. Y si dentro del entorno familiar mamá dice que le pega porque le quiere, lo que se programa es: quien te quiere te lastima físicamente.

Relacionándose con este tipo de depredadores, es fácil que ellos no cuestionen que alguien que te quiere te maltrata. Entonces, si en algún momento —porque también eso es real— la mayoría de las personas adultas que viene con una pedagogía basada en golpes y maltrato, es fácil reproducir eso en una crisis: levantar la voz ante una rabieta, dar una nalgada o un manazo. Si ya lo hiciste, reconoce inmediatamente que estuvo mal y dile a tu hije: "Eso que acabo de hacer no está bien, yo no debo maltratarte. Es algo que no debe pasar, nadie debe hacerlo", esto acerca elementos a las infancias para que siempre tengan en cuenta que eso no se debe permitir.

El problema es que muchas veces los papás cuando se equivocan tratan de dar una recompensa. Los llevan al parque, les compran un juguetito y, ya que cumplieron con un capricho, dan por cerrada la situación, sin darse cuenta de que están dejando listo el terreno al agresor sexual.

Son prácticas tan mínimas como que alguien dé un regalo a tu hijo y lo primero que dices es: "Dale un beso", como agradecimiento. Las niñas y los niños tienen que aprender a dar las gracias de palabra; si a ellos les viene bien ser afectivos con el cuerpo, dar un abrazo, dar un beso, desde su autonomía, lo harán, pero no hay que presionarles a corresponder un regalo con una expresión corporal.

Los agresores sexuales suelen dar pequeños regalitos y entonces piden besitos, que a veces no son en la mejilla. El abracito se traduce en otro tipo de tocamientos. Lo que tenemos que buscar es la forma de blindar a las niñas y a los niños para que sepan decir "NO" con toda la firmeza, pero, sobre todo, que tengan la confianza de decirnos si hay el mínimo tocamiento que les haya incomodado, incluso cuando no haya sido de carácter sexual. Pensemos en la disposición corporal de un niño cuando alguien llega, lo ve, lo saluda, lo besuquea y lo carga sin siquiera preguntarle si quiere.

Que las niñas y los niños vean que nosotras tenemos una postura firme y seremos capaces de exigir que no los carguen si no quieren y de responder a comentarios que los califican de groseros porque no saludan. Si el niño se chivea, decir: "No quiere, está apenado", y preguntarle: "¿Por qué te apena?". Si expresa miedo o desconfianza, valídalo y no insistas.

Es suficiente con inculcar al hije que cuando llegue a un lugar salude con un: "Hola, buenas noches". No tiene que besar a nadie, no tiene que tomar la mano de nadie. Validarlo. Esta es la perspectiva de infancias que nos hace falta también en la crianza, validar sus necesidades.

A veces vemos a los niños de arriba hacia abajo, mientras que ellos, debido a su disposición corporal, levantan la carita todo el tiempo para establecer un vínculo con el mundo de los adultos; en todo momento es estar de puntitas. Al hablar con ellos ayuda mucho romper la vertical: agacharnos y mirarle a los ojos de tal forma que nos podamos ver de forma horizontal. Ese tipo de recursos ayudan a que las niñas y los niños puedan sentir la confianza para decir: "Me acaba de suceder algo que no me gusta".

¿CÓMO SABER SI NECESITAMOS APOYO PSICOLÓGICO?

Vivimos en una cultura que estigmatiza el apoyo psicológico o las atenciones de cuidado psicoemocional. En primer lugar porque las personas que pueden acceder a ellos —no solamente costearlos, sino que reconozcan que son espacios en los que podemos sentirnos seguras y en los que vamos a poder gestionar nuestros procesos emocionales, conductuales, para generar otro tipo de esquemas relacionales en nuestro entorno, son pocas. En mi experiencia, en estos casos, tanto de violencia vicaria como de deudores alimentarios, la mayoría de las mamás no pide ayuda para ellas, la pide para sus hijas o sus hijos. La primera persona que tiene que apoyarse en este acompañamiento psicoemocional es la mamá.

¿Cómo saberlo? Ojalá lo comprendiéramos como un hábito de autocuidado. Así como vamos al dentista, deberíamos ir al psicólogo a revisar cómo andan las emociones, cómo nos estamos conectando con la realidad, cómo estamos accionando y qué tan congruentes y cómodas nos sentimos con eso. Desestigmatizar que "tienes que estar muy mal para ir" a terapia.

Acompáñate de un proceso psicoterapéutico con la finalidad de prevenir, de trabajar esas cosas que tal vez ni siquiera tienen que ver con tu hijo de forma directa, pero sí con tu maternidad, con tu rol de hija, con todo lo que has vivido, lo que tengas que sanar desde lo más íntimo y ver cómo eso puede tener una transformación en la relación que tienes con tu tu hije o hijes.

No dudes en recurrir a terapia. La salud mental de las mamás es frágil por todo lo que hay que sobrellevar. En Instagram hay perfiles dedicados exclusivamente a este contenido, cuyo enfoque son las maternidades autónomas con perspectiva feminista.

CAPÍTULO 5
LA CARGA MENTAL COTIDIANA

Para ser una madre presente,
necesitamos espacios de ausencia.

Mamá Minimalista (Ana Velasco)

¿CÓMO TRABAJAR LA CARGA MENTAL?

Estoy harta de maternar sola. No quiero ser la madre de nadie, y si pudiera, saldría corriendo de esta casa sin fecha de regreso. Desentenderme sin sentir ninguna culpa, tal como hacen los abandónicos. Pero me es imposible, las mujeres cargamos con nuestres hijes. Nos toca resistir el cuidado de un ser que no puede hacerlo por sí mismo. Las madres sostenemos al mundo y lo hacemos a costa de nuestra salud, muchas veces padeciendo precariedad porque un señor decidió dejarnos toda la responsabilidad.

Me siento cansada, exhausta. Como mamás, estamos en vigilancia permanente, se nos va la tranquilidad desde que son bebés, porque cada segundo nos cercioramos de que sigan respirando. A una de mis mejores amigas se le asfixió su hija mientras le daba pecho. Ella se quedó dormida de lo agotada que estaba, mientras su pareja no paternaba por las noches, en las que había que darle de comer a la beba; incluso llegó a golpearla estando embarazada. La recién nacida estuvo varios días en coma porque la leche se le fue al cerebro. No respondió y la tuvieron que desconectar. Fue muy triste. Cada año va al panteón y adorna su tumba con globos muy bellos. No ha vuelto a ser madre, pero se convirtió en activista de las maternidades.

Amamantar es un suplicio. He visto a mujeres llorar porque no les sale leche de los pechos, que recurren a beber atole y menjurjes para ver si algo funciona; a otras más con las aureolas y pezones destrozados por la resequedad, las mordidas y el ardor de ser succionadas a todas horas por la cría que se está alimentando. En mi caso, no tenía los pezones formados y sufrí para lograrlos. Duré solo un mes dándole pecho a Sabina. No me gustó la sensación del llenado de mis tetas y lo doloroso que es tenerlas repletas de leche sin vaciar. Opté por darle una fórmula mientras cada conocido al saludarme me hacía preguntas sobre mi lactancia.

Debería existir un manual, así como el que escribió Manuel Carreño, acerca de lo que no se les debe preguntar a las madres, ni tampoco a las que no quieren serlo. A todo el mundo le da por opinar sobre la forma en que estamos criando, pero nadie está de madrugada para ayudar a cuidar a la criatura. Es más, te sugiero que cuando esto te suceda pongas la canción de Sol Pereyra y súbele todo el volumen: "¡Nadie te preguntó!".

Nuestro cuerpo cambia, nuestro ánimo cambia, nuestras emociones son más perceptibles. No vuelves a ser la misma. Después del parto mi panza quedó estriada y flácida. No reconocía lo que veía en el espejo. Eso es mentalmente impactante para la autoestima. Tu libertad también se agota. Nawal El Saadawi, escritora de origen egipcio, lo dijo: "La maternidad es una cárcel; el padre es libre, pero la madre no". No podemos irnos, es una opresión, nos quedamos para criar y educar. Tu círculo social disminuye, tu libertad se esfuma.

Las autoras Marga Castaño y Esther de la Rosa, en su libro *(h) amor de madre*, refieren que "la maternidad es *hardcore*, por mucho que se empeñen en decirte lo contrario. La culpa nos persigue a todas las madres de distinta manera, incluso a las no madres. La balanza de los cuidados tiene un profundo desequilibrio entre hombres y mujeres. Porque a las mujeres lo que se les exige no es ser responsables, sino ser sacrificadas. Un padre que reniega de sus hijes es considerado como irresponsable, pero la sociedad lo condenará por abandono del hogar y no por traicionar el equilibrio de la naturaleza. Mientras una madre que reniegue de los suyos, no solo será una irresponsable, sino que estará fallando a toda la sociedad por traicionar algo sagrado e intrínseco a su misión superior. Como consecuencia, será satanizada".

Las coautoras refieren en tono irónico que: "Una madre no debería estar deprimida, porque en el momento de parir ya tiene una dirección clara hacia dónde dirigirse, sin miedo, sin pausa y con los ojos vendados. A lo mejor sufriste una depresión posparto que te dejó paralizada, pero en cuanto tu hija te sonría por primera vez, verás cómo se te pasa. Las hormonas al fin y al cabo nos juegan a las mujeres muy malas pasadas".

Esto del enamoramiento de nuestre hije no es una emoción existente, ni duradera en su caso, en todas las maternidades. Lo que sí es permanente es el deseo de pedir ayuda y acompañamiento para su cuidado por lo estresante que resulta.

"Odio mi vida, mi cuerpo, mis mañanas. No soporto tener que batallar con Naira una hora entera para lograr que se vista, que se ponga un suéter, que no se quite la ropa, el pañal, el pantalón, una, otra y otra vez. ¿Es esto la maternidad?, ¿batallas diarias por cosas insignificantes?, ¿todos los días? Estoy segura que si usara la fuerza y la autoridad, acabaría con estas discusiones. De pronto tengo la sensación de que mi vida es esto que no quería: disgustada por todo, todo el tiempo", narra Daniela Rea en *Fruto.* Y eso nos pasa a muchas, llegamos a odiar nuestra vida.

Con otra fecha, Rea relata el episodio de la novela *Casas vacías*, de Brenda Navarro, en el que jaló del cabello a su hija y la metió a bañar con agua fría porque se orinó. La abrazó y no le dijo nada, pero en el fondo quería pedirle perdón por todas las "putadas" que le hacía. He sido esa mamá haciendo exactamente lo mismo y me he sentido igual, pésimo. Nada justifica la violencia hacia las infancias, y necesitamos parar cuando eso suceda. Parar la violencia, parar para reconocerla, disculparnos y atendernos a fondo.

Cuando me pasa, cuando tengo estos momentos de fastidio y de enojo a la vez, les hablo a una y a otra tía para pedirles que cuiden a mi hija un fin de semana, o hasta meses, para reponerme. No ha sido sencillo trabajar en mi sentimiento de "culpa" por dejarla, pero ha sido con mujeres de toda mi confianza y en entornos seguros. Las busco para lograr mi paz mental cada que lo necesito, también como un salvavidas. Esos días en que puedo descansar de maternar son los que han evitado lapsos de violencia que pueden ocurrir frecuentemente cuando se materna en solitario. No sé qué haría sin ellas.

Tampoco describo mi maternaje sin Pamela, mi hermana; nos hemos adoptado mutuamente. Se ha mudado de su casa para irse a vivir con nosotras por lapsos de tiempo. Acude en mi auxilio. Han sido gestos tan amorosos sus cuidados hacia mí y hacia mi hija que creo que esa experiencia de maternar y cuidar desde nosotras la ha marcado mucho. Me ha dicho que cada vez es más selectiva y reflexiva con los hombres que le proponen tener hijes o hacer una vida juntos. Cuestionarse la maternidad y hacer preguntas incómodas en pareja antes de procrear es muy necesario. Lo que me cuenta me llena de alegría porque está desromantizando la maternidad y eso es revolucionario.

Lavar las mamilas, limpiarle el trasero al bebé, cambiar pañales, lavar su ropa y la tuya, ir al médico, revisar las vacunas, ir al supermercado, hacerle de comer, lavar trastes por lo menos tres veces al día, bañarlo, aprender estilos de peinado, hacerle el lunch, revisar sus tareas, forrar sus libros, recogerlo del colegio, pagar los servicios de la casa (luz, internet, agua, gas, teléfono), comprarle ropa, juguetes, los gastos extra, generar ingresos, encargarnos de mantener "viva." a la infancia, vernos arregladas y de buen ánimo, por decir lo básico, es una carga dura y desgastante. Te olvidas de ti para fusionarte en la otredad del nuevo ser. Puedes pasar días enteros con la misma rutina sin darte cuenta de la noción del tiempo. Nos han vendido la "estafa" de la maternidad romántica, como la llama la escritora española Coral Herrera.

Una de mis mejores amigas se acercaba a los 40 años; le urgía ser mamá, más por no sentirse "sola" que por un deseo de cuidar. Tuvo a su bebé hace meses. Por las noches me llama para decirme que está harta y cansada porque además el tipo, al no intimar sexualmente como antes, ya tiene otra pareja.

El engaño de la maternidad idealizada es fuertísimo porque al enfrentarte a la realidad de todo lo que implican los cuidados te das cuenta de que se requiere una enorme resiliencia y una gran cantidad de ingresos económicos que te permitan subsistir y darle calidad de vida a la infancia, más cuando se trata del "impuesto rosa", es decir, de una niña, cuyos gastos son mayores. Todos los productos de color rosa o dirigidos a mujeres, así sea el mismo pañalero pero en este color, serán más caros que los de color azul. Si pagas renta, la preocupación es mayor. No es sencillo tener una criatura en brazos y buscar empleo. Toda esta carga mental es fulminante y devastadora.

Escucho y acompaño casos de madres que han tenido deseos suicidas o que entran en depresión. Es en gran parte por el cansancio. Me he sentido así y desde esa empatía entablamos largas conversaciones. También he pensado en entregarle a mi hija a su papá y que se haga cargo, pero luego me acuerdo de que el señor no ha paternado a nadie en su vida, y seguramente irá a dejarla con su madre o con la nueva pareja. No lo descarto cuando Sabina sea mayor y tenga más herramientas que le permitan defenderse de cualquier abuso. Le tocará resolver.

Esa "dulce espera" no es tan dulce y puede llegar a ser muy amarga. Si bien nos va, el sujeto se hace responsable económicamente, aunque eso no implica que paterne y se encargue de los cuidados como lo hacemos las mamás. Ese desgaste lo llevamos nosotras. Los abandónicos se desentienden de todo sin la más mínima preocupación. Hasta que los demandas, ahí empieza otro episodio.

Nosotras tenemos prohibido manifestar nuestro hartazgo porque nos convertimos en malas madres. No podemos hablar de lo que nos duele, de lo que nos preocupa, de lo que nos enoja. Hay un cúmulo del reforzamiento constante de ideas en las que el cuerpo es magia, la vida es un milagro y la maternidad es una experiencia que no se puede dejar de vivir, pero tiene fecha de caducidad. Es la forma en la que el sistema nos engancha para que seamos madres, pero no nos cuentan la otra parte, lo doloroso que es serlo en un país que revictimiza a las mujeres que maternamos solas y nos sobreexplota.

La psicóloga chilena Bárbara Porter señala que la violencia económica es mucho más que un progenitor que no paga la pensión:

- Es forzar a una madre a trabajar el doble para cubrir necesidades básicas.
- Es condenarla a vivir estresada temiendo no llegar a fin de mes.
- Es secuestrar su mente y emociones por el estrés que produce la precarización.
- Es privar a niños y niñas de pasar tiempo de calidad con su madre porque debe trabajar horas extra y, por ello, está siempre cansada.
- Es otra forma de seguir violentando y ejerciendo control coercitivo sobre quienes sostienen y cuidan.
- Es padecer la inoperancia del sistema judicial, cuyos tiempos no responden a la urgencia de las madres que deben alimentar a sus hijes.
- Es ver deteriorada la salud mental de miles de mujeres que maternan solas y, por ende, es perjudicar gravemente el desarrollo de nuestros niños y niñas.

La asociación española Yo No Renuncio pone en evidencia, en la encuesta "Sin madres no hay futuro", que 85% de las mujeres se ha sentido sola desde que es madre y una de cada cuatro mamás renunció a su trabajo en pandemia porque no pudo conciliar su rol de madre con el ejercicio profesional.

No he encontrado un solo empleo en México que tenga flexibilidad de horarios para maternar y que en su área de recursos humanos haya una persona entendida y sensible que diga: "Bienvenida, nos encanta que usted sea madre; aquí vamos a aprovechar las habilidades profesionales y aprendidas durante su maternaje que nos parecen valiosas". ¡Por supuesto que no! Solemos decir con miedo y vergüenza el número de hijes que tenemos y sus edades. Si son recién nacidos o menores de 10 años, esperamos gestos fruncidos y cejas alzadas para decirnos que nos dediquemos a ser mamás porque no les servimos. Nos lo dicen de otra forma: "Nosotros le llamamos".

Y ni hablemos del sueño, las ojeras se empiezan a marcar y a hacer notoriamente visibles. En España, en febrero de 2024, el diario *El País* publicó que 91.2% de las mujeres que duermen mal atribuyen sus preocupaciones a les hijes. Martha Carmona, psiquiatra y autora del libro sobre salud mental *Malestamos*, asegura que "uno de los factores porque las mujeres duermen menos es la sobrecarga de cuidados". El insomnio, cuyo componente emocional lo ejemplifica con una mujer que llega a consulta por depresión porque su hijo no encuentra trabajo, pero luego ese hijo consigue un empleo y la madre sigue sin dormir por miedo a que pierda ese trabajo. "Muchas mujeres han construido su identidad basándola en los cuidados, en la responsabilidad hacia los otros. Y es fácil que se queden atrapadas ahí", dijo en entrevista.

A ese mismo estudio se suma que una de cada tres madres reconoce que cuando va a trabajar recuerda cosas relacionadas con su familia y hogar, mientras 72% de ellas confiesa que critica y supervisa cómo la otra persona hace las cosas, lo que quiere decir que aun delegando la carga de cuidados, siempre estamos vigilando.

La carga de cuidados es a su vez carga mental y "es el esfuerzo mental que supone el procesar información, tomar decisiones y ejecutar las tareas para conseguir un resultado concreto. En otras palabras, es una pesada mochila de pensamientos, recordatorios y pendientes relacionados con el trabajo, la casa, los niños, la familia, los amigos y todos los microuniversos en los que nos movemos", explica la psicóloga María Ángeles Pérez Chamizo.

La mochila de las mamás autónomas es brutalmente pesada. Lo sabemos. Cuesta mucho cargarla y luego ser juzgada por todo. Solemos culparnos y cuestionarnos si estamos siendo buenas madres. No es sencillo reconocernos, porque el abandono de los progenitores nos quita mucha seguridad en nosotras mismas, pero tenemos que empezar a reconocer toda nuestra carga mental y escribir una lista de lo que hacemos de forma cotidiana. Ahí te darás cuenta de la gran mamá que eres.

Tú que estás leyéndome: ¡lo estás haciendo bien! Te encuentras buscando un salvavidas que salve también a tu hije y eso ya te hace una mamá consciente de los procesos que hay que identificar y mejorar.

Haz que tu mochila pese menos tratándote amorosamente. Nada es más importante que tú. No es fácil, pero podemos viajar más ligeras e ir vaciando toda la carga patriarcal que nos han inculcado.

Ana Acosta, en *Alquimia materna*, recomienda a las mamás:

> Necesitamos espacios que recarguen de energía, en los que podamos estar a solas con nosotras mismas, espacios en los que te permitas quedar con tus amigas. De hacer eso que tanto te gusta y que hace tanto no puedes hacer. Y esa ausencia también educa y enseña que las madres nos cuidamos, que también tenemos necesidades, que también

> nos gusta estar con los amigos, que escuchamos nuestro cuerpo. Y es más fácil gestionar un conflicto si tu jarra de paciencia está llena, es más fácil consolar un llanto si tu jarra de la calma está llena y es más fácil darles a los hijos lo que necesitan si tuviste aunque sea un momento para darte a ti lo que tú necesitas. Necesitamos una ausencia libre de culpas opresoras relacionadas con el mito de la madre omnipresente.

Necesitas hacer una pausa cuando sientas que no puedes más. Eso incluye abrazarte a ti, reconocerte y apapacharte. Hacer algo que te guste, salir a divertirte, a bailar, a disfrutar la vida. Ese será tu momento de respiro y de volver a recargar energía. Hazlo sin sentir culpa. Serás mejor mamá al regreso de ese instante para ti.

¿Y QUÉ CARGAMOS LAS MUJERES?

Hay una TED Talk en la que la feminista y socióloga yucateca Nancy Walker Olvera hace un *performance* sobre lo que cargamos las mujeres. De una bolsa va sacando las exigencias cotidianas y sociales, culpas por nuestro maternaje y la gestión emocional que tenemos que realizar por les hijes. Es maravilloso cómo nos muestra esa ideología machista que llega a invadirnos para generar una reflexión sobre lo que podemos decidir o no cargar. Suficiente tenemos ya con nacer mujeres y vivir tantas violencias solo por serlo, como para seguir normalizando la violencia económica y emocional de los abandónicos.

Los avisos de que te encuentras frente a una carga mental excesiva son:

- **Agotamiento físico:** sentirte cansada, sin fuerza. Posibles dolores de piernas o de espalda por estar mucho tiempo parada o con exceso de trabajo. Dolor de cabeza, de estómago, migrañas.

- **Depresión:** deseo de no salir de casa, permanecer acostada y durmiendo. No tener ganas de realizar actividades cotidianas, o simplemente no sentir ánimo suficiente para hacer las cosas. Hay depresiones que no son notorias, pero que en algún punto pueden provocar un estado crítico que nos haga vulnerables.
- **Ansiedad:** preocupación por el futuro, por las actividades pendientes, por el dinero que requieres para solventar gastos, por los procesos jurídicos que enfrentas.
- **Miedo:** cuando tienes como pareja a un agresor, el miedo aumenta debido a lo que consideras que puede llegar a hacerte a ti o a tu hije. Miedo a no poder sobrellevar la carga de cuidados sola, al futuro.
- **Estrés:** sucede por la cantidad de tareas que tienes que realizar y los tiempos que necesitas para finalizarlas. El estrés por no tener el dinero suficiente para maternar con dignidad.
- **Insomnio:** mamás que debido a las preocupaciones económicas y labores que tienen que desempeñar no pueden conciliar el sueño.
- **Episodios de violencia:** es muy frecuente que nos sintamos rebasadas, saturadas y tengamos momentos de ira y descontrol al no poder con todo. Podemos llegar incluso a maltratar a nuestras infancias.
- **Pensamientos suicidas:** al no sentirnos suficientes, carecer de una red de apoyo y afectiva, las ideas de acabar con nuestra vida pueden hacerse latentes.

Así como nos han dicho que cuando "nace le hije, nace la madre", debería ser también para los progenitores que "cuando nazca le hije, nazca el padre". La corresponsabilidad en los cuidados es un deber moral, pero es urgente legislar para garantizarla.

¿QUÉ PODEMOS HACER?

Frente a la carga mental excesiva, necesitamos *autocuidado*. Hace un par de años que trabajo en mi paciencia y nivel de autocontrol. Tiendo a exaltarme muy rápido cuando las cosas no salen bien. Me altera en demasía, por ejemplo, que Sabina no se coma lo que le preparo porque hago un enorme esfuerzo para cocinar. La he maltratado por esto y después me arrepiento. No ha sido el único motivo, entro en crisis constantes por el orden en casa, porque no se apura para ir a la escuela, porque me pide todo lo que ve en la calle como si yo fuera banco, en fin. No conozco una sola mamá autónoma que no tenga los niveles altos de cortisol.

Respirar profundo funciona, pero repensarnos desde el lugar en el que estamos ayuda más. Mirarnos con compasión, permitirnos tener la casa desarreglada un día, dos o los necesarios, hasta que te sientas descansada y con fuerzas para arreglarla, da resultado. ¡Cuánto recuerdo a mi abuela cuando al rezongarle por alguna situación me respondía: "Pero un día madre vas a ser"! Solemos juzgar con desmesura a nuestras madres, hasta que nos convertimos en mamás y entendemos todo. Es ahí cuando les pedimos perdón por tanto.

- **Pide ayuda.** Cuando entro en depresión, que es algo constante, hablo mucho con mis amigas. Marisela, una de ellas, ha llegado a ir al espacio en el que habito para ayudarme a limpiar, mientras me reconforta con sus palabras. Creo que es un gran regalo para cualquier madre ayudarla a recoger la casa. Por eso estoy convencida de que las amigas salvan. A veces lo único que necesitamos las mamás es conversar sobre lo que nos pasa y cómo nos sentimos. Estamos cansadas de ver en redes sociales a las mamás perfectas; no lo somos. Tenemos bajones emocionales permanentes porque no es fácil tratarnos con cariño ni ser pacientes con nosotras y con nuestros procesos.

- **Libérate del sentimiento de culpa.** Vete a un spa, a correr, a tomar una cerveza o lo que te haga sentir relajada, aunque sea una vez al mes, pero hazlo. Déjate consentir un rato. Volver a sentirnos bonitas, deseadas, tener una red afectiva que nos sostenga cuando ya no podamos más, es la mejor sugerencia. No tenemos por qué sentirnos malas madres si nos divertimos, si tomamos un tiempo para nosotras, si decidimos ir unos días de vacaciones sin nuestres hijes y desconectarnos para volver a conectar. Por eso es tan necesario tener o crear una red que nos ayude a cocuidar. No te culpes por atenderte y apapacharte. Antes de ser madre, eres mujer y tienes deseos y necesidades que cubrir. No te olvides de ti.
- **El autocuidado.** Incluye acudir a terapia, realizar una actividad que te apasione —de ser posible, hacer ejercicio físico—, procurar redes que nos apoyen con la crianza y en las que podamos descansarnos, así como la autonomía económica. Son elementos de valiosa ayuda para aligerar nuestra carga mental. Tranquilízate y valórate, eres una gran mamá y lo estás haciendo bien.
- **Pide protección.** En situaciones donde a tu carga mental se le agregue la violencia del padre agresor, así como la ansiedad por los procesos jurídicos y judiciales que estés enfrentando, será necesario considerar medidas de protección desde la Fiscalía de tu entidad, para que tus condiciones de estrés o miedo puedan aminorar. Rodearte de una red de mujeres que

estén pendientes de tu proceso y te asesoren con base en su experiencia te servirá para gestionar tus emociones.

- **Diferencia entre maternar a tu pareja y el cuidado mutuo.** Hemos aprendido a cuidar y cuando tenemos una pareja terminamos maternándolo. No lo hagas. Genera acuerdos en los que él también comparta la carga mental. En Chile realizaron una campaña llamada "La carga mental también es carga", en la que colocan post-its a los hombres para que recuerden de lo que se tienen que hacer cargo. Necesitamos ir evolucionando de "mujeres que resuelven" a "hombres que resuelven".
- **Pon límites.** Si tu pareja pretende que laves su ropa, sus trastes, que te hagas cargo de sus pendientes, él busca una sirvienta, no una compañera. Requerimos más hombres funcionales que se hagan cargo de sí mismos y dejen de abusar de las mujeres en nombre del amor. Es inaplazable replantear la forma en la que nos relacionamos con los hombres; hay que ponerles límites.
- **Propicia una crianza feminista.** Los roles y estereotipos se siguen perpetuando, pero desde casa podemos cambiarlos. Formar niños que participen en las labores del hogar y en el cuidado de otras personas es una manera de fomentar futuras paternidades responsables. Las infancias aprenden rápido y observan todo. Si desde niños les enseñamos con pequeñas tareas la responsabilidad en el hogar, lo replicarán en el futuro. A las niñas se les puede alentar a delegar y a compartir cuidados.
- **Fomenta la corresponsabilidad.** Es apremiante que las madres normalicemos expresar que estamos hasta la madre de ser madres, pedir ayuda, fomentar relaciones sexoafectivas cada vez más recíprocas y con responsabilidad afectiva. Cuidar del

otro o de la otra como un ejercicio de ida y vuelta en el que no terminemos devastadas física ni emocionalmente.

- **Reconócete y conversa.** Empezar por reconocer toda la carga mental que llevas a cabo es fundamental. Tenemos muy normalizado que las mamás nos hagamos cargo de todo. Al ir creciendo les hijes también deben participar en los cuidados y trabajos de casa. Te sentirás más desahogada conforme van creciendo, porque se hacen más independientes. Dejarán de perseguirte mientras vas al baño y aprenderán a lavar sus trastes. Sabina está por cumplir siete años y voy fomentando todas las tardes que después de comer lave su traste y luego doble su ropa. Lo mismo hagamos si se trata de un niño o si tienes una pareja. Intentemos liberarnos de toda la carga con esfuerzos pequeños pero constantes y permanentes.
- **Espacios para la espiritualidad.** El capitalismo nos ha mercantilizado. Al estar exhaustas requerimos actividades a solas que generen relajamiento y que no necesariamente son compatibles con la espiritualidad que vamos dejando de lado. Hay una gran cantidad de opciones que pueden ayudarnos a generar ese espacio para nosotras. Debo compartirles que he experimentado con yoga, constelaciones familiares, medicinas tradicionales (hongos, ayahuasca, kamboo), aromaterapia, pasando por la meditación y las terapias psicológicas. Todo lo que nos haga sentir paz está bien. Son herramientas que pueden ayudarnos a darnos serenidad y tener paciencia en nuestra tarea de maternaje cotidiano. Intenta con lo que te dé más confianza.
- **Infórmate y motívate tú misma.** En redes sociales, mamás especialistas en psicología y temas jurídicos generan contenidos para mamás autónomas que pueden darte otra perspectiva de la crianza. Las cuentas que sugiero en Instagram son:

- @malasmadres, de Malas Madres
- @abogada_feminista, de M. Belén Ferreira Brisso
- @psicologapau_, de la psicóloga Karla Sánchez Horta
- @niunapalmadita, de J. Fernanda Restrepo A.
- @petramaterfem, de Petra Maternidades Feministas
- @marubreard_, de Maru Breard
- @familias.monomarentales, de Familias Monomarentales Argentina
- @resistenciamaternachile, de Resistencia Materna Chile
- @amapolaopazo, de Madres Superpoderosas
- @5ta_ola, de Quinta Ola

¿QUÉ PASA CON EL TRABAJO?

La maternidad aún es un conflicto para las empresas. A pesar de la legislación, que ha avanzado con los permisos de paternidad en México —que se han extendido a 20 días— y la ampliación a dos años del periodo de lactancia, los derechos para aminorar la carga de las madres desde el nacimiento de las infancias aún son insuficientes. Los espacios laborales continúan en modo adultocentrista y en muchos de ellos se niega el acceso a las niñeces.

Conciliar la maternidad con un empleo remunerado es prácticamente imposible. No hay condiciones en México ni en muchos países de América Latina o Europa. Actualmente hay una propuesta en el Senado de la República para eliminar del *curriculum vitae* las preguntas sobre la maternidad y el número de hijes que se tienen, al considerarse una forma de discriminación. Y es que, en efecto, en centros de trabajo, al conocer que eres mamá (más si se trata de dos o más infancias), te descartan automáticamente porque en su lógica no les sirves. Esto a pesar de tener la preparación, experiencia y todas las cartas que se requieran.

En el Consejo Nacional para Prevenir la Discriminación (Conapred) la causa de segregación más frecuente reportada es el despido por embarazo, con 94.6% del total de quejas hasta 2021. Despedirte una vez concluido el periodo de lactancia es otra forma de violentar a las mamás y una práctica común.

Por fortuna se acaba de ampliar el periodo de lactancia a dos años en México, que antes era de seis meses. Ahora ninguna empresa podrá despedirte durante ese tiempo, porque esperaban a que se cumplieran los escasos meses para pedir la renuncia.

Mamá Godín, como se presenta Aideé Zamorano, hace cada año un *ranking* para medir a las mejores empresas para madres trabajadoras. Los índices que evalúa son: prestaciones, licencias, permisos, políticas de conciliación trabajo-familia y participación económica de las mujeres en los centros de trabajo. Su estudio de 2023 está disponible en la red y muestra cómo 76% de las 119 empresas evaluadas no aprobó la medición. Solo 15% tiene plazas ocupadas por madres trabajadoras.

DATOS SOBRE EL TRABAJO EN LAS MUJERES MEXICANAS

- En México se calcula que hay 58.3 millones de personas susceptibles de recibir cuidados en los hogares, de acuerdo con la Encuesta Nacional para el Sistema de Cuidados (Enasic) 2022.
- El trabajo no remunerado en las casas alcanzó su punto más alto en 2021, con una cifra de 6.8 billones de pesos, que representó 26.8% del producto interno bruto.

- El 88% de la población femenil se dedica al trabajo doméstico, 28% tiene que trabajar además medio tiempo para obtener un ingreso extra que ayude a solventar los gastos de la casa.
- El Instituto Mexicano de la Competitividad (Imco) señala que nueve de cada 10 personas que dejan el mercado laboral para realizar cuidados son mujeres.
- En la Encuesta Nacional sobre el Uso del Tiempo en las mujeres (ENUT) 2020 resultó que las mujeres invierten más del doble del tiempo que los hombres a las actividades del trabajo no remunerado, como cocinar, limpieza de la vivienda, lavado de ropa y el cuidado de las niñas y los niños.
- Siete de cada 10 madres autónomas son económicamente activas.
- De acuerdo con la Encuesta Nacional de Ingresos y Gastos de los Hogares (ENIGH) 2020, en los hogares en donde al menos había una madre autónoma, 65% del ingreso corriente trimestral del hogar provenía del trabajo.
- En relación con los gastos corrientes trimestrales de los hogares donde residía al menos una madre soltera, 39% se destinó a la compra de alimentos.
- El parto de las madres solteras que registraron a su hija o hijo durante 2021 fue atendido en su mayoría en hospitales o clínicas oficiales (71%).

Como podemos ver, el trabajo no remunerado de las mamás en nombre del amor es lo que permite el movimiento económico de una sociedad que aún sigue invisibilizando los cuidados. No reconocemos que criar, limpiar la casa, cuidar a las infancias, cocinar y lavar la ropa es un trabajo.

Hay un texto fascinante titulado *¿Quién le hacía la cena a Adam Smith?* —una pregunta que parece chiste, indagar sobre la persona que le cocinaba al padre de la economía moderna—, en donde su autora, Katrine Marçal, afirma que, sin un plato de comida caliente en la mesa, el señor Smith no hubiera podido publicar su tan reconocida obra. Es una oda al trabajo de cuidados, a todo lo que no hacen los señores que no gestan, lactan ni menstrúan. Razón por la que analiza la importancia de políticas públicas gubernamentales pensadas en las mujeres y en las maternidades.

El asunto con las mamás autónomas es que, en la mayoría de los casos, al no recibir lo que corresponde de los progenitores, la carga económica nos hace endeudar y sobreexplotarnos para cubrir los gastos propiciados por nuestres hijes. "¡Nos queremos vivas, libres y desendeudadas!", nos dicen Luci Cavallero y Vero Gallo en su lectura feminista de la deuda.

La preocupación económica que tenemos genera mucha angustia mental. Por eso, para hablar de trabajo de cuidados y de igualdad, se requiere que la justicia llegue a los progenitores y también sean perseguidos de oficio por el Estado para que cubran sus adeudos. No tenemos que seguir cargando solas con esa presión.

Las mamás estamos angustiadas por los gastos que son excesivos, y a pesar de trabajar en casa y sentirnos agotadas, buscamos tener otros ingresos, ya sea en empleos formales o vendiendo lo que podamos al tiempo que los combinamos con la crianza. Una gran cantidad de mamás que conozco ha comenzado algún tipo de venta, las más comunes son de ropa, productos de belleza y artículos para el hogar. Otras más se autoemplean ofreciendo servicios. Mi mamá limpiaba casas y en la mayoría le permitían llevarme; la recuerdo en infinidad de trabajos. Todo lo que pudiera hacer para sostenerme. Otras más dejan encargados a sus hijes todo el día para salir a trabajar y las inunda el sentimiento de culpa por no estar con elles.

Entre las formas que han encontrado las mamás de autoemplearse se encuentran las "nenis", como se denomina a las mujeres que preguntan: "¿Dónde te veo, nena?", para entregar productos que ofrecen en redes sociales como Facebook o Instagram, las cuales han tenido un repunte importante. Son las nuevas emprendedoras de los negocios por internet; la mayoría mamás autónomas. Solo así han podido combinar la crianza con la producción de ingresos. Las plataformas digitales son una opción magnífica que ha venido a ayudar a la economía de muchas mujeres.

Es sorprendente lo que se encuentra al googlear: ¿qué puedo hacer si soy mamá soltera y necesito trabajar? Aparecen estas opciones:

1. Vendedora por catálogo
2. Tutora o docente particular
3. Monitoreo de sistemas
4. Diseñadora gráfica
5. Producción de artesanía

Como si no pudiéramos desempeñarnos en ámbitos profesionales o gubernamentales. Ese es el nivel del pensamiento hacia las mamás autónomas que impera no solo en México, sino en el contexto latinoamericano.

En descripciones aún más desoladoras, Carina Lupica, consultora de la Organización Internacional del Trabajo (OIT), señala que en Argentina 40% de las madres pobres son empleadas domésticas, esto considerando que América Latina tiene 37% de personas trabajadoras domésticas del mundo.

Otra arista pendiente de abordar es el *home office*, una modalidad de trabajo que durante la pandemia de covid-19 obligó a muchas empresas a reorganizarse. Esta podría ser un área de oportunidad para las mamás autónomas si es que no llevan al mismo tiempo toda la carga de cuidados. Por tanto, tampoco se ve como una posible solución al problema de la conciliación laboral con la maternidad.

Mercedes D'Alessandro, en su libro *Economía feminista*, asegura que para las mujeres "formar una familia" es uno de los mayores obstáculos para desarrollarse en su vida laboral, política, artística, deportiva o académica. "El motivo es simple: ellas cumplen roles como madres y realizan el trabajo doméstico; estas actividades demandan tiempo y exigen un gran esfuerzo para compatibilizar con cualquier otra tarea".

Sobre lo anterior, la confesión de la cantante británica Lily Allen causó revuelo: "Mis hijas arruinaron mi carrera. Las amo y me completan, pero en términos de estrellato pop, lo arruinaron por completo. Me molesta mucho cuando la gente dice que puedes tenerlo todo porque, francamente, no puedes". Lily es una de tantas mujeres que comparten lo difícil que les resulta conciliar la maternidad con su carrera profesional.

Un punto comparativo con los hombres que no paternan se refleja en las formas en las que se consiguen mejores puestos de trabajo y oportunidades de negocios, que son mayormente fuera de las oficinas, en lugares de esparcimiento —en un bar mientras se toma una cerveza—, lo que tampoco entra en los estándares de las buenas madres porque implica que alguien más cuide a la criatura, y sin redes de apoyo, la idea se queda en el imaginario. Las estancias infantiles de tiempo completo son escasas y las que hay, máximo hasta las cinco de la tarde, son gubernamentales (aunque la mayoría abarca un horario hasta las dos de la tarde). Entonces es imposible programar una salida de esta naturaleza.

El solo hecho de que una mamá pueda dedicar tiempo y concentración para estudiar algo que desee (escribir, leer un libro, ir al cine), es imposible sin alguien que cuide a sus infancias; y aunque disponga del tiempo para hacerlo, se vuelve otra complejidad. O tiene limpia la casa y lidia con la carga mental o se da espacios para ella. Por esto es urgente que en los juicios de pensión alimenticia se contabilicen estos trabajos que deben ser compartidos y no solamente los alimentos.

D'Alessandro comenta en su libro que

> Los países más igualitarios en la distribución de las labores del hogar son los nórdicos (Noruega, Suecia, Dinamarca, Islandia y Finlandia). Y no fue magia, en ellos hace décadas la sociedad se dio cuenta de que necesitaba ajustar ciertas clavijas. Desde los setenta se vienen desarrollando políticas orientadas a cerrar brechas de género y concientizar a los varones de lo importante que es su aporte en estas tareas cotidianas. En 1975, una marcha movilizó a más de 25 mil mujeres por las calles de Reikiavik, casi 10 por ciento de la población de Islandia. Se trataba de una manifestación a modo de día libre de las mujeres y una huelga en la que participó 90 por ciento de las islandesas: ninguna de ellas hizo tareas domésticas ese día. A los hombres les tocó estar a cargo de la casa, los niños y todas las tareas asignadas tradicionalmente a las chicas. Como resultado de ese paro se cerraron los bancos, escuelas y negocios. Un año después, el Parlamento aprobó una ley de pago igualitario.

En México, la actriz Vanessa Bauche y la colectiva Brujas del Mar, representada por Arussi Unda, convocaron en 2020 al mismo ejercicio y resonó en todos los rincones de los estados. Cuatro años después la Cámara de Diputados aprobó que cada 9 de marzo en México se conmemore el Día Nacional sin Nosotras. El mismo país en el que años atrás el expresidente Vicente Fox se refirió a las mujeres como "lavadoras de dos patas".

Los hombres históricamente, y hasta la fecha, se organizan en huelgas, paros y manifestaciones para exigir mejores condiciones de trabajo, salarios y prestaciones. Es el turno de las mujeres para exigir que los trabajos de cuidados sean remunerados, que los hombres dejen de vivir en la impunidad, evadiendo las responsabilidades con sus hijes, y que de la misma forma en la que ellos han logrado sus conquistas, en la revolución de las madres, nuestra opresión se extinga y cerremos esa profunda brecha de desigualdad.

¿Y SI NO TENGO REDES DE APOYO?

Las mujeres salvan porque son quienes nos ayudan a cuidar. Los hombres que no son progenitores pueden tener dudosas conductas con las infancias; de por sí en los últimos años hemos visto escándalos mediáticos de padres biológicos que abusan sexualmente de sus hijes, qué decir de otros sujetos… es preferible saltarnos ese paso. Las mujeres no violamos y por eso somos más confiables. Esto no quiere decir que no debamos permitir que los señores paternen. Por supuesto que hay hombres buenos que aman a sus infancias, pero en un país como México, que ocupa el primer lugar en violación infantil en el mundo, estamos obligadas a ser muy cuidadosas con quienes encargamos a nuestras criaturas.

Hace siete años llegué embarazada a la Ciudad de México, dejando todas mis redes de apoyo en Oaxaca porque se me presentó una oportunidad laboral que podía salvarme económicamente del abandono del progenitor. Ha sido demasiado compleja la estadía en una ciudad absorbente, pero no es lo mismo maternar en solitario, teniendo ingresos propios, que hacerlo en la precariedad. Tuve la fortuna de encontrar empleo y posteriormente jefes que me han permitido llevar a mi hija a la oficina.

Guardo las fotos del portabebé abajo de mi escritorio y las de un corralito al lado de mi computadora. Manejé largas horas de camino e hice paradas para darle la mamila y cambiarle el pañal, batallé con la carriola en el metro, subiendo y bajando escaleras, cargándola junto con la criatura dentro porque la movilidad no está diseñada para las maternidades. Cargaba la pañalera, más la bebé y las bolsas de la despensa para llegar a casa; fue una experiencia traumática. No imagino todo lo que viven las mamás que son despedidas por su maternidad o no pueden generar ingresos porque el cuidado se los impide. Es frustrante y por eso no debemos seguir callando ni permitiendo estas violencias.

No hay empatía hacia quienes somos mamás… estar doblemente sola, sin el progenitor ni redes de apoyo, es devastador. Aunque muchas se hagan las fuertes, digan sentirse orgullosas de ser mamás autónomas y haber podido con todo, detrás de esas historias hay mucho sufrimiento. Encerrarte en el baño a llorar o esperar a que sea de noche para que tu hije se duerma y puedas sentir un poco de alivio son escenas que vivimos quienes maternamos así.

Las cosas por limpiar es una miniserie muy recomendable que retrata la historia de Alex, una mamá autónoma. Hay una escena en la que el día que pudo llevar a su bebé a una estancia infantil, salió saltando y cantando del lugar. Esa felicidad la llegamos a sentir muchas. Es un desahogo, aunque la culpa nos invada al principio, porque es tan profundo ese pensamiento de que tenemos que sacrificarnos por nuestras criaturas, que a pesar de estar rebasadas, no quisiéramos que sufrieran nuestra ausencia. Pero no es así, porque si mentalmente estamos bien, podemos ser mejores mamás.

Hay dos mamás autónomas a las que sigo en redes por su contenido en Instagram: la Señora Andrea, que parodia las actitudes y respuestas de los abandónicos al tiempo que comparte recetas de *lunch* para las criaturas, así como Luz Carreiro, que ha logrado crear una red de apoyo para su hija sustentada en sus amigas y amigos. Dos mamás extraordinarias que viven de su trabajo en redes y combinan su desarrollo profesional con la maternidad. En Facebook soy fan de "Amiga pide la pensión", una página de memes que les da un giro sarcástico a los deudores alimentarios y en la que, entre broma y broma, las verdades que se asoman nos dejan reflexiones que han permitido permear en la conciencia de las madres y en muchos hombres que van entendiendo sus violencias, primer paso para trabajarse y modificar comportamientos.

Las mujeres necesitamos redes de apoyo que no necesariamente están en nuestra familia sanguínea, podemos crear nuestra propia red con esas mujeres que nos ayudan a comaternar.

Emma, por ejemplo, es mi tía política y fue abandonada por mi tío sanguíneo cuando estaba embarazada. La lógica indicaría que sería impensable que se convirtiera en una mamá para mí y para Sabina. Fue la mujer que estuvo en mi parto y nos cuidó amorosamente durante el puerperio. Y así puedo enumerar a una cantidad de mujeres que se han convertido en mi red de apoyo: desde mi vecina, a la que le compro la comida y me ayuda a recoger a mi hija del colegio cuando no alcanzo a llegar, hasta compañeras de la colectiva de mamás, que cuando necesito un descanso vienen a casa y me ayudan con los cuidados y viceversa. Lo peor que nos puede suceder es aislarnos, maternar solas 24/7 tiene impactos negativos en nuestra salud, pero sobre todo en lo mental.

El rostro de Kristel Candelario, de 32 años, apareció en las cadenas televisivas de todo el mundo porque se fue de vacaciones 10 días y dejó sola a su bebé en casa. Al regresar estaba muerta. Los comentarios en redes fueron lapidarios. Nadie preguntó por el papá y tampoco hubo una condena para él. Al final tampoco estaba y era su responsabilidad saber qué pasaba con su hija durante esos 10 días.

Los hombres pueden desentenderse y no hay condena social, la justicia eximió de lo sucedido al progenitor. La sentencia para Kristel fue cadena perpetua. "Me duele tanto todo lo que sucedió. No intento justificar mis actos, pero nadie sabe lo que yo estaba sufriendo y por lo que estaba pasando", fue lo que respondió ante la corte de Cleveland, en Estados Unidos. Y, efectivamente, no fue juzgada con ninguna perspectiva de género, pese a que tenía problemas de depresión. Desconocemos si contaba o no con redes de apoyo, aunque al parecer estaba sola. Quizá si se hubiera sentido acompañada, su destino y el de la bebé hubieran sido diferentes.

Tú puedes crear tus propias redes. Se forman mayormente con mujeres, mamás o no, que nos aligeran la pesada carga de maternar. Entre más grande sea tu red, más oportunidades tendrás de apoyarte en ellas. En algunos casos, puedes encontrar a mujeres jóvenes a las que les ayudaría tener un ingreso mientras cuidan un par de horas o en días específicos a tus infancias, o también a mujeres mayores que puedan y deseen hacerlo. Seguramente en donde vives las podrás identificar. Es importante cerciorarte de que sea en espacios seguros, de preferencia en tu propia casa, para que no pongas en riesgo a tu infancia. Puedes colocar cámaras que te permitan estar pendiente en todo momento. Ya hay muchas a bajo costo y fáciles de instalar.

¿QUÉ PASÓ CON LAS ESTANCIAS INFANTILES?

Tuvimos un retroceso imperdonable en el sexenio de Andrés Manuel López Obrador con el cierre de las estancias infantiles. Nada lo justifica. Ni la supuesta "corrupción" que identificó el presidente. El programa social que otorga escaso dinero a las mamás no funciona, no sirve para pagar lo que cuestan los cuidados en ninguna ciudad de este país.

Mexicanas en pie de lucha, un libro coordinado por la periodista Nayeli Roldán, describe esa cruda realidad en el capítulo escrito por Daniela Rea: "El Estado mexicano destina 0.1% del PIB a los cuidados, pero los cuidados no remunerados representan 22.8% del PIB. Evidentemente algo no está bien. Evidentemente en esta ecuación alguien está ganando. Y no son las mujeres".

El Sistema Nacional de Cuidados que fue anunciado en 2020 se quedó solo en discurso y simulación, pues no hubo presupuesto para implementarlo. No tuvo un solo peso para echarlo a andar. "Eliminar las estancias infantiles es el golpe a las más pobres", escribe Nayeli Roldán. López Obrador ordenó que 9200 estancias dejaran de operar, dejando sin servicio a más de 315000 niñeces, lo que tuvo como consecuencia que miles de madres tuvieran que renunciar a sus trabajos para nuevamente dedicarse a los cuidados de sus hijes.

Tal despropósito tiene que corregirse. Se espera que la inminente llegada de una mujer a la presidencia de la República lo haga, cabe decir que aunque esto es sumamente necesario, "las guarderías y los jardines de infancia nunca nos han proporcionado tiempo libre, sino que han liberado parte de nuestro tiempo para dedicarlo a más trabajo adicional", en palabras de la filósofa y activista Silvia Federici.

Los municipios y las alcaldías tienen que entrarle a formar sus propios sistemas de cuidados. Remplazar conceptos como *guardería*, que es erróneo, porque no se trata de "guardar" a las criaturas como si fueran objetos, por el de *estancia*, forma parte de una reingeniería institucional. Flexibilizar normas en programas del Instituto Mexicano del Seguro Social (IMSS) o el Instituto de Seguridad y Servicios Sociales de los Trabajadores del Estado (ISSSTE), para que las excesivas condiciones para el ingreso de las infancias no se convierta en otro viacrucis, es una necesidad apremiante.

Escuelas con horarios extendidos y desayunos escolares deberían ser ley, así como se legisla la continuidad de los programas sociales. La salud mental de las madres tendría que ser prioridad del Estado y destinar un programa para aterrizarlo. Pero ni las maternidades ni las infancias son prioridad.

Hasta hace pocos años se empezaron a mencionar algunas propuestas para consolidar ciudades de los cuidados. El mapa de los cuidados en la Ciudad de México es una de ellas y permite ubicar las estancias infantiles por entidad, públicas y privadas. Es un proyecto valioso, pero poco difundido.

La creación de "lavanderías populares" para que las mamás puedan lavar su ropa al costo simbólico de un peso, mientras ese tiempo lo ocupan para asistir a talleres o a alguna actividad recreativa, se desarrolló en la alcaldía Iztapalapa, modelo que puede ser replicado en otras latitudes del país y que ayudaría a muchas mamás.

Si bien durante el año 2024 el mensaje de organismos internacionales es politizar sobre los cuidados, es necesario visibilizar que la precarización de las mamás autónomas se debe en gran medida a que los progenitores no están aportando lo que les corresponde, ni en dinero, tiempo de crianza, ni en trabajo en casa. Para muchas es inaccesible costear un servicio particular de estancia infantil y, para otras, el tiempo que cuidan en esos lugares a las infancias es insuficiente para ingresar al campo laboral en empresas que piden al menos ocho horas de jornada.

Contar con estancias infantiles con doble horario y a costos accesibles, incluyendo sábados y domingos, es una utopía para las madres autónomas. Existen mujeres policía, doctoras, estudiantes universitarias que hacen guardias y las requieren. Aunque simplemente deberían existir, son servicios de emergencia ante el abuso sexual infantil que existe en este país y ante el grito desesperado de madres que desean tener ingresos fijos en espacios laborales dignos.

¿CÓMO LOGRARÉ INDEPENDENCIA ECONÓMICA?

Para decidir concebir una criatura tendríamos que evaluar primero nuestra capacidad e independencia económicas, entre otros aspectos, pero no siempre es así. Son innumerables las concepciones que se gestan desde la romantización de la maternidad, en la que esperamos que el sujeto participe en los gastos y en la crianza, pero como hemos dicho, no ocurre de ese modo en todos los casos.

Nos percatamos de todo el dinero que se requiere cuando tenemos que sortear solas los pagos, iniciando por las consultas previas al alumbramiento y luego el sanatorio, si es que no contamos con servicios médicos de alguna institución de gobierno. Como nosotras nos quedamos con la infancia, prácticamente estamos imposibilitadas de cubrir un horario laboral, y las empresas, al tener conocimiento de que somos madres, nos discriminan.

Contar con vehículo es otro factor que puede ayudar o no en un trabajo y para emprender. Por eso no es sencillo maternar solas. La independencia económica no es fácil, pero, como dijimos antes, es clave para lograr la autonomía.

No podemos alcanzar la independencia económica si nuestra autoestima no está bien. Las mamás autónomas tenemos mucho que trabajar para lograr devolvernos la confianza en nosotras y nuestras capacidades; ser mamá autónoma no debería representar un deterioro de nuestras emociones, y si esto sucede, tenemos que identificar cómo nos sentimos y cómo podemos regenerar lo lastimado.

Si nuestra autoestima es estable, pensaremos mejor en las habilidades que poseemos, los instrumentos o elementos con los que contamos para potencializar alguna idea que tengamos de emprendimiento y podremos realizarla. Conozco mamás autónomas que han logrado perfeccionar lo que saben hacer y han fortalecido sus finanzas a partir del emprendimiento.

Ileana es una mamá del Estado de México que estudió repostería y, desde que el abandónico se fue, se dedica a hacer pasteles que vende a buenos precios por medio de Facebook. Ha generado una estabilidad financiera. Como ella hay muchos ejemplos más. Conciliar la vida laboral y profesional no es simple, pero si tenemos una gestión de emociones adecuada podemos ser capaces de generar la independencia económica anhelada.

El patriarcado nos quiere ver solas y cuando exigimos que paguen lo que deben nos insultan llamándonos "mantenidas". Los que deberían tener vergüenza son ellos y no nosotras por reclamar los derechos de nuestras infancias. Por eso nuestras redes afectivas y de amigas son muy importantes. Es evidente que todos los peyorativos que usan estos señores tienen impacto en nuestra autoestima, porque fueron (o son) personas en las que creímos y por las que sentimos afecto en algún momento.

Si a esas palabras se suman las que la sociedad patriarcal utiliza para referirse a nosotras, porque quiere seguir conservando sus privilegios manteniéndonos calladas y sumisas ante los abusos de los abandónicos, es necesario que repensemos cómo nos nombramos. Si piensas que fracasaste como mujer porque no tienes un marido, que eres mala madre al no darle a tu hije un padre, que eres insuficiente, que nadie te va a tomar en serio como mujer, de entrada todos esos pensamientos influyen de manera negativa en cómo vas a responder y a tomar una actitud ante el mundo.

Si nos miramos desde lo valientes y capaces que somos, pero además defendemos nuestros derechos y los de nuestres hijes, si no permitimos que nos llamen con adjetivos que nos denigren, si no toleramos que juzguen nuestra maternidad y ponemos límites, vamos a cambiar nuestro entorno para generar uno de respeto hacia nosotras, pero partiendo de nosotras y no desde lo que el exterior crea o piense de nuestra maternidad autónoma.

Hace unos días mis compañeras me informaron de una mamá en depresión con pensamientos suicidas porque no tiene dinero para mantener a sus dos hijos de ocho y 12 años. Fue despedida de su trabajo. El sujeto, además de no darle un centavo para los niños, los llevó al Ministerio Público (MP) para que denunciaran a su madre por violencia. La demanda de pensión alimenticia que interpuso no avanza y tampoco tiene abogado que la represente porque no tiene para pagarle.

Entre todas las mamás de la colectiva nos organizamos para llevarla al psiquiatra; otra más ofreció conseguirle un abogado que atienda su caso. Y así le hemos ido dando acompañamiento. Las redes de mujeres son sanadoras, salvan, y entre nosotras podemos organizarnos para formar cooperativas, catálogos de ventas de los productos de todas, entre un sinfín de ideas más. Lo primero es abrazarnos a nosotras mismas y apreciar lo chingonas que somos.

CAPÍTULO 6
¿CÓMO DEMANDAR LA PENSIÓN ALIMENTICIA AL CUCARACHO?

En este momento histórico es la hora de la justicia feminista para desmontar y desarticular el patriarcado como paradigma de poder, para politizar lo comunal, lo colectivo y los cuidados; para recuperar el control de los propios proyectos de vida, la soberanía de los cuerpos y la autonomía económica.

Fragmento del Manifiesto
Amistad política + inteligencia colectiva
Movimiento Ni Una Menos

Lo que vas a leer a continuación es el resultado de escuchar la experiencia de cientos de mamás en los juzgados de todo el país, sus consejos, los *tips* que hemos ido aprendiendo en el transcurso de una lucha por el acceso a la justicia para las infancias. Es el cúmulo de recomendaciones que surgen de historias de vida, como el caso de la abogada Rebeka Zebrekos, quien ha experimentado en carne propia la violencia económica de su agresor y padecido de forma injusta situaciones que la han vulnerado solo por defender los derechos de su hijo. Al abogado Pablo Huerta, que ha acompañado a mamás víctimas de violencia vicaria en la recuperación de sus hijes, le externo mi agradecimiento por los consejos brindados para este capítulo.

Quiero decirte, querida mamá autónoma, que enfrentar un litigio de reconocimiento de paternidad o de pensión alimenticia es un acto de reivindicación de los derechos, no tuyos, sino de tus hijes. Tú serás su voz y representante ante las autoridades. Vas a exigir lo que les corresponde, ni más ni menos.

Sé que pueden inundarte muchos miedos, como que el señor quiera quitarte a tus criaturas, como acostumbran amenazar, o que pueda enojarse y dejar de verlos. Cuando esos pensamientos te invadan replantéate: ¿qué es lo que les estás enseñando a ellos?, ¿a asumir como normal que un sujeto se acuerde que es padre solo los fines de semana o en días festivos, como si fueran objetos desechables?, ¿que alguien es buen padre solo por verlos y abrazarlos aunque no aporte recursos para su manutención?, ¿que estaría bien si el niño que hoy te observa repite esos patrones de conducta?, ¿que la niña a tu cargo calle cuando violenten sus derechos?, ¿o prefieres que vean a una mamá que no normaliza la irresponsabilidad de un padre ausente, nombra las violencias y defiende sus derechos? Son preguntas que debes realizarte y reflexionar desde tu interior.

Podrás decirme que prefieres tu paz mental antes que iniciar una demanda de pensión, porque eso te enseñaron, eso te dijeron que te correspondía hacer. Cuando tus hijes se conviertan en adolescentes cuestionadores del mundo te van a reclamar por todo, incluyendo por qué no exigiste sus derechos, o bien, normalizarán que los abandónicos son buenos padres aunque no paternen. Ellos son los que siempre estuvieron de buen humor y dieron regalos para justificar su ausencia. No todos les hijes reconocen el esfuerzo y sacrificio de las madres autónomas. Hay algunos que terminan creyendo las versiones de la historia que dan los cucarachos, en donde las locas y las malas somos nosotras.

No será rápido ni fácil. Habrá momentos en que te desesperes y quieras desistir. Es válido. Enfrentarse a la burocracia en juzgados es tortuoso; hemos estado en ese lugar. Retoma fuerza y continúa. Se trata de garantizar el presente y un mejor futuro para tus hijes. Las herramientas que estás a punto de adquirir te serán de gran ayuda. No es lo mismo confrontar un litigio de alimentos informada, que ir a ciegas confiando solamente en el abogado o abogada, que a su vez atiende otros 10 casos además del tuyo.

El seguimiento en las instituciones, así como de los avances que promueva tu defensor jurídico, depende de ti y puede ahorrarte tiempo. No esperes a que te llame para darte informes, permanece atenta en todo momento y pide opiniones de mamás que ya recorrieron el mismo camino.

La ola violeta de las madres ha despertado conciencias; jóvenes que llegan a la mayoría de edad y que nunca recibieron una pensión alimenticia de su padre o no fueron reconocidos deciden iniciar el proceso jurídico o continuar el que sus madres iniciaron. Es un delito que no prescribe.

SUGERENCIAS ANTES DE DEMANDAR AL CUCARACHO

1. Conversa con tus hijes sobre el proceso que habrán de iniciar. Escucha qué piensan y cómo se sienten. Muy probablemente los citen para comparecer y les hagan entrevistas con psicólogos o jueces.
2. Investiga. Conoce las tesis y jurisprudencias, cómo se les llama a los documentos disponibles en las redes digitales de la Suprema Corte de Justicia de la Nación que pudieran estar relacionados con tu caso. Seguramente otras mamás que nos anteceden han recorrido el mismo sendero. No tienes que ser abogada, basta con que desees empaparte de información.
3. Explora el lenguaje jurídico y el vocabulario que será repetitivo en el litigio y que te comparto en este salvavidas.
4. No confíes del todo en tu abogado o abogada. Hay mucha corrupción y deslealtad cuando los abandónicos les llegan al precio o tan solo porque les conviene que el proceso sea lento, pues así pueden pedirte más dinero. Habrá decentes, pero son los menos. Da seguimiento personalmente en el juzgado para revisar cómo va tu caso y reúnete con frecuencia con tu representante legal para que vean los avances.
5. En la Ciudad de México y escasos estados los expedientes pueden ser consultados de forma digital, no así en el resto del país. Ten una copia de tu expediente en todo momento. Hay abogados que operan como extorsionadores y si no accedes a seguirles pagando las cantidades que te solicitan te dejan

botada. Si no tienes ni idea de en qué va el proceso, ni cómo va, quedas en la indefensión y es volver a iniciar.

6. Procura firmar un contrato en el caso de que optes por un representante jurídico particular. Si es de oficio, también pídele copia del expediente y de todos los oficios que ingrese al juzgado.
7. Si no tienes dinero para pagar un defensor no te desanimes. Los de oficio son buenos, solo hay que estar atrás de ellos. Si conoces tu proceso y das seguimiento, podrás lograr el objetivo.
8. Si tu proceso es para obtener la pensión alimenticia, ingresa tu denuncia al juzgado familiar para solicitarla y, al mismo tiempo, ingresa la demanda penal en la Fiscalía. Muchos abogados te insistirán en que agotes primero lo civil, porque les conviene alargar procesos y hacerte perder años en los juzgados mientras te cobran sus honorarios. Con el proceso civil el cucaracho no va a la cárcel por el delito de incumplimiento de pensión alimenticia, tipificado en México hasta con cinco años de prisión, pero con el proceso penal sí. Es lo único a lo que le temen, a pisar el reclusorio, y eso los hace pagar. Lo que también pasa es que a las mamás que no están informadas y que acuden al MP a denunciar al abandónico les solicitan su sentencia de alimentos emitida por el juzgado civil. Esto lo hacen porque no les gusta trabajar y ven en los procesos de pensión alimenticia una carga "no importante". Son funcionarios sin perspectiva de género. Lo que tienes que hacer es ir preparada con una copia o impresión de la jurisprudencia que lo sustenta, que está disponible en este enlace de la página de la Suprema Corte de Justicia de la Nación (SCJN): https://sjf2.scjn.gob.mx/detalle/tesis/190462. Conforme se desarrolle tu denuncia, podrás adjuntar las

pruebas y proporcionar a los testigos que te soliciten. Si tu presupuesto no te da para pagarle a tu defensor por los dos procesos, puedes optar por el civil con un particular y el penal con el de oficio. O iniciar con los dos de oficio. Lo importante es no perder tiempo.

9. Genera tu red de apoyo. Los litigios de pensión alimenticia revelan de cuerpo entero al cucaracho. Leerás respuestas absurdas e incómodas que te causarán coraje y dolor. Mentalízate tú misma o en terapia. La cultura machista y patriarcal hace que no entiendan que no entienden. Si no hay posibilidad de acuerdo con él, no es bueno seguir conversando. Haz cero contacto y que tu defensor jurídico se encargue. La pensión alimenticia no tiene por qué ser un desgaste permanente.
10. Una vez que los demandas, los abandónicos acostumbran poner a otro nombre sus propiedades, vaciar sus tarjetas y prácticamente declararse insolventes para no pagar. Busca con tu abogado o abogada reunir todas las pruebas para evidenciar los fraudes procesales y denúncialos de inmediato.
11. No permitas ninguna revictimización institucional ni mucho menos de tu abogado. No toleres comentarios de los y las secretarias de los juzgados como: "Señora, usted está pidiendo mucho", "se ve bien joven, mejor póngase a trabajar", y páralos en seco. Segura y directa. Una mamá me contó que su abogado le dijo que no fuera con escotes al juzgado porque eso es mal visto, además de que la regañó por "expresarse mal" del abandónico en sus redes sociales, cuando lo que hizo fue comentar que el señor tiene años sin pagar. Ninguna mentira. No tengas defensores que no te hagan sentir en confianza o te juzguen.
12. Ten la seguridad en todo momento de que estás haciendo lo correcto. Quizá recibirás críticas de tu familia y círculo cer-

cano por tu decisión de demandar. A esas personas dales tu número de cuenta, diles que tu criatura come todos los días y pregúntales si ellos van a cubrir lo que le corresponde al abandónico. Será la última vez que te hagan esos comentarios.

13. Arma tu expediente personal independientemente de que el abogado diga que él se encarga de llevar ese orden. Ten copia de todo, hasta del oficio más sencillo. Solicítaselo. No sabemos si cambiarás de defensor jurídico en algún momento del proceso.

Te deseo *resiliencia*, *fortaleza* y *paciencia*. ¡Lo vas a lograr!

¿QUÉ ES LA PENSIÓN ALIMENTICIA?

Es el monto que las personas deudoras alimentarias tienen la obligación de pagar a sus hijes biológicos o adoptivos por el concepto de alimentos. Puede ampliarse a las mamás de sus infancias, sea esposa o concubina, cuando lo soliciten y a criterio de la persona juzgadora, mientras acrediten la necesidad, en virtud de haberse dedicado únicamente al hogar y a los cuidados.

¿Qué contempla?:

- Gastos de embarazo y parto
- Comida
- Vestido
- Vivienda
- Educación
- Recreación
- Atención médica

LA CALIDAD DE VIDA DE LA INFANCIA

Por lo regular cuando las parejas viven en armonía el progenitor paga gustoso la escuela particular de sus hijes, los gastos de actividades extraescolares, no frunce el ceño para comprarles ropa o llevarlos a pasear. Cuando se rompe la relación, su ánimo cambia y decide quitar esa calidad de vida a su decendencia porque terminó muy mal con la mamá y desea que ahora ella absorba esos gastos o declara que casualmente "ya no puede darles esa calidad de vida". De acuerdo con la SCJN, que pone al centro los derechos de les hijes, respecto a la forma de vida en la que se han desarrollado, tendrán que seguir pagando y sosteniendo ese bienestar.

¿POR QUÉ ES IMPORTANTE DEMANDAR LA PENSIÓN ALIMENTICIA?

La primera razón para demandar los alimentos es porque se trata de un *derecho* que tienen nuestres hijes hasta que cumplan los 18 años de edad o 21, en el caso de que se encuentren estudiando. Nosotras somos sus representantes para defender ese derecho que ellos no pueden hacer efectivo ante las autoridades.

Entendamos que la narrativa usada por los abandónicos al demandarlos, donde nos adjetivan como "flojas, huevonas, mantenidas, que no queremos verlos felices con su nueva pareja…", se sustenta en una lógica patriarcal con el fin de que no les exijamos que se hagan responsables y sigan estando cómodos a costa de nuestro trabajo y salud. Por ello sus ofensas no deben permear en nuestra autoestima. La especialista en narcisismo Natalia González Villareal lo explicará en las conclusiones de este libro. Quienes repiten dichas frases encarnan un machismo profundo, sean los mismos deudores o los integrantes de su familia que solapan y fomentan conductas irresponsables.

La pensión alimenticia no es un apoyo, es una *obligación*. No nos hacen un favor, se están haciendo responsables de su paternidad, y este derecho no tiene que cuestionarse a partir de las relaciones afectivas de la madre, si tiene pareja, si fue infiel, si bebe cerveza, si va a fiestas; que quede claro, *ninguna conducta* de libertad de la madre ni la forma en la que terminó la relación con el progenitor tiene nada que ver con el cumplimiento de la obligación de pagar lo que les corresponde a los hijos para su manutención.

Lo anterior son pretextos que usan los abandónicos ante juzgados para evitar dar la pensión. Es una forma de vengarse y manifestar su enojo. Son clásicas respuestas: "Su señoría, daré contestación a esta infundada, difamatoria e injuriosa demanda en contra de mi persona... ya que la señora Mamita de Juanito me odia porque tengo una nueva relación, padece de sus facultades mentales, trae sucios a los niños y los golpea, me encuentro desempleado, no tengo solvencia económica, ni bienes, solo este par de tenis viejos y la muda de ropa que traigo puesta. La malvada y perversa mujer me quiere ver en la calle y obstaculiza la convivencia con mis hijes". Casi estilo la canción de Juan Gabriel: "No tengo dinero ni nada que dar". Parecen de manual. Que no te sorprenda leer que hasta fueron obligados a tener relaciones sexuales o se encontraban en estado etílico. ¡Suena de risa, pero son tan repetitivos sus patrones de respuesta!

La segunda razón es porque resulta necesario dejar constancia y antecedente del incumplimiento del deudor debido a que, de acuerdo con la ley en México, es un derecho *recíproco*, lo que significa que quien proporciona los alimentos tiene derecho a recibirlos. Hay casos donde el abandónico registró con su apellido a la infancia, pero se ausentó por décadas, nunca proveyó los alimentos o lo hizo un día sí y otro no, pero cuando llega a la vejez o le hije crece y tiene suficientes ingresos, se aparece para demandar pensión alimenticia, que tendrá derecho a recibir.

Imagina al señor recibiendo una pensión cómodamente después de que no aportó para los gastos de crianza y tampoco paternó. No lo dudes, ¡denuncia el incumplimiento de la pensión alimenticia!

El tercer motivo es porque mientras él pudo desarrollarse, acrecentar su patrimonio y disfrutar de los placeres, tú te dedicaste a maternar a sus hijos, dejando pasar oportunidades de crecimiento laboral, entregando años importantes de tu vida a los cuidados de las infancias que ambos procrearon, pero donde no hubo equidad en el acceso a las mismas condiciones económicas, de salud ni de logros profesionales.

De acuerdo con la sentencia 148/2012 de la SCJN, si fuiste esposa o concubina, tienes todo el derecho a demandar una pensión como retribución a los costos que tuvo para ti el maternaje si únicamente te dedicaste a las labores del hogar. En casos específicos, hay documentos jurídicos denominados jurisprudencias, que avalan factores de perspectiva de género con los que también puedes exigir este cumplimiento aunque hayas tenido ciertos ingresos. ¡Identifica, reconoce y exige tus derechos!

Y la cuarta razón es que la pensión alimenticia puede ser reclamada a las y los abuelos, ascendientes en primer grado del deudor alimentario, aunque solo en causales muy específicas definidas por la SCJN, como: la ausencia del padre y madre, la desaparición del progenitor o su imposibilidad por un padecimiento físico o mental. Existe un criterio en el que los abuelos no pueden ser obligados solidarios para los alimentos de sus nietos derivado de la jurisprudencia de un caso en Guanajuato, promovido por una mamá y analizado por la SCJN y que no prosperó. Lo cierto es que en un país de miles de personas desaparecidas, habría que explorar por todos los medios cuando no se localice a los deudores alimentarios.

Si después de que el juez solicite por oficio información del domicilio del cucaracho al INE, al IMSS, ISSSTE, Secretaría de Relaciones Exteriores, SAT, Tránsito; que se le anuncie por edictos, se publique en el *Diario Oficial de la Federación* (como en el diario de mayor circulación), y sea prácticamente ilocalizable, valdría la pena agotar esta posibilidad. No hay tesis ni antecedentes de análisis jurídico para un caso con estas características en donde no se le pueda notificar al abandónico. Es materia para incursionar porque las y los abuelos son los principales solapadores. Después de todo, las criaturas son su familia, y si no colaboran los abuelos, por lo menos la demanda sí va a ejercer presión.

¿QUÉ CONTIENE UNA DEMANDA DE PENSIÓN?

La demanda o escrito inicial debe contener:

1. **Datos** de la actora demandante (la mamá que pide el reconocimiento de paternidad o la pensión), de su abogada y del cucaracho. Puede ser la mamá en representación de la infancia, le hije mayor de edad o quien ejerza la patria potestad. Lo principal es que señale a quién va dirigida y quién la promueve.
2. **Petición o pretensión.** Es lo que estás demandando, si tu petición es el reconocimiento de paternidad, la pensión alimenticia, la guarda y custodia, la patria potestad, etc. ¿Qué demandas?
3. **Hechos.** Se narran los acontecimientos que motivan tu demanda, cronología de sucesos que consideres importantes y que el juez deba conocer. Fechas de inicio de la relación, desde cuándo dejó de aportar la pensión, si ha sido violento

y circunstancias de modo, tiempo y lugar (dónde, cómo, cuándo).

4. **Ofrecimiento de pruebas.** Se agregan a la demanda el acta de nacimiento de la infancia, tickets, facturas, recibos, whatsapps, fotos, audios, certificados médicos, planilla de liquidación. Todo lo que puedas recabar para comprobar, sobre todo los gastos de la criatura.
5. **Sugerencia.** Ve ordenando los recibos y facturas por rubro, porque en el juzgado o Fiscalía frecuentemente así te lo solicitan. Recibos de escuela, alimentos, comida, de recreación, etc. Si te es posible, genera una fotocopia de ese archivo para tu resguardo.
6. **Capítulo de derechos.** Normas en las que se fundamenta la petición, jurisprudencias. Aunque no son requisito debido a que el derecho reclamado de alimentación de las infancias debe ser garantizado por el Estado.

En este *link* podrás darte una idea de cómo se elabora una demanda de pensión alimenticia: www. derechomexicano.com.mx/formato-demanda-de-alimentos-en-el-estado-de-mexico/.

Consejo: Cuando ingreses la demanda de pensión alimenticia, procura demandar ahí mismo la *guarda y custodia* de tu infancia.

DENUNCIA EN EL MINISTERIO PÚBLICO O EN UNA FISCALÍA ESPECIALIZADA (PROCESO PENAL)

Cuando las mamás acuden a la Fiscalía, la autoridad tiene la obligación de recibirles su denuncia, ya sea por abandono durante el embarazo o por incumplimiento de pensión alimenticia.

Consejo: Si únicamente realizas la demanda vía civil, es decir, ante el juzgado, puedes tardar décadas esperando a que el cucaracho tenga la voluntad de pagar. Cuando los judicializas es cuando ven que el asunto va en serio. A nadie nos gusta tener una carpeta de investigación, mucho menos para un *curriculum vitae* o para una carta de antecedentes no penales que piden como requisito en ciertos empleos.

Solo mediante la denuncia en la Fiscalía es que se les pueden embargar sus bienes, desde una casa, un auto, una moto, terrenos, cuentas bancarias. Los cucarachos tramitan amparos, pero la fianza que les solicita el juez es, por lo general, el equivalente al adeudo para garantizar el pago. Paga porque paga o lo mandan a conocer el reclusorio.

¿CÓMO SE DESARROLLA LA DEMANDA DE PENSIÓN?

1. **Ingresas la demanda:** ante el juzgado solicitando la pensión provisional. Si estás embarazada puedes pedirla, pero aplica únicamente en el caso de matrimonio o concubinato y que la mamá no tenga ingresos. La constancia de concubinato la generas con la autoridad municipal y lleva datos como los nombres de la pareja y cuántos años vivieron en determinado domicilio. En la oficialía de partes te sellarán de recibida la demanda.
2. **Consejo:** cuando tengas una pareja recuerda que puedes quedar embarazada y el sujeto desaparecer. Proponle generar un acta de concubinato en tu municipio. Parecerá exagerado, pero te brinda certeza jurídica ante un embarazo y así puedes denunciarlo si eso pasa. Caras vemos, deudores alimentarios no sabemos.

3. **Admisión de la demanda:** el juez ordena que se le comunique al cucaracho que tiene una demanda y procederán a notificarle.
4. **Contestación del cucaracho:** el abandónico está obligado a responder la demanda (de lo contrario el juez lo declara en rebeldía y se considera cierto todo de lo que se le acusa), y tiene el derecho a ofrecer sus pruebas y dar su versión.
5. **Desahogo de pruebas:** si se trata de un reconocimiento de paternidad, el juez cita al cucaracho para que se le tome la muestra de ADN. Si no acude, se declarará su paternidad. Si la demanda es de pensión alimenticia, el cucaracho puede acudir en persona o a través de su representante legal, para mostrar sus pruebas documentales, periciales y testimoniales. Lo mismo para la mamá.
6. **Etapa de alegatos:** los representantes jurídicos de ambas partes argumentan las posturas de acusación y defensa con base en las pruebas que ofrecieron y se desahogaron.
7. **Sentencia:** una vez que se llevó a cabo la audiencia de alegatos, el juez absuelve o condena al cucaracho a pagar alimentos. De acuerdo con los códigos de cada estado, varían las reglas de los procedimientos.

¿SI MI HIJA TIENE 18 AÑOS PUEDE DEMANDAR LA PENSIÓN?

Sí, hasta los 21 años, en tanto no haya concluido sus estudios universitarios. En legislaciones como las de Jalisco, Aguascalientes, Quintana Roo y Estado de México hasta los 25, mientras continúen estudiando.

¿CÓMO SOLICITAR LA PENSIÓN?

Hay dos formas para acceder a una pensión alimenticia:

1. **Por acuerdo de voluntades.** En el ideal de que dialogáramos con sujetos racionales, entendidos de sus privilegios patriarcales, de una paternidad responsable, intentando deconstruirse de su machismo y conscientes de todos los gastos de sus hijes, sería mucho más fácil de llegar a acuerdos sin necesidad de demandarlos. Pero compromiso que no se firma, no sirve de nada. Los cucarachos que acuden a una mediación para tratar de llegar a un convenio están por arriba de la media de las conductas miserables que tienen los abandónicos con las madres y sus infancias. Que lo cumplan es otro boleto, pero al menos ya estás haciendo fila.

   Lo que tienes que saber es que al tener fe pública, con ese convenio puedes judicializar al abandónico. Si incumple, llevas copia de tu documento a la Fiscalía y denuncias que no paga. Las formas de esta opción son las siguientes:

   Por convenio en un centro de justicia para las mujeres. La mamá puede acudir a uno de estos lugares. En la Ciudad de México hay cuatro en las alcaldías Azcapotzalco, Tlalpan, Iztapalapa y Magdalena Contreras. Ahí facilitan todo el proceso y dan acompañamiento jurídico gratuito. Citan al cucaracho y su labor de mediación se traduce en un convenio que ambos firman con toda validez jurídica, porque es ante un juez familiar y el secretario. En estados donde hay centros de justicia para las mujeres, reitero, si no se realizan ante un juez, no tiene validez.

   Por convenio ante notario. Después de una larga conversación, el Señor M propuso un convenio que firmamos ante notario, después de reconocer a Sabina. Ahí se fijaron las mensualidades que aportaría para su hija, así como la forma en la que iría pagando el retroactivo. Mi abogada sugirió ratificarlo ante el juzgado, aunque no era necesario. Si incumple, puedo judicializarlo e irme por la vía penal para, nuevamente, exigir que cumpla con su obligación.

Por convenio en el juzgado. Los mejores acuerdos se producen después de horas de pláticas, empatía y racionalidad poniendo a nuestres hijes primero. Si eso sucede, y entre ambos logran fijar un monto de pensión, cómo, cuándo y dónde se van a llevar a cabo las convivencias, así como los periodos de pago del retroactivo, vas de gane. Se requiere mucha voluntad y ganas de no pelear del cucaracho. Ambos se presentan en los juzgados familiares a exponer el acuerdo, firman y listo.

Mamás relatan la celebración de convenios tramposos:

Cynthia Bravo Moore es una mamá que a sus 25 años tuvo una hija con el abogado Carlos Velázquez Ramírez, de entonces 43 años. Noten la diferencia de edades: le llevaba 18 años y, desde ahí, el convenio debió ser juzgado con perspectiva de género.

Al momento del nacimiento de la bebé ella ya no quiso seguir siendo su pareja y en venganza el señor se la quitó de los brazos. Ha pasado una década tratando de recuperarla. La ha acusado de todo y eso ha impactado notoriamente en su salud. Por más que lucha por estar con su niña, el vicario es protegido por la jueza noveno de lo familiar en la Ciudad de México, Josefa del Carmen Franco Corral.

En 2014 la hicieron firmar un convenio tramposo, ventajoso y fuera de toda garantía de los derechos humanos que solo lo favorece a él. Aquí muestro parte de lo que se plasma: "La madre se obliga expresamente a que en caso de que pudiera tener una pareja sentimental en un futuro, a abstenerse de tener expresiones o actividad amorosa como las antes mencionadas en líneas anteriores, en presencia o a la vista de su menor hija [...] en caso de que deseen vacacionar con su menor hija en el extranjero, dicha actividad se llevará a cabo siempre de manera conjunta".

Su litigio no termina. Lleva una década en juzgados. Al principio creyó que ni siquiera podía tener un novio porque había firmado un acuerdo con el progenitor de su hija y el miedo de que no la dejara verla la llevó al hospital por una crisis de ansiedad. Los días transcurren y su único deseo es que esa pesadilla termine y pueda vivir con su hija. Hay un daño enorme a las dos. De eso, ni la jueza ni el Estado se harán cargo.

En la actualidad promueve la Ley Camila, en honor a su hija, para que en los dos primeros años tan trascendentales de vida, donde se forja el vínculo materno, no sean autorizados cambios de guarda y custodia a señores que lo único que quieren es violentar a la madre.

Es claro que este convenio vulnera cualquier precepto de derechos fundamentales de Cynthia y que no debió ser avalado por las autoridades; peor aún, la jueza en mención que lleva el caso hace tiempo que no deja de revictimizarlas.

Otro caso de convenios tramposos, pero no necesariamente inválidos, es el que celebró Tania Vianey Rodríguez González con Luis Antonio Ramírez Hernández, actual secretario de Gobierno del estado de Tlaxcala y cercano colaborador de la gobernadora Lorena Cuéllar Cisneros. Tan cercano, que fue su madrina de boda y conoce toda la violencia que ha ejercido su ahijado de primera mano.

Tania demandó la pensión alimenticia en 2022 cuando el cucaracho político se desempeñaba como secretario de Medio Ambiente de ese estado. A pesar de todo el escándalo mediático, la gobernadora lo mantuvo en el puesto y todavía lo premió. Estando a punto de asumir su reciente cargo, y debido a la presión social de los tendederos deudores y su mediatización, el señor buscó a Tania para proponerle un convenio.

Para ese momento el niño se encontraba en el hospital, la mamá endeudada, con un padecimiento gastrointestinal y bajo las condiciones del sujeto; en su desesperación aceptó firmar un convenio de pensión alimenticia para su infancia, en el cual el tipo solo se compromete a pagar los gastos de salud del menor, la escuela y su ropa, pero lo hace él directamente, sin pasarle un solo peso a la mamá. Lo que no quería, dicho en sus palabras, es que "su dinero se lo gastara con otro cabrón". Así me lo contó ella. De ese nivel su machismo.

La jueza, que a todas luces carece de las gafas violeta, y probablemente presionada o sobornada (no lo podemos comprobar, pero tampoco lo dudamos), avaló el convenio. Lo peor es que la sigue revictimizando, ha presionado a la mamá para que quite las denuncias por violencia intrafamiliar que tiene el personaje.

Si bien podría decirse que se trata del "pago en especie" de la pensión alimenticia, porque no aporta nada de los gastos que la madre tiene que solventar en efectivo, el cucaracho "está cumpliendo". Fue firmado en una situación de vulnerabilidad y eso tampoco lo consideró la jueza Vanessa Gloria Carmona Viveros.

2. **Por demanda de pensión ante la autoridad.** A casi la totalidad de los cucarachos no les queda claro que la pensión alimenticia no es un favor, sino una obligación. Si intentaste convenir y no acudió a ninguno de los citatorios o no hay posibilidad de dialogar con él, procede a demandarlo. Puede ser por dos vías:

   Demanda por comparecencia. En esta modalidad puedes acudir sola al juzgado familiar con el acta de nacimiento de la o las infancias registradas con el apellido de él y tu identificación oficial. Es necesario tener ubicado al abandónico. Pasarás a una entrevista con el secretario del juez, que te hará preguntas sobre la dirección de su casa, su trabajo, de dónde obtiene sus ingresos y detalles de la relación: cuándo inició, cuántas infancias tiene en abandono y desde cuándo, un aproximado de cuánto dinero se necesita para la manutención de la criatura al mes... Te entregarán un oficio ese mismo día dirigido a su fuente laboral para que le descuenten vía nómina lo que el juez o jueza considere. No puede ser menor al 15% de su salario y de todas sus percepciones por cada infancia.

   Ese escrito tú lo llevas a su trabajo, al área de recursos humanos. El oficio le informa a la empresa o institución empleadora del abandónico que tienen que reportarle al juzgado sus ingresos y hacer efectivo su descuento vía nómina a partir de que sea recibido. Por lo pronto, mientras inicia el juicio, tendrás garantizada la pensión provisional. El sujeto podrá apelar. Sucede regularmente que aunque no les den lo que les corresponde a sus hijes, sí tienen para pagar abogados.

   Tienes la opción de solicitar un abogado o abogada de oficio en ese juzgado, únicamente te piden llenar una solicitud y te lo asignan. Será la persona que te defenderá de forma gratuita, pero literalmente tú serás quien lleve los oficios a los lugares que te indique. Lo recomendable en esta modalidad es que cuando inicies el juicio, solicites la guarda y custodia de tu hije y evites sustracciones de la infancia por parte del progenitor, denominada violencia vicaria.

En caso de que en su trabajo lo nieguen, o se nieguen a recibirte el oficio de descuento de la pensión otorgada por el juez, lo que sigue es regresar al juzgado, comentar lo sucedido y volver con un actuario hasta que el documento sea admitido.

Es importante mencionar que pocos estados del país cuentan con esta posibilidad, entre ellos la Ciudad de México, Coahuila y Aguascalientes. En los demás tienes que elaborar la demanda por escrito. Revisa si en donde radicas los juzgados la tienen habilitada.

Demanda por escrito. Se prepara la demanda de reconocimiento de paternidad o de pensión alimenticia mediante la asesoría de un abogado o abogada, ya sea de oficio o particular, y se ingresa al juzgado familiar para que inicie el juicio.

¿QUÉ DOCUMENTOS REQUIERO PARA INICIAR MI DEMANDA DE ALIMENTOS?

1. Acta de matrimonio (si es que existe).
2. Acta de nacimiento del o de les hijes.
3. Constancia de estudios de les hijes.
4. CURP.
5. Comprobante de domicilio de la mamá.
6. Comprobante de domicilio del cucaracho.

7. Domicilio donde labora el abandónico.
8. Relación de gastos (planilla) y comprobantes (*tickets*, facturas) que se hayan generado por el estilo de vida de las infancias.

¿SE PUEDE RECLAMAR LA PENSIÓN RETROACTIVA?

La pensión alimenticia es un derecho que no fenece, lo que quiere decir que puede ser reclamada en cualquier momento. Si el cucaracho te abandonó en el embarazo y la criatura ya tiene 11 años, puedes solicitarla. La pensión también es acumulativa e irrenunciable, así que si tu hije cumplió los 18 años también puede demandar al progenitor. Si se acredita ante el juzgado que el señor no ha aportado por más de 90 días de acuerdo con el Código Civil Federal, tiene que pagar todo lo que adeuda.

Las planillas de liquidación, como se les llama, son el medio con el que se informa a la autoridad sobre los desfases que tiene el cucaracho, y es más sencillo acreditarlas cuando existe un convenio firmado, una sentencia provisional o definitiva de alimentos. Esto no significa que si no tienes convenio o sentencia no lo puedas hacer, lo repito, puedes solicitarla en cualquier momento.

Consejo: Cuando ingreses la demanda de pensión alimenticia, ahí mismo solicita el retroactivo de los años que el abandónico no ha aportado. Te sugiero también que en caso de que él te demande cambio de guarda y custodia y deba retroactivo, lo solicites en tu respuesta a su demanda. Es prevención ante cualquier posible intento de sustracción del menor o de violencia vicaria.

¿QUÉ SUCEDE SI EL CUCARACHO NO TIENE SALARIO O INGRESOS COMPROBABLES?

El juez de lo familiar fijará salarios mínimos dependiendo de las necesidades de las infancias y de las posibilidades económicas del cucaracho. Tiene que aportar de cualquier forma.

¿CÓMO ELEGIR ABOGADA O REPRESENTANTE JURÍDICO?

Es una de las preguntas más comunes que me hacen las mamás cuando deciden iniciar un proceso de reconocimiento de paternidad o de pensión alimenticia. Es esencial que te asegures de que tiene cédula profesional en la página del registro nacional de profesiones (www.cedulaprofesional.sep.gob.mx). Lo siguiente es indagar el prestigio de esa persona en relación con los casos que ha llevado. Si te lo recomiendan mamás que se expresen bien de sus servicios y les ha solucionado, es una buena referencia. Si te dicen que es bueno pero litiga más "laboral que civil, o más penal que civil", entonces ahí no es. Si eliges contratar de inicio el servicio de una persona que te represente en estos procesos, procura que tenga *expertise* en la materia y que se dedique a defender mamás.

La importancia de la cédula profesional radica en que de ese modo sabes si efectivamente estudió la licenciatura en Derecho y tiene los conocimientos técnicos para defenderte. Si carece de cédula *no podrá asistirte en audiencia*. Muchos seudoabogados piden a sus amigos que, si cuentan con cédula, vayan a las audiencias y eso te coloca en estado de indefensión porque te va a asistir una persona que no te conoce y no tiene idea de tu expediente.

En mi caso, después de decepcionarme de dos abogados, conocí a una abogada feminista y me sentí más cómoda con ella. La argumentación con perspectiva de género en nuestros litigios es muy importante y puede darles giros de 180 grados a nuestros casos. Por lo regular los abogados no la tienen y pueden llegar a revictimizarnos.

Como en todo, hay excepciones. Son escasos los hombres litigantes con esta perspectiva, así como también hay abogadas con enfoques machistas. Consulta sus redes sociales o hazle preguntas sobre el abandono paterno, así conocerás más sobre su pensamiento y sabrás si tiene o no las gafas violeta.

¿ABOGADA PARTICULAR O DE OFICIO?

Si te parece mejor idea contratar una defensora o defensor jurídico, es importante que preguntes sobre cantidades y formas de pago, para que partas de ahí y sepas lo que corresponde a honorarios, recursos, amparos y copias. Así te proteges de que te quiera cobrar 4 000 pesos en copias, como varios acostumbran, y revisas tu presupuesto para evitar sorpresas. Aunque es opcional pagar por este servicio.

En los juzgados civiles hay abogados y abogadas de oficio que no te cobran y en la mayoría de los casos son ineficientes, tardan más por la cantidad de asuntos que llevan, pero si no cuentas con los recursos suficientes, no te presiones, opta por el de oficio. No pierdas tiempo e inicia. En ambos casos infórmate y aclara todas tus dudas. Es necesario que sepas lo que vas a enfrentar y tengas conocimiento de la estrategia jurídica que proponga la persona que elijas que te represente. Apóyate en la experiencia de otras mujeres.

En las secretarías de las mujeres de los estados y en las defensorías de derechos humanos cuentan con el servicio de asesoría jurídica gratuita. En casos específicos, como el de la Universidad de Guadalajara, personal docente de la Facultad de Derecho acompaña los casos que son llevados por el alumnado en sus últimos semestres a manera de prácticas para liberar su servicio social y los comentarios por parte de las mamás son positivos. Es una buena práctica que podría replicarse en las universidades públicas y privadas de México que cuenten con esta licenciatura.

En la Ciudad de México funciona el programa llamado "Abogadas violeta"; las encuentras en las Fiscalías o en las Lunas, lugares a donde acuden las mujeres víctimas de violencia para denunciar. Ellas pueden ser tus defensoras. También hay abogadas en los Centros de Justicia para las Mujeres.

El modelo más eficiente en este país, que brinda una atención integral sin que las mamás tengan que ir a tres o cuatro instituciones distintas y trasladarse de un punto a otro, es el del estado de Coahuila. En un mismo lugar te brindan el acompañamiento jurídico en tu proceso civil, así como el penal, por si deseas iniciar ambos al mismo tiempo en relación con la pensión alimenticia, o por si requieres denunciar otras violencias de los agresores hacia ti o tus infancias, asesoría psicológica y hasta bolsa de trabajo.

En una visita que realicé a ese estado, charlé con la entonces directora general del Centro de Justicia y Empoderamiento para las Mujeres, Katy Salinas, quien me dijo que, por lo engorroso de los procesos de pensión alimenticia para las mamás, una de las prioridades de atención en los centros de justicia es que el mismo día que llega una mamá a solicitar la pensión el juez o jueza le otorgue una pensión provisional y, a su vez, dicte las medidas cautelares que pudiera requerir en caso de que se trate de un padre violento o agresor. Esto me pareció extraordinario.

En el transcurso del litigio se fijará la pensión definitiva, pero es menester para el estado garantizar los alimentos de las infancias de manera inmediata, como tendría que suceder en todo el país.

ABOGADAS *PRO BONO*

Colectivas de abogadas violeta y abogadas feministas también realizan defensa jurídica *pro bono*, es decir, no te cobran inicialmente sino hasta que el deudor alimentario cubra lo que debe. Generalmente solicitan 30% de lo obtenido del pago; unos, más abusivos llegan a cobrar hasta 50%. Por eso es importante hablarlo desde el inicio y firmar un contrato que tú misma puedes proponer.

SI OPTAS POR CONTRATAR REPRESENTANTE, FIRMA UN CONTRATO

Que tú le pidas a tu representante jurídico que firmen un contrato y se especifiquen los servicios y los montos que cobrará, así como lo que brindará a cambio del pago, no es usual, por lo regular todo es mediante un acuerdo hablado. Con frecuencia una vez que les pagas el monto total de lo que te solicitan para iniciar el juicio te dejan de contestar el teléfono, y hasta se molestan que les preguntes cómo va tu proceso, o simplemente ingresan la demanda de reconocimiento de paternidad o de pensión y no le dan seguimiento. Dicen que hace falta más dinero y así te traen. Una extorsión de la que no te das cuenta sino después de años. Terminas gastada económicamente, sin solucionar el problema de la pensión y, además, desmoralizada.

Somos presa fácil de litigantes sin ética que ven nuestra necesidad y lo afligidas que estamos porque no nos alcanza el dinero. Pasamos a convertirnos en su caja mensual donde saben que les haremos los pagos que nos solicitan, aprovechándose de nuestro desconocimiento sobre asuntos jurídicos para obtener cuantiosas cantidades de dinero. Al final desistimos porque ya no podemos seguirles pagando o ellos mismos nos dejan botadas en pleno juicio. No existe en México nada que sancione estos abusos porque, de entrada, si el acuerdo únicamente lo hicimos verbal, no hay ninguna prueba de su falta.

En cambio, si haces un contrato anexando la identificación de la persona a la que le vas a pagar por sus servicios con todas las especificaciones habidas y por haber, en caso de que no cumpla, puedes denunciarla y eso le generará desprestigio, por tanto, lo pensará dos veces antes de no cumplir con lo que se comprometió. Luego resulta que ni titulados están, pero se ofertan como abogados. Si no te percataste de que no tiene cédula profesional pero tu contraparte sí lo hizo, tu litigio no tiene ninguna validez jurídica.

Este es un ejemplo de contrato:

CONTRATO DE PRESTACIÓN DE SERVICIOS PROFESIONALES QUE CELEBRAN LA LICENCIADA JUSTICIA LÓPEZ PÉREZ, A QUIEN EN LO SUCESIVO SE LE DENOMINARÁ "LA ABOGADA", CON LA MAMITA DE MARÍA, A QUIEN EN LO SUCESIVO SE LE DENOMINARÁ "LA CLIENTA". DE CONFORMIDAD CON LAS SIGUIENTES DECLARACIONES Y CLÁUSULAS.

DECLARACIONES

I. "La abogada" declara:

a) Tener título profesional de licenciada en Derecho otorgado por la Universidad de la Vida, ubicada en la Ciudad de las Niñeces con registro ante la SEP 09739TUPUEDES987 y que tiene por actividad profesional la prestación de servicios legales en diversas áreas del Derecho.

b) Que su título está inscrito ante la Dirección General de Profesiones de la Secretaría de Educación Pública y que cuenta con cédula profesional electrónica número 111211, consultable en la página de internet: www.cedulaprofesional.sep.gob.mx/avanzada.

c) Que se especializa en los servicios del presente contrato y que conoce el procedimiento a llevar ante el Poder Judicial del Estado de México.

d) Que durante todo el procedimiento actuará con ética y lealtad hacia "la clienta".

e) Que tiene su domicilio ubicado en la calle de Registro de Deudores número 203, en la colonia Padres Irresponsables, con código postal 90708, en el Estado de México.

f) Estar inscrita en el Registro Federal de Contribuyentes bajo el número JUS098987-MOM.

II. "La clienta" declara:

a) Ser una persona física con principal actividad el comercio y el hogar.

b) Que requiere la prestación de servicios legales en el Estado de México y que es su intención celebrar este contrato con la licenciada Justicia López Pérez, pues reconoce la experiencia de "la abogada" en la materia objeto del mismo y ha aceptado seguir la estrategia legal que se le ha propuesto con base en la información que "la clienta" le entregó y que "la abogada" conoció, consistente en ingresar con fecha 08 de septiembre del año 2024 la demanda de pensión alimenticia contra el señor José Deudor Gómez ante los juzgados familiares y dar seguimiento hasta la culminación del proceso en el que "la clienta" reciba lo correspondiente al pago de ese derecho de la infancia de iniciales P.A.G.A. El servicio cubrirá los costos de traslados y copias que llegasen a ocuparse, por lo que no se le requerirá ningún otro pago extra. A su vez, haré llegar por escrito cada mes, un reporte del estado que guarda su litigio al correo: justiciaparalasinfancias@gmail.com a partir de la fecha mencionada de ingreso de la demanda.

c) Que su domicilio es el ubicado en Calle Autonomía para las Madres número 490, colonia Libertad, municipio de Metepec, en el Estado de México.

d) Que tiene la capacidad y las facultades necesarias para obligarse conforme a los términos establecidos en el presente contrato.

e) Que es voluntad de ambas partes celebrar el presente contrato.

f) Que los servicios legales de "la abogada" comenzarán a prestarse a partir de la fecha de firma del presente contrato.

CLÁUSULAS

- **PRIMERA. Servicios legales materia del presente contrato**

  "La abogada" se obliga a prestar a "la clienta" los servicios legales consistentes en el patrocinio relacionado con el procedimiento primera instancia de controversias del Derecho Familiar y el Estado Civil de las Personas, tramitado ante los juzgados familiares de distrito judicial de Metepec del Poder Judicial del Estado de México.

  En el cumplimiento de esta cláusula primera, "la abogada", sus socias y empleadas actuarán de manera diligente y de buena fe dentro de esta primera instancia a efecto de lograr un resultado que favorezca a los intereses de "la clienta".

- **SEGUNDA. Ausencia de conflicto de interés**

  "La abogada" es consciente de su obligación de conducirse con ética, honestidad y lealtad, por lo que en este momento confirma no tener conflictos de interés alguno que le impidan prestar los servicios en materia del presente contrato de manera libre e independiente y representar diligentemente y con estricto apego a la moral los derechos de "la clienta".

- **TERCERA. Secreto profesional**

  "La abogada", sus socias y empleadas guardarán en confidencia cualquier información proporcionada por "la clienta" durante la vigencia de este contrato y en lo posterior con respecto a los servicios legales materia de este. La obligación de mantener el secreto profesional perdurará, aún después de ejecutado o agotada la vigencia de este contrato.

- **CUARTA. Confidencialidad**

  "La abogada" reconoce que durante la prestación de los servicios legales objeto de este contrato conocerá información de "la clienta" que es confidencial y que incluye secretos familiares. Dicha información deberá permanecer de exclusiva propiedad de "la clienta" y "la abogada" deberá conservarla en estricta confidencialidad, obligándose a no revelarla a ningún tercero sin el consentimiento de "la clienta", salvo que el despacho sea requerido por alguna autoridad administrativa o judicial.

- **QUINTA. Honorarios**

  Por los servicios descritos en la cláusula primera de este contrato, "la clienta" pagará a "la abogada", por concepto de honorarios, la cantidad de quince mil pesos ($15,000.00 M.N.) como único pago por este servicio, que serán depositados a la cuenta del Banco Maravillas 0993182987 en el transcurso de tres días a partir de la firma del presente contrato.

  La falta de pago por parte de "la clienta" dará lugar a la cancelación de los servicios sin responsabilidad para "la abogada".

- **QUINTA BIS. CUOTA LITIS**

  En el caso de que se logre mediante sentencia el objetivo del presente contrato, "la clienta" pagará a "la abogada", por concepto de Cuota Litis, una cantidad equivalente al 30% del valor del monto total de la condena a favor de "la clienta".

"La abogada" y "la clienta" acuerdan que la Cuota Litis deberá de pagarse dentro de los siete días siguientes de que se emita la sentencia condenatoria.

La Cuota Litis antes descrita será también aplicable en caso de que el objetivo u objetivos que persiguen los servicios materia del presente contrato se alcancen mediante convenio, conciliación o transacción.

- **SEXTA. Gastos**

Los gastos en que incurra "la abogada" por el cumplimiento de sus obligaciones bajo la cláusula primera de este contrato serán costeados con la misma cantidad depositada por el costo total del proceso materia de este contrato y que incluyen: gastos de copias y gastos de viáticos por diligencias. La única salvedad que será costeada por "la clienta" son los gastos notariales, así como la contratación de peritos de alguna especialidad técnica que se requieran para el planteamiento del asunto encomendado. "La clienta" deberá solventar dichos honorarios y pagos correspondientes directamente al perito que en su caso elija o recomiende "la abogada".

- **SÉPTIMA. Vigencia y aplicación**

El presente contrato comienza su vigencia a partir de la firma de "la clienta" con "la abogada" y sus efectos cesarán al finalizar el cometido por el cual fueron contratados los servicios.

Metepec, Estado de México, a 04 de septiembre de 2024

$

____

Justicia López Pérez
La abogada

♥

____

Mamita de María
La clienta

Verdad Martínez
Testigo

Fortaleza Zárate
Testigo

(Se anexan copias de las identificaciones oficiales de los firmantes al presente contrato y de la cédula profesional de la persona defensora jurídica)

En la página www.lawdepot.com/mx/contrato-de-prestacion-de-servicios/ el robot te permite generar de forma gratuita un contrato sencillo que te puede ser útil para ocuparlo con la persona que decidas que sea quien te represente jurídicamente en el juicio. Solo cerciórate de colocar un apartado donde vengan las obligaciones o a lo que va a comprometerse el abogado y que el costo total del servicio incluya la emisión de la sentencia provisional, tratándose del reconocimiento de paternidad, y para la pensión alimenticia la sentencia provisional y también la definitiva emitidas durante todo el proceso.

SI ELIGES ABOGADA DE OFICIO

Con las abogadas de oficio no podrás firmar contrato y dependerás de la carga de trabajo que tengan, de su humor y empatía contigo y con tu caso. Las defensoras de oficio son asignadas en el juzgado antes de llenar la solicitud, lo mismo cuando lo solicitas en las secretarías de las mujeres o en las Lunas en la Ciudad de México. Una vez que tienes a tu abogada de oficio compártele todas las dudas que tengas sobre el proceso.

Ten clara cada una de las fases, cuál será la información que se requerirá, cuándo ingresará la demanda al juzgado y qué es exactamente lo que esa persona realizará y de qué te encargarás tú. Regularmente llevan tu caso, pero podrán requerir que tú vayas por copias o entregues ciertos oficios, cual si fueras practicante de su despacho. No siempre sucede, pero es recurrente. Mentalízate que así será para no desistir. Ten presente que es necesaria tu insistencia y persistencia para preguntarle cómo va tu proceso. Si ingresas la demanda y esperas a que la abogada de oficio te llame, puedes demorar más tiempo del requerido. Mantente siempre atenta.

A nivel federal existe el Programa de Apoyo a Instancias de Mujeres de las Entidades Federativas (PAIMEF), operado a través de las Instancias de Mujeres en los estados, en donde hay abogadas gratuitas capacitadas en pensiones alimenticias. Son recomendables. Pregunta en tu estado por las abogadas del PAIMEF.

Consejo: Si tienes que elegir entre un abogado de oficio del juzgado (que lleva litigios de todas las áreas y que, por tanto, no está especializado en materia familiar, específicamente en pensiones alimenticias) y una abogada que labore en instituciones de las mujeres, opta por la segunda opción. Si inicias con uno de oficio del juzgado, en el caso de las demandas por comparecencia, posteriormente puedes acudir a la instancia de las mujeres y pedir que lleven tu caso.

¿CÓMO SABER SI MI REPRESENTANTE LEGAL ESTÁ HACIENDO UN BUEN TRABAJO?

Los abandónicos y sus abogados son muy mañosos. Si notas que transcurre un mes y tu defensora jurídica te dice que ha sido "imposible encontrarlo", acude al juzgado y pide hablar con la persona que se encarga de notificar. A ese funcionario se le llama "notificador, secretario actuario, diligenciario o actuario judicial". Que no te confundan, su función es exactamente la misma; solo cambia el nombre dependiendo de la ciudad en la que vives. Pregúntale qué es lo que ha pasado.

Nos hemos percatado de cucarachos que les dan 100 pesos para sobornarlos: "Ponle que no me encontraste y date la vuelta al otro mes. Aquí te sigo dando para tu refresco". Así ganan tiempo y a ti te desgastan. Lo que puedes hacer es pedirle la información directamente al encargado de hacer la notificación, qué día y a qué hora va a ir a buscarlo, le dirás que vas a acudir y te tiene que permitir acompañarlo. Cuando vayan a dejarle la notificación, toma fotos y graba en el caso de que en su trabajo o domicilio no quieran recibir el documento.

En sentido estricto, quien notifica debe darlo por notificado, valga la redundancia, con el solo hecho de que el recepcionista de la oficina, el portero del condominio que habita o su familiar confirmen que ahí labora o vive, aunque no firmen de recibido. Aquí te sugiero que discretamente tomes fotos cuando llegue y hable con las personas que lo atiendan y se las compartas al notificador para que las agregue a su reporte y demuestre que la notificación fue legal.

Por eso es importante que te cerciores de que así suceda, y si el cucaracho argumenta en el juzgado que no lo notificaron, ahí están las fotos y puede incurrir en el delito de fraude procesal por mentirle al juez para evadir pagar los alimentos de sus infancias. Ante tal circunstancia, y al verse acorralados, los cucarachos suelen pedir la "nulidad de esa notificación" por no haber recibido "en mano el documento", pero regularmente los jueces los ignoran por tratarse de un juicio que prioriza el interés superior de las infancias.

Si contrataste a una abogada particular, es deber de tu representante jurídica acompañar a quien notificará al cucaracho. Desde ahí puedes saber si está haciendo bien o no su trabajo. Si su respuesta es que "no dan con el señor", pregúntale cuándo fue a buscarlo con el notificador, a qué domicilio y a qué hora. No tengo pruebas, pero tampoco dudas de que entre abogados se han llegado a poner de acuerdo para favorecer al abandónico, más si este es un sujeto solvente o muy solvente económicamente.

La defensa legal de la mamá puede venderse y no dar información sobre el "desaparecido", lo cual también puede hacerlo el actuario. Por eso hay que estar *pilas* en las notificaciones. Sugiere una hora en la que sepas que se encuentra en cada uno de los lugares que señalaste en la demanda para conseguir notificarlo.

RED FLAGS DE UN MAL ABOGADO

1. Se niega a firmar un contrato contigo por sus servicios como abogado, o se molesta si se lo propones.
2. No te permite acceso al expediente.
3. No te comparte los oficios dirigidos al juez o jueza que va ingresando.
4. No te envía foto o copia del acuse de recibo de los escritos que presenta o dice presentar.
5. Se molesta si le dices que quieres acompañarlo al emplazamiento del abandónico (se le llama así a la primera notificación que se le realiza).
6. No te contesta las llamadas o te deja en visto los mensajes cuando tienes dudas y se las haces saber.

7. Su lenguaje es a partir de prohibiciones como: "Usted tiene prohibido ir sin mí al juzgado…".
8. Te amenaza con dejar el proceso y te dice que busques otro abogado si continúas preguntando directo en el juzgado por tu asunto, en lugar de proponer acompañarte para que te sientas más segura.
9. Insiste en que se lleven a cabo las convivencias libres de la criatura con el progenitor a pesar de su incumplimiento con la pensión alimenticia, de ser violento contigo o de haber amenazado con quitarte a tu hije, sugiriendo que lo más importante es el vínculo paterno antes que tu propia seguridad y la de la criatura.
10. Te cobra hasta 1 000 pesos por las copias sin justificar el gasto (los tribunales emiten recibos por los pagos de copias).
11. Te pide que vistas de cierta forma para ir al juzgado y fiscaliza tus redes sociales.

SUGERENCIAS DE IDA Y VUELTA PARA UNA BUENA DEFENSA JURÍDICA

1. Tu representante jurídico coincide en firmar un contrato de servicios.
2. Te informa del ingreso de tu demanda y envía foto del acuse de recibo del juzgado.
3. Te mantiene informada.
4. Te comparte los acuerdos de lo que va ocurriendo en tu asunto.
5. Responde tus dudas y contesta tus mensajes, aunque no necesariamente de forma inmediata. No te deja en visto.
6. No intenta seducirte, ni te cita en su casa o en lugares para "convivir". Eso sería aprovecharse de tu vulnerabilidad y si

ocurre, debes dar por concluidos sus servicios en los mejores términos posibles. O bien, rechazarlo tajantemente, tener una conversación incómoda y poner límites de ahí en adelante.

7. A los abogados no se les besa. Evita romper esa línea de tu lado si es que llegas a sentirte atraída por él. Hay altas probabilidades de que eso no culmine bien. No pongas en riesgo tu proceso ni tu salud emocional.
8. Evita escribirle tres veces al día o llamarle diario. No te conviertas en una clienta que el abogado alucine. Sé consistente en tus dudas. También evita llamarle en fines de semana, a menos que sea estrictamente necesario o urgente.
9. Tu abogado o abogada no es tu psicólogo ni el Cristo vengador justiciero. Busca terapia si quieres sentirte escuchada para conversar sobre asuntos que, si bien son importantes para tu salud mental, no tienen nada que ver con lo jurídico.
10. Tu abogado no es tu papá ni tienes por qué tenerle miedo. "Mi abogado no me dejó…", "mi abogado me prohibió…", "mi abogado se enojó…", son frases de mamás que confunden la contratación de servicios de un profesional con un sujeto que las paterna. Es distinto si, desde el lenguaje, las manifestaciones son: "Mi abogado piensa que…", "mi abogado considera que…". Te puede sugerir, proponer, poner a consideración, pero no regañar, mandar o reprender. Muchas mamás autónomas vienen de obedecer al abandónico narcisista y es fácil que le den ese espacio al abogado que tendría que ayudar, pero que no deja de tener una cultura machista, pues se trata de un hombre, no obstante también llega a pasar con abogadas, aunque son las menos.
11. Te propone judicializar al cucaracho desde el inicio y te explica ambos procesos: el civil y el penal.

¿LE PAGO TODO EN UNA SOLA EXHIBICIÓN?

No sueltes inicialmente todo el dinero del costo que te proponga cualquier abogado por llevar tu juicio. Sobre todo si no tienes, por lo menos, tres referencias de su eficiencia. Hay muchos abusivos e incapaces que solo te prometen las perlas de la virgen y que casi le van a cooperar al cucaracho con tal de sacarte dinero. Somos un negocio redondito para este gremio. Habrá quienes te ofrezcan sus servicios en abonos chiquitos y sin firmar contrato; huye de inmediato, porque son los peores.

Te proponen que les des una cantidad fija cada mes y son ellos mismos quienes van alargando el proceso, no están pendientes de las notificaciones, porque encontraron en ti una fuente de ingresos. Propón hacer el pago en dos partes, la mitad al inicio y la otra mitad al final, y que ya incluya las copias, porque después te piden más cada 15 días para eso.

Elabora tú misma un recibo en el que se especifique el pago inicial y las características del segundo y final. O bien, si acordaron un monto total por el servicio y tu presupuesto se ajusta a pagar mensualidades, que te firme recibos mensualmente y que quede asentado de esa forma en el contrato. Notarán que tendrán que irse derechitos, o al menos pensarán dos veces en no cumplir el acuerdo. Si resultan ser hampones, los podrás denunciar.

¿QUÉ HAGO SI EL ABOGADO INCUMPLE CON EL CONTRATO?

Tienes la posibilidad de denunciarlo por incumplimiento de contrato ante el juzgado civil y también por el delito de abandono de defensa en la Fiscalía, con lo cual puede perder su cédula profesional por varios años.

Ahora que ya tienes un radar más amplio, pasemos al siguiente paso para situarte en el proceso jurídico que te corresponde.

IDENTIFICA TU PROCESO JURÍDICO

Existen dos momentos para la solicitud de pensión alimenticia y dependen de si el abandónico reconoció o no a la criatura ante el Registro Civil:

a) Si el cucaracho no registró a la infancia, deberás iniciar el reconocimiento de paternidad, y una vez que se acredite la filiación o parentesco sanguíneo mediante la prueba de ADN, solicitar la pensión. En algunos estados se puede reclamar en la misma demanda.

b) Si le dio su apellido ante el Registro Civil y tienes el acta de nacimiento, puedes solicitar la pensión alimenticia.

¿QUÉ HAGO SI ME ABANDONÓ DURANTE EL EMBARAZO Y SE NIEGA A RECONOCER A MI HIJE?

La normalización del abandono paterno en México provoca que millones de hombres nieguen su paternidad desde el embarazo y dejen a la deriva a las mujeres. Se “desaparecen”, te bloquean del teléfono —igual que el Señor M— y siguen su vida como si nada pasara. Para ellos no hay ninguna sanción ni condena social, es más, no sabemos con certeza cuántas infancias podrían tener en abandono los sujetos que andan muy tranquilos por la calle; en cambio, las mujeres no podemos ocultar a nuestres hijes, de entrada porque la panza nos crece bastante y luego porque cargamos con ellos.

Ante esa situación, las mamás tenemos que ir al Registro Civil para ponerle un nombre y nuestros apellidos a la criatura, porque nos apremia contar con el acta de nacimiento para hacer trámites básicos, como solicitar la cartilla de vacunación o inscribirlos a una escuela. No es casualidad que algunas mamás esperen lo más posible para ver si el cucaracho las busca y registra a la infancia, pero esto no sucede.

Un abandónico al que no le interesó tu salud ni la de su hije en gestación requiere ser demandado para que cumpla. No hay más, el resto es mero romanticismo. Deja de esperar a ver cuándo se arrepiente. Busca algún documento de identificación y domicilio que tengas de él y, con una copia de tu INE, harás lo siguiente:

1. **Si estás gestando, es delito el abandono de una mujer embarazada** en Nuevo León y Guerrero. En Baja California recientemente se aprobó como parte de las reformas de la Ley Sabina. Acude a la Fiscalía más cercana a levantar tu denuncia por este delito. En otras entidades no es específico, pero puedes hacerlo por *abandono de persona*, que seguro se encuentra en el Código Civil local. Si el MP no quiere levantarte la denuncia, pon una queja; pregúntale por qué no cumple con su función y grábalo. No pueden negarte levantar tu denuncia y abrirle una carpeta al cucaracho. Consulta el artículo 20 de la Constitución referente a los derechos de la víctima u ofendido.

   Hay mucho machismo en el Poder Judicial. No te desanimes. Sé firme y clara en tu petición. La denuncia te servirá por si al cucaracho después se le ocurre demandarte la guarda y custodia de la criatura, que es clásico. Su mala fe, desinterés e irresponsabilidad deben ser considerados por la autoridad juzgadora como elementos para negárselas. Aunado a que podrás reclamar la reparación del daño ocasionado.

2. **Guarda recibos o facturas** de las consultas con la ginecóloga y del parto (en el caso de que el alumbramiento sea en un hospital privado). Procura que vengan a tu nombre. Los abandónicos y sus argucias legales buscarán no pagar o pagar lo menos posible. Ese dinero deberá reembolsártelo el sujeto cuando le acredites su paternidad mediante la prueba de ADN.

Consejo: Todas las facturas son importantes durante el desarrollo del litigio, no solo en el embarazo. Es una locura tratar de conservar todas, pero tómate un té de tila, alinea tus chakras y almacénalas en una cajita, una a una. Los gastos del dentista, el boleto del cine cuando la infancia crece, de la ropa que le compras, absolutamente todo. Ayuda a cuantificar lo que te adeuda el cucaracho y a demostrar ante el juzgado la calidad de vida de la infancia.

Sé cuidadosa con los tickets del supermercado. Conozco el caso de un cucaracho que usó en contra de la prima de una amiga un ticket donde venía la compra de pañales, leche y un vino. Aunque no se le estaba cobrando el vino, aprovechó para denunciar a la mamá de alcohólica, viciosa, y pedir cambio de guarda y custodia con tan solo seis meses de nacida la criatura. Increíble, pero cierto. Procura que los tickets sean específicos de los gastos de la criatura. Si te es posible separar sus artículos, es mejor. Pero si sientes que es mucha carga mental, basta con no incluir bebidas alcohólicas, aunque sea una con mínimo grado de alcohol. Estos sujetos son tremendamente creativos para evadir la pensión y buscar dañar a la madre.

3. **Una vez que nazca la criatura, acude al Registro Civil y ponle tus apellidos**. Eso no significa que ya no podrás reclamarle la pensión, al contrario, es el documento que te permite iniciar la demanda de reconocimiento de paternidad. Si alguien más que no sea el padre biológico le da su apellido, hará más tardado el litigio. Aun con esta circunstancia se puede promover, pero será más tardado.
4. **Con el acta de nacimiento acude al juzgado de lo familiar**, acompañada o no de un representante jurídico, y solicita demandar al abandónico por reconocimiento de paternidad y pensión al mismo tiempo, en una sola demanda. Muchos abogados, con tal de que les pagues dos veces, te sugieren iniciar una demanda y después otra. Son artimañas para cobrarte más y hacerlo más tardado. No es recomendable.

   En la demanda, anota dos o más direcciones donde pueda ser localizado el cucaracho, con sus respectivos croquis de ubicación y calles laterales con las que colinda. Su casa, el lugar donde renta, la casa de su madre o padre, su domicilio conyugal en caso de que tenga nueva pareja o una anterior, de su trabajo o negocio, para que si no le notifican en un lado, lo hagan en otro.

Requisitos que te piden en el juzgado para demandar el reconocimiento de paternidad:

1. Acta de nacimiento de la criatura.
2. Datos de localización del cucaracho.
3. De ser posible, copia del INE del abandónico.
4. Croquis de localización de al menos dos domicilios donde se le pueda notificar.

5. Evidencias de que tuviste una relación con él: fotos de mensajes de WhatsApp, videos, mensajes de texto y dos testigos.

EXPERIENCIAS DE MAMÁS EN ESTA ETAPA

Yolanda inició el reconocimiento de paternidad de su hija, se tomaron las muestras de ADN en periciales de la Fiscalía de Oaxaca, los resultados llegaron al juzgado y su abogada le avisó de la audiencia para abrir el sobre de los resultados. Acudió el cucaracho, su abogado y ella con su defensa. La compatibilidad genética fue de 99.9%, pero el juez no le fijó de inmediato una pensión provisional, como debió haber ocurrido. El juez le dijo que para fijarle una pensión provisional debió solicitarlo en la misma demanda. Absurdo y vergonzoso nuestro sistema de justicia.

Ella se tuvo que amparar para no esperar más tiempo y su hija recibiera lo que le corresponde. Un juzgador sin perspectiva de género que le pudo ahorrar ese procedimiento haciendo su trabajo en un asunto de carácter oficioso, por tratarse de infancias.

Gisela también solicitó un reconocimiento de paternidad de su hijo en la Ciudad de México. Contrario a lo que sucedió con Yolanda, su abogado sí solicitó, en la misma demanda de reconocimiento de paternidad, la pensión alimenticia. Una vez que se acreditó la compatibilidad genética, el juez les dijo en la audiencia que no podía fijarle una pensión porque son procesos distintos, pese a que se lo habían solicitado.

Desde 2016, en los tribunales de la Ciudad de México hay un retraso en la implementación del nuevo modelo de justicia oral que limita el acceso expedito de las infancias a su pensión debido a que no han actualizado su sistema para que en un mismo proceso el juez ordene la pensión provisional inmediata.

Con este panorama, la sugerencia es que en la misma demanda se soliciten tanto, el reconocimiento de paternidad como la pensión alimenticia. Lo peor que puede pasar es que el juez ordene hacer los procesos por separado, pero es mucho mejor esto a que te suceda lo de Yolanda, donde sí había posibilidad de que el juez emitiera la provisional, pero ¡no fue solicitada! Es mejor que sobre y no que falte.

¿QUIÉN PAGA LA PRUEBA DE ADN?

Aunque el sentido común nos indique que quien debe garantizar el derecho a la identidad de una infancia es el Estado y, por tanto, el Estado tendría que asumir el costo de la prueba de ADN para después cobrárselo al cucaracho, en la legislación de casi todo el país las madres son quienes están obligadas a pagar entre 8 000 y hasta 20 000 pesos por el examen, cuyo precio es distinto en cada entidad. En algunas la mitad la paga la mamá y la otra mitad el presunto padre, como es el caso de la Ciudad de México. Esto bajo la presunción de justicia patriarcal de que "quien acusa está obligado a comprobar". Es una realidad que la mayoría de las mamás autónomas no tiene los recursos para pagar la prueba y desiste de la demanda.

En Oaxaca, donde iniciamos con un activismo muy fuerte para visibilizar la violencia económica de los abandónicos, nos reunimos con el entonces presidente del Tribunal Superior de Justicia, quien escuchó nuestra petición sobre la necesidad que tenemos las madres de acceder a exámenes de ADN sin costo en los litigios de paternidad. Actualmente es el único estado del país donde el servicio de pruebas de ADN es gratuito y se garantiza el derecho a la identidad de las criaturas. Fue un logro colectivo muy importante de la Ley Sabina.

Para el Poder Judicial, las maternidades somos un gran negocio, desde la cantidad de jueces, peritos y actuarios que son sobornados por los cucarachos para evadir sus obligaciones, hasta los exámenes de ADN, que son pagados en más de la mitad del país únicamente por las mamás que desean que sus hijes sean reconocidos por los progenitores para demandarles la pensión alimenticia.

El estratosférico costo de 20 000 pesos del examen genético que imponen los juzgados de la Ciudad de México no coincide con los 3 000 pesos que cobra un laboratorio particular como El Chopo en la misma ciudad, en el que se entiende que lleva implícita una ganancia, pues se usa el mismo tamiz de prueba. ¿Quién lucra con la justicia para las infancias?, ¿quiénes son los proveedores de esos tamices en el Poder Judicial?

¿QUÉ ES PREFERIBLE, EL EXAMEN DE ADN EN LA FISCALÍA O EN LABORATORIO PARTICULAR?

En medio de la demanda de reconocimiento de paternidad, llegamos a un acuerdo con el Señor M. Según sus valores éticos lo único que quería era "tener certeza" de que Sabina fuera su hija, por lo que si encontraba un laboratorio certificado a menor costo, le bastaba esa prueba para reconocerla. Lo hicimos así. Nos evitamos pagar 20 000 pesos y acudimos con la niña a un laboratorio que cobró cerca de 3 000 pesos. Él los pagó y nos la enviaron a los 20 días a los correos electrónicos de ambos. El lugar, la atención y el servicio fue de primera.

La prueba positiva le dio la certeza al Señor M de su duda legítima. Efectivamente cumplió y reconoció a nuestra hija ante el Registro Civil a los pocos meses. Es necesario señalar que la prueba en un laboratorio particular *no tiene valor probatorio*, pero puede servir en el caso hipotético de que el cucaracho, después de acudir a ese tipo de pruebas externas para comprobar su paternidad, se eche para atrás al acudir al juzgado al reconocimiento de paternidad, pues al anexar la prueba a la demanda, el juez la deberá tomar en cuenta porque se la hizo de manera voluntaria.

He dado seguimiento a casos de corrupción en los que el cucaracho es político o empresario con mucho dinero y compra el peritaje. Es más barato para personajes siniestros pagarle 300 000 pesos a un laboratorista que pagar años de retroactivo a sus hijes. ¿Sucede?, sí.

¿Qué puedes hacer si tienes el temor del tráfico de influencias del abandónico, si en su familia hay jueces, magistrados o simplemente no confías en el peritaje de la Fiscalía? Solicitar en tu demanda inicial, al ofertar los medios de prueba, que se incluya a un perito que tú contrates para que el mismo día en que el juez cite al progenitor en la fiscalía para la realización de la prueba también acuda tu perito y le sea más difícil al señor torcer el resultado.

Otro asunto de cuidado es que no en todas las fiscalías de los estados cuentan con peritos acreditados como genetistas y ese vacío legal lo aprovechan los cucarachos en complicidad con los jueces para echar abajo las pruebas de ADN, aunque el examen se haya realizado en periciales con dictamen positivo. Recomiendo que, previo a la prueba, te informes sobre quién será el personal médico que realizará el procedimiento y busques su respectiva cédula profesional.

¿QUÉ PASA SI EL CUCARACHO NO SE PRESENTA A LA PRUEBA DE ADN?

Una vez admitida la demanda de reconocimiento de paternidad en el juzgado, el reto será notificarlo. Si el cucaracho no se presenta a la audiencia, se considera rebeldía. Por fortuna, la ley contempla que si el señor no responde la demanda y se niega a acudir al juzgado, se darán por ciertos los hechos imputados; es decir, el juez o jueza confirmará que la criatura es su hije. Posteriormente, el juez o la jueza ordenarán al Registro Civil que genere su acta de nacimiento con el apellido del progenitor y es a partir de ahí que inicias el proceso de demanda de pensión alimenticia.

¿QUÉ HACER SI NO SE FIJA LA PENSIÓN PROVISIONAL INMEDIATA UNA VEZ ACREDITADA LA PATERNIDAD POR ADN?

Hay infinidad de casos en los que, una vez abierto el sobre de ADN que confirma la compatibilidad genética, el juez no fija la pensión inmediata provisional. Te dejo el siguiente escrito que puedes ingresar si esto te sucede:

> EXP. No. XXX/2021
> SEGUNDA SECRETARIA
> C. JUEZ CARLOS MONDRAGÓN
> FAMILIAR DEL DISTRITO JUDICIAL DEL CENTRO
> PRESENTE
>
> FULANITA LÓPEZ, con la personalidad que tengo reconocida en autos del presente expediente, ante usted con respeto comparezco y manifiesto:
>
> Toda vez que por diligencia de fecha 5 de mayo del año en curso se llevó a cabo la apertura del sobre que contenía el dictamen pericial emitido por la perito en genética forense adscrita a la Dirección de

Servicios Periciales del Consejo de la Judicatura del Poder Judicial del Estado de Guerrero, en el cual se determina que la prueba de ADN realizada a la suscrita, demandado y mi menor hijo resultó positiva y por ende se determina que el demandado es el padre biológico de mi hijo de iniciales x.x.x., por lo que al existir dicha determinación a través del resultado de la citada prueba y que se considera indicio indubitable y suficiente para que tomen las medidas urgentes y necesarias para garantizar una pensión alimenticia a favor de mi hijo, aunado a que los alimentos son de interés público, urgente necesidad y resaltando el interés superior del menor a recibirlos sin ser aplazados, con fundamento en los artículos 386 y 397 del Código de Procedimientos Civiles vigente en el Estado, solicito que como medida urgente fije pensión alimenticia provisional a favor de mi menor hijo de iniciales x. x. x. ., que sea suficiente para sufragar dichos gastos; lo anterior tomando las siguientes consideraciones:

a) Gastos en salud, terapias, educación… etc.

Lo anterior, toda vez que el demandado PAPITO CORAZÓN MÉNDEZ, como trabajador de la empresa Ponte las pilas con sede en el estado de Guerrero, percibe ingresos para poder sufragar los gastos de alimentación para mi citado hijo; asimismo, percibe ingresos por venta de productos de limpieza; por lo anterior, solicito se gire el oficio a la oficina de Recursos Humanos de la dicha empresa ordenando el porcentaje que su señoría determine como concepto de pensión alimenticia suficiente para sufragar los gastos de alimentación a favor de mi hijo, misma que tiene su domicilio en calle XXX, colonia Centro, en esta ciudad de Guerrero; o bien y con la finalidad de no transgredir el derecho humano de mi hijo a percibir alimentos, solicito se fijen los salarios mínimos suficientes para garantizar el pago de dichos alimentos, mismos que deberán ser depositados en la cuenta bancaria número XXX, de la institución denominada XXX.

b) Por lo anteriormente mencionado y fundado; a usted C. Juez Familiar del Distrito judicial del Centro, atentamente solicito fijar la pensión alimenticia provisional a favor de mi menor hijo, tomando con la finalidad de no transgredir su derecho humano a recibir de forma urgente e inaplazable alimentos.

PROTESTO LO NECESARIO.
Chilpancingo, Guerrero, 10 de mayo de 2024.
FULANITA LÓPEZ

SI TIENES DUDAS DE LA PATERNIDAD, NO TENGAS MIEDO Y DEMANDA

Puede pasar que una mamá tenga dudas sobre quién es el progenitor, pero tiene miedo a ser juzgada o a demandar a uno y que sea el otro. El costo social de decir "no sé quién es el papá" es muy alto en una sociedad machista. Si los hombres engendraran, seguramente estaría normalizado que las tres personas de este asunto hipotético pudieran conversar y acudir juntas a hacerse la prueba de ADN, pero como se trata de nosotras las mujeres, hay una persecución social si dudamos del esperma. Ojalá que las mujeres perdieran ese miedo y demandaran al presunto progenitor o progenitores. La responsabilidad sexual es personal y la culpa no es solo de quien se embaraza.

A las mamás que no estén seguras del donador de esperma les funcionaría echarles un ojo a las formas de comprobar la filiación genética por medio de un isopo con saliva, cabello con raíz, y múltiples ofertas de laboratorios de prestigio en variedad de ciudades. Podrías invitar a comer al *sujeto A* y luego al *sujeto B.* Con estrategia consigues los dos cabellos que necesitas de cada uno, los envías al laboratorio y así tendrás más confianza en iniciar tu demanda.

¿PUEDE LLEVAR UNE HIJE PRIMERO EL APELLIDO DE LA MAMÁ EN UN RECONOCIMIENTO DE PATERNIDAD?

En México se permite colocar primero el apellido materno de la madre y después el del padre, pero únicamente en el nacimiento, en una primera acta ante el Registro Civil. En los reconocimientos de paternidad no está legislado todavía la modalidad de que se pueda realizar en una segunda acta, como es el caso del reconocimiento. Sin embargo, si es el deseo de ambos progenitores y el Registro Civil lo autoriza, puede suceder. Si no se los permiten, pueden ampararse y seguramente el falló será a su favor.

Ya existe un caso en la SCJN en el que un padre y una madre deseaban colocarle sus apellidos maternos a la infancia. La Corte lo avaló. Así que no habrá ningún problema, solo la demora del tiempo para que se emita la resolución de la autoridad.

Sabina lleva primero el apellido de su madre. Subí la foto de ese suceso a redes sociales y causó mucho revuelo. Representa para nosotras un acto de justicia, dignidad y reivindicación.

¿Y SI EL PROGENITOR VIVE EN OTRO ESTADO?

La demanda de reconocimiento de paternidad o de pensión alimenticia por demanda o por convenio pueden concretarse aun cuando el progenitor viva en otro estado. En el primer supuesto, lo preferible es que la ingreses en el juzgado que a ti te quede más cerca para que no tengas que trasladarte con la criatura al lugar donde viva el cucaracho. Aunque el juez familiar de la entidad en la que te encuentras debería coordinarse con su homólogo del estado donde vive el cucaracho y emplazarlo para que dé contestación, esto puede durar hasta un año si es de forma oficiosa.

Por el contrario, si contratas a un abogado particular, seguramente será más rápido porque será este quien se traslade a la entidad donde vive el abandónico para cerciorarse de la notificación, lo que implica cubrir los costos de sus viáticos. Solo revisa bien el número de días que tiene que ir, el hotel en que se hospedará y paga un monto razonable. Le tienes que dar para sus gastos, no le tienes que pagar sus vacaciones.

Consejo: Cuando acudí a un Centro de Justicia para las Mujeres, la encargada no tenía ni idea de qué hacer conmigo porque radico en la Ciudad de México junto con Sabina, mi hija, pero el progenitor vive en la ciudad de Oaxaca. Me puso una cara de: "¡Ay, señora, la va a tener muy difícil!". No era una abogada civilista, sino más bien de chile, limón y manteca, porque ahí atienden violencias sobre todo intrafamiliares. Me dijo que tenía que interponer la demanda en Oaxaca. Hice maletas, viajé y una amiga me recomendó a su abogado. Le conté que de la Ciudad de México me habían mandado hasta ahí. Mañosamente me dijo que estuvo bien.

Después supe, leí y me informé que el Código Civil Federal, en lo relativo a la familia, señala que la demanda se ingresa en el lugar de residencia de la infancia, pero también puedes hacerlo directamente en la ciudad donde radique el demandado. Le pagué 15 000 pesos al abogado, pero un juez rechazó mi demanda porque mi hija vive en la Ciudad de México. El abogado me dijo que lo sentía y no podía hacer nada, que siempre sí era mejor que la pusiera en la capital. Sabía eso desde el inicio y se robó mi dinero. ¡No tuvo ni tantita progenitora! Da mucha impotencia encontrarte a abogados abusivos. Pude ampararme porque el juez debió aceptarla, pero no seguí.

Volviendo a lo que nos ocupa, la diferencia entre ingresar la demanda en donde vives o en donde vive el cucaracho está en los tiempos que demora la notificación. Si la ingresas en el estado en el que vive el abandónico, seguro será más rápido que el juzgado familiar local lo emplace para que responda la demanda.

Si decides ingresar la demanda en el lugar en donde vives tú con la infancia, tendrás que costear los viáticos del abogado, y tuyos si deseas acudir, a la entidad del cucaracho y acompañar al notificador. El trámite tarda mínimo de seis meses a un año solo para notificarlo y un año o más en lo que se desarrollan las audiencias y el juez emite una sentencia. Es un proceso largo, pero no imposible.

Si la criatura tiene el apellido del abandónico puedes intentar llegar a un convenio con él, y si está de acuerdo, ambos definirán si será ante el juzgado si acuden con un notario y en qué estado sería. Si es en juzgado, solicitan una cita para que se lleve a cabo.

¿CÓMO INVESTIGO LOS INGRESOS DEL CUCARACHO?

Dividamos a los cucarachos según la forma en la que obtienen ingresos:

1. Tiene un empleo formal, recibe una nómina.
2. No tiene empleo formal, pero declara ante el SAT por medio de un negocio u otros ingresos.
3. Se declara insolvente o sin trabajo, aunque su estilo de vida no coincide con su declaración.

Para conocer cuánto percibe el abandónico le puedes pedir al juez que a su vez solicite al SAT, IMSS, ISSSTE y a la Comisión Nacional Bancaria y de Valores (CNBV) información sobre los ingresos del progenitor.

Te comparto un formato simple del oficio que tienes que enviarle al juez o jueza para que solicite los informes de las cuentas del cucaracho:

MAMÁ DE SABINA
NOMBRE DEL CUCARACHO
Exp. Familiar XXX
XXX SECRETARIA

Ciudadano.
JUEZ XXX DE LO FAMILIAR.
Presente

MAMÁ DE SABINA, por mi propio derecho y a nombre y representación de mi hija de iniciales S.S.S., ante usted, comparezco y expongo:

Tal y como lo peticioné en mi escrito inicial de demanda de pensión alimenticia, nuevamente solicito gire atento oficio a la Comisión Nacional Bancaria y de Valores (CNBV) a efecto de que informe las cuentas bancarias propiedad del demandado DEUDOR JUAN PÉREZ. Solicito también, su señoría, que gire oficio a las instituciones financieras crediticias siguientes, para que informen si el demandado cuenta con algún crédito, por qué monto y cuáles son los movimientos de los últimos seis meses.

1) VISA INTERNACIONAL MÉXICO S.A. de C.V., con domicilio en Jaime Balmes número 8, piso 40, Polanco Los Morales,

alcaldía Miguel Hidalgo, código postal 11550, Ciudad de México.

2) MASTERCARD MÉXICO, con domicilio en Avenida Paseo de la Reforma número 250, colonia Juárez, alcaldía Cuauhtémoc, código postal 06600, Ciudad de México.

Señalando para tal fin el domicilio ubicado en XXX y al correo electrónico XXX.

POR LO EXPUESTO,

A USTED C. JUEZ XXX DE LO FAMILIAR,
Atentamente pido se sirva girar atento oficio de informe.
CIUDAD DE MÉXICO, A 12 DE MARZO DE DOS MIL VEINTICUATRO.

No es necesario que especifiques los bancos, pero si tienes conocimiento de en qué banco o bancos tiene cuentas, es mucho mejor si los mencionas; o bien, puedes pedir una revisión de manera más puntual, para que te respondan de la misma forma, uno por uno:

1. Grupo Financiero HSBC, S.A. de C.V. Avenida Reforma número 347, Torre HSBC, colonia Cuauhtémoc, alcaldía Cuauhtémoc, Código Postal 06500, Ciudad de México.
2. Grupo Financiero Grupo Citibanamex, S.A. de C.V., Actuario Roberto Medellín número 800, colonia Santa Fe, alcaldía Álvaro Obregón, Código Postal 01210, Ciudad de México.
3. Banco Santander, S.A., Institución de Banca MúLtiple, Grupo Financiero Santander México, Prolongación Paseo de la Reforma número 500, colonia Lomas de Santa Fe, alcaldía Álvaro Obregón, Código Postal 01219, Ciudad de México.

4. BBVA México, S.A., Institución de Banca Múltiple, Grupo Financiero BBVA México, Avenida Paseo de la Reforma 510, colonia Juárez, alcaldía Cuauhtémoc, Código Postal 06600, Ciudad de México.
5. Grupo Financiero Banorte, S.A.B. de C.V. (banorte), Prolongación Paseo de la Reforma número 1230, colonia Cruz Manca, alcaldía Cuajimalpa, Código Postal 05349, Ciudad de México.

Puedes solicitar informes de instituciones financieras crediticias:

1. Visa Internacional México S.A. de C.V., con domicilio en Jaime Balmes número 8, piso 40, Polanco Los Morales, alcaldía Miguel Hidalgo, Código Postal 11550, Ciudad de México.
2. Mastercard México, con domicilio en Avenida Paseo de la Reforma número 250, colonia Juárez, alcaldía Cuauhtémoc, Código Postal 06600, Ciudad de México.

Si el cucaracho va al gimnasio o a un club deportivo, específica la dirección del lugar y el juez puede solicitar informes. Si suele jugar tenis o practicar alguna actividad con la que puedas acreditar sus ingresos, pide que se investigue. Porque para que se dé esa vida, debe tener cómo justificarla. A varios les da por declararse insolventes o desempleados.

Pide al juez que solicite un informe al Registro Público de la Propiedad en el que especifique si existen bienes inmuebles inscritos a nombre del demandado, porque luego les da por cambiar de nombre sus propiedades. Es muy importante que hagas esto en el escrito inicial de la demanda, para que una vez que esté notificado, tengas tu acuse de recibo y puedas denunciar al cucaracho por fraude procesal si decide venderlo todo.

No olvides al SAT. La redacción al juez puede ir así: "Solicito se gire oficio a la C. Jefa del Servicio de Administración Tributaria (SAT), Raquel Buenrostro Sánchez, con domicilio en Avenida Hidalgo 77, colonia Guerrero, alcaldía Cuauhtémoc, Ciudad de México, a efecto de que proporcione las declaraciones fiscales que ha realizado el demandado, así como su empresa Embutidos López, en los últimos cinco años".

Al Instituto Nacional de Migración se le puede solicitar un informe de las entradas y salidas del país del cucaracho, y al C. Representante Legal de Despegar México, con razón social Despegar.com México, S.A. de C.V., se le puede pedir una relación de los posibles vuelos, hoteles y demás servicios turísticos que haya adquirido el abandónico, indicando los destinos, costos y formas de pago en los últimos cinco años. Puede ser también a alguna empresa de aviación específica en la que sepas que vuela el sujeto.

En www.compranet.hacienda.gob.mx encuentras si ha recibido licitaciones del gobierno, y el Instituto Nacional de Transparencia y Acceso a la Información (www.inai.org.mx), puede servirte.

Consejo: No escatimes en pedir informes. Son las pruebas que te permitirán acreditar ante el juez la capacidad económica del cucaracho y, por ende, fijar una pensión alimenticia justa.

Es más sencillo rastrear los ingresos de los señores que tienen un empleo formal, trabajan en el gobierno, en alguna empresa y reciben su pago por medio de una nómina, porque sus datos aparecen en páginas de transparencia, IMSS o ISSSTE. Tendrás que buscarlo. Ni el servicio de investigación del Centro de Investigación y Seguridad Nacional (CISEN) llegará a tanto con los datos e información que puedes conseguir si le destinas tiempo y haces un mapeo de todas las instituciones posibles para obtener la dirección de su centro laboral y conocer sus ingresos.

INDAGA EN EL IMSS

1. Consigue su número de seguridad social (NSS) en la página: www.serviciosdigitales.imss.gob.mx. Solo necesitas la CURP del cucaracho y un correo electrónico a donde te enviarán la información.
2. Una vez que te envíen su NSS, en la misma página busca "Semanas cotizadas", ingresas ese número y te enviarán al correo el documento que incluye los datos que estás buscando. El archivo viene en formato PDF. como el que está en la siguiente página:

Instituto Mexicano del Seguro Social

Constancia de Semanas Cotizadas en el IMSS

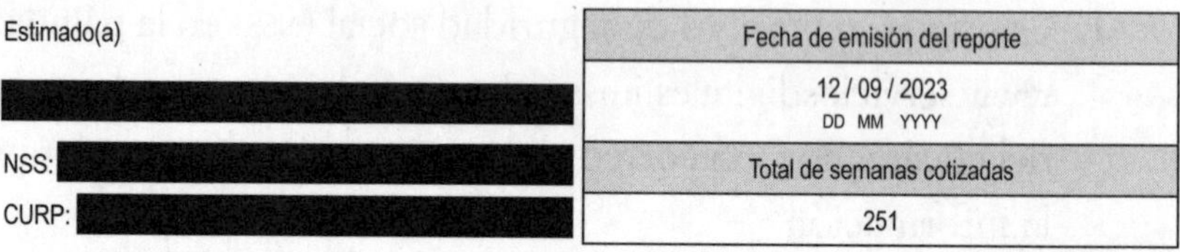

Estimado(a)

NSS:

CURP:

Fecha de emisión del reporte
12 / 09 / 2023 DD MM YYYY
Total de semanas cotizadas
251

Tu detalle de semanas cotizadas		
Semanas cotizadas IMSS	Semanas Descontadas (por disposición de recursos) (-)	Semanas Reintegradas (+)
251	0	0

Tu historia laboral

Nombre del patrón					
Registro Patronal					
Entidad federativa	OAXACA				
Fecha de alta	09/05/2022	Fecha de baja	Vigente	Salario Base de Cotización */	$ 217.67

Tipo de movimiento	Fecha de movimiento	Salario Base
MODIFICACION DE SALARIO	01/01/2023	$ 217.67
REINGRESO	09/05/2022	$ 183.82

/* Valor del último salario base de cotización diario en pesos.

Nombre del patrón	T ESTACION DE SERVICIOS GASOLINERO				
Registro Patronal	I531113010				
Entidad federativa	OAXACA				
Fecha de alta	01/09/2021	Fecha de baja	08/11/2021	Salario Base de Cotización */	$ 217.67

Contacto:
Paseo de la Reforma 476, P.B.
Col. Juárez, Alcaldía Cuauhtémoc
C.P. 06600, Ciudad de México
Tel. 800 623 2323

La información de funcionarios federales, estatales y de municipios o alcaldías se encuentra en portales de transparencia y es fácil revisar su salario. Los cucarachos que no tienen un empleo formal, pero declaran impuestos, también son rastreables mediante el informe que el juez solicite al SAT y, sobre todo, a la CNBV.

Consejo: Blanca demandó la pensión alimenticia al progenitor y solicitó al juez que en el marco de sus atribuciones girara oficios a las instituciones en mención —sobre todo bancos— y así ubicar su dirección laboral y saber cuánto ganaba y sus ingresos, que no necesariamente eran los mismos (eso se refleja en las cuentas bancarias). El juez le contestó que estaba imposibilitado de hacerlo porque el Poder Judicial en Oaxaca no cuenta con el sistema Siara.[1] Blanca no se rindió y respondió que no se diera como desahogada la prueba. Nuevamente del juzgado le respondieron que se estaban actualizando para solventar su petición. Después llegó toda la información de las cuentas del abandónico y pudo reclamar el derecho de su hijo.

El caso anecdótico de Elpidio Altamirano, exrepresentante del Partido Verde en Oaxaca y quien los domingos gastaba en un centro botanero cerca de 4 000 pesos, pero quería dar una pensión inferior al mes, es de los enmarcables. El informe bancario le sirvió a la mamá para acordar "de buena manera" y por convenio una pensión alimenticia de 10 000 pesos al mes, cantidad ínfima en relación con los ingresos que reflejaron en ese momento sus cuentas.

El progenitor firmó sin complicaciones, quizá porque si esa información salía a la luz pública o la revisaba un juez, esos 10 000 podrían convertirse en una cantidad mucho mayor. Hoy ocupa un cargo público, aunque antes de ser nombrado liquidó el retroactivo de su deuda. "El miedo no anda en burro", dicen en mi pueblo. Y es que con la Ley 3 de 3 contra la violencia ningún deudor alimentario puede ocupar un cargo público.

1 El Sistema de Atención a Requerimientos de Información de Autoridades (Siara) permite enviar en línea los requerimientos de manera segura a la CNBV. Es utilizado por el Poder Judicial, en este caso específico, para investigar las cuentas de los demandados por pensión alimenticia.

El exdiputado Canek Vázquez es otro caso de escándalo. Se viralizó su elegante boda porque mamás organizadas llegaron con cacerolas al salón de eventos para recordarle que debía la pensión. Sus cuentas bancarias, tarjeta Black American Express, vacaciones en el extranjero, ingresos altísimos que en nada coincidían con el hombre "desempleado" que se declaró en la contestación a su demanda, describían el nivel de vida que lleva hasta la fecha el señor.

Tenía un adeudo retroactivo de años, pero después de que se corrió la noticia por todos los medios lo liquidó y hasta el momento paga la mensualidad puntualmente que va acorde con sus ingresos. A muchos, como a él mismo, les parecerá una cantidad exagerada, pero lo cierto es que corresponde a lo que percibe y a la calidad de vida de sus infancias.

En el último eslabón están los cucarachos delincuentes y perversos que esconden todo para no pagar nada o enviar 200 pesos al mes y todavía pedir cuentas. Su nivel de vida no coincide con el de una persona que aparentemente no tiene empleo o algún negocio. Con auto del año, viajan constantemente, visten de lo mejor y usan tarjetas bancarias, pero no tienen a su nombre ni cuentas ni propiedades. Estos personajes son fraudulentos. La única forma de hacer que paguen la pensión de sus hijes es evidenciarlos y lograr acreditar el fraude procesal que comenten.

¿CUÁNDO ME FIJA EL JUEZ UNA PENSIÓN PROVISIONAL?

Cuando demandas la pensión alimenticia por comparecencia o por escrito mediante juzgado, el juez tiene la obligación de fijar de manera *inmediata* una pensión provisional. En México, y sobre todo al interior del país, se otorgan pensiones irrisorias, velando no por los derechos de las infancias, sino por los bolsillos de los cucarachos. Lo que es necesario que sepas es que regularmente la cuota a pagar es 15% del salario de los cucarachos con empleo formal o que cobren mediante una nómina, no menos de eso.

¿Puede aumentar? Sí, pero tendrás que promoverlo. Es una legislación pendiente en nuestro país, porque en otras latitudes del mundo y de América Latina parten de 30% del salario del deudor y hasta 60%, como en Estados Unidos, cuando se trata de dos o más infancias. En nuestro país sí hay casos donde jueces conscientes otorgan pensiones de 50%. Es paradójico que en la legislación sobre la reciprocidad de los alimentos de les hijes hacia los padres la ley estipule a partir de 20% de los ingresos. Tú ve por el 50%. Lo peor que puede pasar es que te otorguen menos.

Considera que cada año podrás solicitar el aumento equivalente al incremento porcentual del salario mínimo diario vigente, y le corresponderá al deudor alimentario demostrar que sus ingresos no aumentaron en igual proporción.

En el caso de los abandónicos que no tienen un trabajo formal, los jueces fijan la pensión provisional de al menos un salario mínimo. Dependerá de los ingresos que logres acreditar en el transcurso del litigio, derivados de la información que proporcionen los bancos, sus cotizaciones en el IMSS, sus declaraciones fiscales.

En el caso de que hayas convenido con el abandónico, aquí no aplica este criterio de aumento de pensión porque firman por cierto periodo de años. Claro que por demanda o por convenio no falta el cucaracho que pida reducción de pensión porque procrea más hijes con otra u otras parejas y "ya no le alcanza".

¿QUÉ ES LA PENSIÓN DEFINITIVA?

Una vez fijada la pensión provisional, que tiene que otorgarse de manera inmediata, viene la etapa de buscar una pensión definitiva de acuerdo con la calidad de vida que lleva la infancia, y es aquí donde tenemos que acreditar los ingresos del cucaracho y su estilo de vida. Hay muchos fraudulentos que ocultan ingresos para pagar menos de lo que en realidad pueden dar. Entonces, la pensión alimenticia definitiva se decreta en la sentencia definitiva que dicta el juez de lo familiar.

En los juicios familiares siempre pueden ser modificables las sentencias, aunque haya transcurrido mucho tiempo, lo que te favorece porque, si descubres que ahora gana más, puedes solicitar que aumente la pensión alimenticia a favor de la criatura.

Consejo: Los recibos y facturas son importantes. Sé lo desesperante que es conservarlos, ordenarlos, pero hazlo. Es la única forma de acreditar tus gastos.

¿CÓMO SE CALCULA LA PENSIÓN ALIMENTICIA?

Se realiza un aproximado de los gastos mensuales en los diferentes rubros: alimentos, agua, gas, luz, gastos médicos, ropa, zapatos, renta de vivienda o hipoteca, transporte, gastos escolares, gastos de actividades extraescolares, recreación, entre otros. Dependerán del caso concreto y de la calidad de vida de la infancia. El siguiente es un ejemplo de cómo lo puedes incluir en tu demanda.

EL GASTO MENSUAL

Los gastos fijos mensuales generados por mi hija son por la cantidad de $64 138.00 (sesenta y cuatro mil ciento treinta y ocho pesos, M.N.), que deberá proporcionar el demandado de forma mensual y que se desglosan de la siguiente forma:

1. **Casa renta mensual: $5 000.00**
   Teléfono e internet: $389.00
   Netflix: $219.00
   Gas: $ 500.00
   Servicio de cuidadora (4 veces al mes): $1 200.00
   Parte proporcional del bimestre de:
   Luz: $300.00
   Agua: $200.00
   Total: $ 7 808.00
2. **Comida**
   Despensa, vitaminas Kids Gomitas y *lunch* de la menor: $4 000.00
   Croquetas de su gata (animal de compañía): $700.00
   TOTAL: $4 700.00
3. **Ropa**
   Pijamas, vestidos, zapatos, tenis, moños, ropa interior, mallas: $1 000.00
4. **Salud**
   Pediatra doctora Paola Ríos (consulta diciembre 2023): $800.00
   Medicinas por enfermedad (diciembre 2023): $1 700.00
   Vacuna de influenza (diciembre 2023): $1 200.00
   TOTAL: $3 700.00

5. **Transporte (auto)**
   Gasolina: $2 000.00
6. **Diversión**
   Paseos, cine, espectáculos y fines de semana (mensual): $500.00
   Regalos fiestas de cumpleaños (1 mensual): $300.00
   Estacionamientos (mensual): $200.00
   TOTAL: $1 000.00
7. **Escuela**
   Colegiaturas: $5 000.00
   Tareas, materiales e impresiones: $100.00
   Clases de inglés en línea: $790.00
   TOTAL: $5 890.00
8. **Deportes**
   Natación Club Mariposita, grupal 6 años (mensual): $600.00
   Uniforme de natación (sandalias, *googles*, gorra): $750.00
   TOTAL: $1 350.00
9. **Imagen personal**
   Corte de pelo: $100.00
10. **Vacaciones de diciembre/enero**
    Pasaje de avión de la menor (viaje redondo): $8 000.00
    Gastos durante el viaje: $3 000.00
    Pasaporte: $1 845.00
    Visa estadunidense: $3 045.00
    TOTAL: $15 890.00
11. **Pendientes**
    *Reinscripción para acceder al grado escolar primaria Simone de Beauvoir 2024-2025; el pago debe realizarse de inmediato para asegurar su lugar.

Trabajo de cuidados no remunerado:

- Cuidar a la criatura 24/7: $5 000.00
- Lavar trastes: $3 000.00
- Lavar ropa: $1 500.00
- Bañar: $1 200.00
- Peinar: $1 500.00
- Hacer tareas escolares: $2 500.00
- Preparar comida/cocinera: $4 000.00
- Pasear los fines de semana a la criatura: $2 000.00

TOTAL: $20 700.00

TOTAL DE GASTOS:	$43 438.00
MÁS	
TRABAJO NO REMUNERADO:	$20 700.00
TOTAL FINAL:	$64 138.00

Total gasto mensual requerido: $64 138.00 pesos (sin considerar el gasto anual mencionado en el numeral 11, este debe efectuarse de forma inmediata).

Sugerencia: Toma en cuenta que los jueces tienen una perspectiva machista y patriarcal, por lo que su pensamiento se fundamenta en el 50/50 que nos tocaría a ambos, madre y padre, al sufragar los gastos. En este ejercicio los gastos son poco más de 64 000 pesos, incluyendo el trabajo de cuidados. Si logras acreditar que la capacidad económica del cucaracho puede sufragarlo, le fijarían la mitad de esa cantidad. Claro, si el juez da valor al trabajo no remunerado, de lo contrario, sería la mitad de los gastos comprobables. Al final, nosotras siempre pondremos el doble o el triple, porque destinamos nuestro tiempo y trabajo de cuidados, lo cual no es remunerado. Es un valor incuantificable y no se refleja en las resoluciones con perspectiva de género de los juicios de pensiones.

Es necesario visibilizar el trabajo de cuidados que realizamos las mamás autónomas y colocarlo en nuestras demandas. En legislaciones como la de Argentina empieza a suceder y los cucarachos tienen que pagar por esos rubros, en la lógica de que también tendrían que participar en dichos cuidados y, ante su ausencia, cubrirlos.

¿EN QUÉ MOMENTO UN CUCARACHO SE CONVIERTE EN DEUDOR ALIMENTARIO?

Es considerado deudor alimentario el cucaracho que a partir de 90 días haya dejado de cumplir con la pensión provisional o definitiva fijada por un juez. En el caso de los convenios firmados ante autoridad, posterior a la fecha en que hayan acordado que darían inicio los pagos. En estados como Oaxaca y Baja California, con la aprobación de la Ley Sabina se logró que fuera a partir de los 30 días del incumplimiento alimentario.

¿CÓMO SE DENUNCIA EL INCUMPLIMIENTO DE LA PENSIÓN?

Al haber obtenido una pensión alimenticia, ya sea provisional o definitiva, y transcurridos dos meses, le informas al juzgado que el abandónico ha incumplido con lo que el juez le ordenó.

Luego puedes acudir a la Fiscalía, ya sea al Ministerio Público, la Fiscalía de Investigación de Delitos Cometidos en Agravio de Niñas, Niños y Adolescentes o a la Fiscalía de Delitos contra la Mujer de tu localidad, presentar documento donde el juez ordenó el pago de la pensión y levantar tu denuncia (al final del capítulo agrego una jurisprudencia sobre esto).

Los pasos básicos de esa denuncia son:

1. El Ministerio Público le pide al juez familiar que le envíe todo el expediente de tu demanda.
2. El MP solicita un dictamen en contabilidad para calcular cuánto te debe el cucaracho. Aquí puedes proporcionar tu planilla de adeudo.
3. Posteriormente cita al cucaracho a declarar.
4. Una vez agotados estos pasos, el MP pide audiencia ante el juez de control (juez penal) para buscar que vinculen a proceso (metan a la cárcel) al abandónico por el delito de incumplimiento a las obligaciones alimentarias.

Consejo: Cuando te apersones en el Ministerio Público o en la Fiscalía Especializada, te sugiero llevar todos los documentos relacionados con el litigio: el convenio o sentencia de pensión, actas de nacimiento, recibos y planilla de adeudo (denominada también de liquidación).

EJEMPLOS DE UNA PLANILLA DE LIQUIDACIÓN

Modelo 1

Descripción: La planilla de liquidación es una tabla en la que concentras las cantidades pagadas y las que adeuda el cucaracho. La puedes realizar en Excel para que te sea más fácil solo ir subiendo los montos que va o no pagando. En este ejemplo la pensión fue fijada en un salario mínimo inicialmente y lo más probable es que la mamá haya solicitado aumento de pensión, por lo que se puede observar que en agosto de 2023 aumentó a 1.5 salarios mínimos y después a dos.

El número de días varía dependiendo de si los meses son de 30 o de 31 días, como se especifica en el tabulador de los meses. Nótese que en octubre hizo un "abono" de 25 000 pesos, que fue considerado en su adeudo total. Recuerda que la pensión alimenticia es "completa", ni un centavo menos. Dar lo que puede, cada que puede o darla incompleta *no es cumplir* y, por tanto, así sean 100 pesos los que le falten, debes dar aviso al juzgado cada que el señor incumpla. Hacerlo te ayudará en el futuro para solicitar la guarda y custodia completa o la pérdida de patria potestad.

AÑO	MES	SALARIO MÍNIMO	NÚMERO DE SALARIOS MÍNIMOS	CANTIDAD DECRETADA	CANTIDAD PAGADA	SALDO DEUDOR
2022	DIC 31	207.44	1	6430.64	6000	430.64
2023	ENE 31	207.44	1	6430.64	6430.64	430.64
2023	FEB 28	207.44	1	5808.32	-	6238.96
2023	MAR 31	207.44	1	6430.64	-	12669.6
2023	ABR 30	207.44	1	6223.2	-	18892.8
2023	MAY 31	207.44	1	6430.64	-	25323.44
2023	JUN 30	207.44	1	6223.2	-	31546.64
2023	JUL 31	207.44	1	6430.64	-	37977.28
2023	AGS 30	207.44	1.5	9334.8	-	47312.08
2023	SEPT 31	207.44	1.5	9645.96	4000.00	52958.04
2023	OCT 30	207.44	1.5	9334.8	25000	37292.84
2023	NOV 31	207.44	1.5	9645.96	6000.00	40938.8
2023	DIC 30	207.44	2	9334.8	8500.00	41773.6
2024	ENE 31	248.93	2	15433.66	12500.00	44707.26
2024	FEB 29	248.93	2	15433.66	**10000.00**	**50140.92**

Modelo 2

Descripción: En esta plantilla la pensión fue fijada en cantidades mensuales específicas. Podemos ver el resumen de los años que el cucaracho no pagó, así como sus depósitos intermitentes. No esperes a que la deuda se acumule por años. A los 30 o 90 días de incumplimiento, según sea el caso en la entidad que vivas, denúncialo. Entre más pasa el tiempo, menos pagan.

Si todos los días terminas con dolor de espalda, cansada, harta de maternar, y hasta endeudada por el incumplimiento de estos sujetos que no paternan, por lo menos que su tranquilidad también se vea mermada y comiencen a tener insomnio por ver cómo le hacen para pagar, así como le hacemos nosotras para sufragar los altos costos que tiene maternar en solitario. No disculpes la deuda por el hecho de que llegue con una pizza y un globo para la infancia los domingos. La responsabilidad de los gastos debe ser compartida. Mucho han abusado los abandónicos de las madres, no lo permitamos más.

AÑO	MES	MONTO FIJADO	CANTIDAD DEPOSITADA	ADEUDO
2019	PAGÓ 10 MESES	3000.00	30000.00	6000.00
2020	PAGÓ 8 MESES	3000.00	24000.00	18000.00
2021	NO CUMPLIÓ	3000.00	300.00	53700.00
2022	NO CUMPLIÓ	3000.00	-	89700.00
2023	PAGÓ 5 MESES	3000.00	15000.00	110700.00
2024	ENE	3000.00	200.00	113400.00
2024	FEB	3000.00	-	116400.00
2024	MAR	3000.00	2000.00	117400.00
2024	ABR	**3000.00**	500.00	**119900.00**

¿EN QUÉ CONSISTE LA GARANTÍA DE LA PENSIÓN Y LA CONSIGNACIÓN?

La garantía de pensión es una medida para hacer efectivo el pago de los alimentos mediante el convenio o la demanda de pensión. El juez le solicita al cucaracho cierta cantidad en efectivo, regularmente tres meses de pensión, o la garantía de un bien inmueble con el mismo fin.

Y la consignación es un mecanismo mediante el cual un progenitor puede liberarse de su obligación haciendo un depósito de manera voluntaria en el juzgado para cubrir el pago de la pensión. Se materializa a través de un billete. Los cucarachos hacen uso de este medio cuando alegan que la mamá no les quiere recibir el dinero, cambió de cuenta bancaria o cualquier otra circunstancia que les impida cumplir con su obligación. Entonces lo que hacen es depositar directo en el juzgado usando esa modalidad.

Experiencia de mamás

Aunque debería ser obligatorio, son contados los abogados de las mamás que exigen la garantía; los jueces tampoco obligan a los cucarachos. En el caso de la consignación y el dinero que son depositados por cientos de abandónicos en los juzgados, es dinero que forma parte de un gran negocio de los tribunales superiores del país. Lo que hacen es mover esos recursos y generar intereses por su mantenimiento, una especie de "dinero invertido".

Eso es un jugoso negocio para quienes lo manejan, porque son fondos no fiscalizados y por eso no les gusta que las mamás exijan su cobro. Como ponen mil pretextos hay que ponernos intensas para que lo liberen, pues no es su dinero, es de nuestras infancias. Hay que recurrir a las quejas ante las autoridades y denunciar a los funcionarios que se nieguen a entregarlo.

Eso le pasó a María. El progenitor de sus dos hijos no paga la pensión. Es un famoso taquero en la Ciudad de México conocido como el Rey del Pastor. Jesús Torres Sandoval emitió un billete de depósito desde el año 2021 por la cantidad de 48 000 pesos para garantizar la pensión alimenticia que le fue decretada. Desde esa fecha no aporta lo que corresponde. El niño más pequeño requiere de un tratamiento médico que cuesta 6 000 pesos mensuales. Ella tiene tres trabajos y el señor, cada que se le recuerda su incumplimiento, responde lo mismo: "Cobra el billete".

A la solicitud de la mamá de cobrar el billete, la jueza séptimo de lo familiar en la Ciudad de México, María Margarita Gallegos López, respondió que el cucaracho tiene que acudir en persona al juzgado para que pueda entregarle la cantidad. Es inaudito. María le ha dicho al sujeto que tiene que acompañarla a cobrarlo y evidentemente no va. Mientras tanto, tiene que resolver los pagos de las infancias. Una jueza sin sensibilidad, pero además miserable. La animé para que se queje ante las autoridades y denuncie a la jueza. Está cansada de batallar y la entiendo. Nos desgastan. La búsqueda de justicia para las niñeces en los tribunales familiares de este país es una infamia.

¿ES MEJOR UNA PENSIÓN EN SALARIOS MÍNIMOS O EN PORCENTAJE?

Ambas. Si el cucaracho tiene un trabajo fijo más o menos duradero, cuyo salario le permite solventar la calidad de vida de la infancia, conviene que le hagan el descuento directo a nómina a partir de un porcentaje, porque además tiene prestaciones y eso es en beneficio de los menores. No vas a andar batallando cada quincena ni tendrás que mandar mensajes que deje en visto o haciéndole llamadas para recordarle su obligación.

Cuando el abandónico no recibe una nómina, pero sí hay forma de acreditarle sus ingresos, el juez le decreta cierto monto fijo de pensión, basado en su capacidad económica. El lastre de este formato es que hay que estar atrás de ellos. Contados son los que hacen sus respectivos depósitos en tiempo y forma.

En el caso de los que se declaran insolventes o sin trabajo, el juez les impone un salario mínimo, pero sucede exactamente lo mismo. La posibilidad de que dejen de pagar es mucho mayor que cuando se les descuenta vía nómina.

CASO CONCRETO

Los jueces y juezas se pasan por el arco del triunfo las necesidades de las infancias y no dan seguimiento a lo que sucede, a todo el comportamiento violento de los cucarachos cuando se indignan por que se les descuente la pensión de sus hijes. El problema de su irresponsabilidad paternal no se acaba con la emisión de una sentencia que les fije una cantidad a pagar. Es el inicio de una batalla legal porque siempre terminan contrademandando por lo que se les ocurra. No solo imponen pensiones insuficientes, sino que se tapan los ojos cuando las madres denunciamos el incumplimiento alimentario.

Dos senadores de la República, Juan Zepeda y César Cravioto, pagan la pensión alimenticia de sus hijes. Juan da lo menos posible de su salario, 15%, "porque es lo que le marca la ley", y Cravioto 33.3%. Los dos reciben la misma cantidad por desempeñar el mismo cargo. ¿Cuál fue el criterio de uno y otro juez? Los alegatos de Zepeda en las entrevistas que ha dado dejan entrever el odio que le tiene a la mamá; hasta sacó a la infancia del colegio particular en el que iba cuando se separó de ella. Las disposiciones de los jueces revelan pactos de corrupción y misoginia. Urge una reforma judicial feminista. Señores, no sean como Juan.

Experiencia de mamás

Consuelo estudiaba contaduría en la Universidad Benito Juárez de Oaxaca, donde conoció al profesor Jhovany Cabrera Ramos. La enamoró y desde su posición de poder la embarazó para después abandonarla. Ella tuvo que salirse de la escuela para trabajar y mantener a su bebé, mientras el cucaracho negó por todos los pasillos de la facultad que la niña fuera suya. Tras un proceso largo y tortuoso, con evidentes pactos patriarcales del juez que lleva el caso, la mamá acreditó la paternidad del maestro.

El caso es una muestra vergonzosa de cómo actúan los abandónicos al ocultar sus ingresos y cómo un maestro puede embarazar a una alumna sin que pase nada, y a pesar de haber sido un suceso mediático, continúa dando clases y cientos de alumnas están en riesgo. Este sujeto cobra en más de una nómina en la misma institución: como catedrático, como exdirector de la facultad y como contralor de la universidad. Cuando el juez le requirió a la institución educativa un informe de sus percepciones como maestro, únicamente reportó un solo sueldo, "el más bajo". A decir de propios trabajadores, fueron indicaciones del rector para "ayudar al amigo".

La abogada de Consuelo de inmediato solicitó otro informe sobre sus percepciones como funcionario y exdirector. Hicieron todo para encubrirlo. Recientemente le están descontando apenas 20% de dos de sus tres fuentes de ingreso.

¿CÓMO ACREDITAR EL FRAUDE PROCESAL DE LOS CUCARACHOS?

El fraude procesal es un delito por mentirle al juez con la intención de obtener una ventaja en el juicio, la cual, lógicamente, sería ilegal. Hay cientos de cucarachos fraudulentos. Anidan como las ratas y esconden sus ingresos por debajo de las piedras. A esos hay que exhibirlos y evidenciarlos, por lo menos para que otras mujeres no pasen por lo mismo y para que la sociedad empiece a verlos como lo que son, delincuentes que se esconden en el manto protector que les da la paternidad, aunque no sean buenos padres.

La mayoría de los abandónicos que llegan hasta el juicio de la pensión son tramposos y corrompen jueces. Para acreditar sus actos delincuenciales requieres pruebas. Por ello necesitas concentrarte y destinar un tiempo para investigarlos; platica la mejor estrategia con tu abogada.

Experiencia de mamás

Quiero advertirte que entre las mañas de los cucarachos está la de depositar a consignación, ir al juzgado y decir que la mamá cambió de tarjeta. Con triquiñuelas hacen estos procedimientos para después denunciarnos por fraude procesal. Así es como el agresor de Rebeca fabricó pruebas en complicidad con una jueza para meterla a la cárcel. Muchos narcisistas buscan venganza por haberles demandado la pensión de sus hijes. Afortunadamente está libre, aunque aún es perseguida por el conocido y millonario facturero José Miguel Castillo Hernández. Con todas las pruebas que ha ofrecido la mamá, la Unidad de Inteligencia Financiera debería intervenir.

¿ME PUEDO QUEJAR DEL JUEZ?

Sí, puedes quejarte del juez ante el Consejo de la Judicatura Federal vía telefónica al 01 800 836 95 25 y también en los consejos locales (depende de la ciudad en la vives, recuerda que hay un Consejo de la Judicatura por cada estado). Anexo el formato que puedes ingresar. Mamás han hecho válido su derecho ante ambas instancias y han propiciado que el juez o jueza que atiende su caso lo haga con más interés. En la Fiscalía, durante la judicialización, también puedes quejarte a través de la visitaduría o, de igual manera, vía escrito:

PROMOVENTE:
(TU NOMBRE)

SERVIDOR PÚBLICO:
CARGO Y NOMBRE DE QUIEN TE QUEJAS, EJEMPLO: JUEZA 15
FAMILIAR JUANITA PÉREZ
QUEJA ADMINISTRATIVA.

CONSEJO DE LA JUDICATURA
DE (TU CIUDAD).
PRESENTE

(TU NOMBRE) por mi propio derecho y actuando en nombre y representación de mis hijos (NOMBRES DE TUS HIJOS), señalando como domicilio para oír y recibir todo tipo de notificaciones, documentos y valores el ubicado en (TU CASA O A DONDE TE VAN A NOTIFICAR), autorizando (A TUS ABOGADOS).

Con fundamento en lo dispuesto por los artículos 14, 16 y 17 de la Constitución Política de los Estados Unidos Mexicanos, 7, 8 y 10 de la Declaración Universal de los Derechos Humanos y el numeral 10 de la Declaración Americana de los Deberes y Derechos del Hombre; y artículos 8, numeral 1 y 25 de la Convención Americana sobre Derechos Humanos, promuevo QUEJA ADMINISTRATIVA en contra del (CARGO Y NOMBRE DE QUIEN TE QUEJAS, EJEMPLO: JUEZA 15 DE LO FAMILIAR JUANITA PÉREZ), en virtud de lo siguiente:

En los autos del juicio (NÚMERO DE TU EXPEDIENTE Y JUZGADO) ocurrió lo siguiente: (Describe claramente lo que te hicieron).

Los puntos que reclamo en contra de la multimencionada autoridad descansan en los siguientes:

HECHOS

(Narra tu historia, sé breve y concisa.)

Me casé…

Me demandó o lo demandé…

Lo que ocurrió en el juzgado…

En conclusión:

(Describe cómo la conducta de la autoridad te lesiona. Por ejemplo, por su culpa aún no has podido recibir pensión o no has podido ver a tus hijos.)

En otro orden de ideas, señalo como pruebas la totalidad de constancias que integran el expediente (TU NÚMERO DE EXPEDIENTE).

Por lo expuesto y fundado, atentamente solicito:

- PRIMERO. Tenerme por presentado, promoviendo la presente Queja Administrativa en contra de (CARGO Y NOMBRE DE QUIEN TE QUEJAS, EJEMPLO: JUEZA 15 DE LO FAMILIAR, JUANITA PÉREZ), por las faltas descritas en párrafos anteriores.
- SEGUNDO. Se investiguen las faltas que se denuncian por parte de la multimencionada juzgadora.

- TERCERO. Se decrete la sanción en contra de (CARGO Y NOMBRE DE QUIEN TE QUEJAS, EJEMPLO: JUEZA 15 DE LO FAMILIAR JUANITA PÉREZ), que en derecho corresponda atendiendo al daño irreparable que su ineficiencia, descuido y falta de probidad ha generado en la suscrita y en mi hija.

PROTESTO LO NECESARIO
(TU CIUDAD Y LA FECHA).
(TU NOMBRE)

¿PUEDO NEGARME A LAS CONVIVENCIAS DE MI HIJE CON EL CUCARACHO?

En sentido estricto no. La SCJN ha emitido criterios, sentencias en las que aun perdiendo la patria potestad los cucarachos, es un derecho de la criatura convivir con su progenitor. Este aspecto es delicado, porque padres agresores a propósito judicializan a las madres para acusarlas de "obstructoras" del vínculo con los padres y pedir cambios de guarda y custodia que, en efecto, les conceden los jueces cuando lo acreditan.

Conocí de cerca el caso de un reo, acusado por homicidio e ingresado a un Cereso en Michoacán. Su bebé tenía un año de nacido cuando lo aprehendieron. Como estrategia jurídica para que lo trasladaran a Puebla, su ciudad natal y donde estaba toda su familia, la mamá del bebé reclamó su derecho a convivir con su papá. El señor fue trasladado de regreso a Puebla para garantizar el derecho del bebé de convivir con su padre.

La resolución del amparo 1463/2016 de fecha 7 de marzo de 2018, que está disponible en la web, es precisamente el caso de suspensión de la patria potestad a una madre y modificación de la guarda y custodia por impedir convivencia con el padre. Aunque cada asunto tiene sus particularidades, tampoco podemos inhibir el derecho de las infancias, ni dejar que violentadores abusen de este derecho y agredan a las mamás. Si te violenta, denúncialo. A padres agresores les han suspendido las convivencias en tanto no tomen terapia y modifiquen sus conductas con sus hijes y las madres.

Consejo: Los cucarachos deudores pueden pasar de ser irresponsables en el cumplimiento de la pensión a agresores vicarios. Puedes colocar un pin de geolocalización inmediata en tu hije, en los zapatos o en su mochila, para saber en dónde se encuentra en todo momento. Es común que los abandónicos que no pagan la pensión aprovechen sus convivencias para llevarlos al Ministerio Público a interponer denuncias de violencia contra la madre, para después pedir cambios de guarda y custodia. Después de la convivencia de tu hije con el cucaracho, pregúntale sobre los lugares en los que estuvo.

CENTROS DE CONVIVENCIA

Se les conoce como Cecofam (Centros de Convivencia Familiar) y son los espacios en donde se reúnen progenitores con sus infancias, debido a litigios de guarda y custodia, pensión alimenticia, patria potestad o por violencia de cualquier tipo.

Experiencia de mamás

Los cucarachos dejan de asistir con frecuencia a las convivencias con sus hijes. Cada que eso suceda ingresa una promoción para conocimiento del juez. Su comportamiento y actitudes durante un periodo de tiempo le pueden generar consecuencias que habrás de conversar con tu abogada si deseas iniciar ese litigio para hacer efectivas las sanciones.

Consejo: Trabaja mucho con tu hije su salud emocional. Son procesos duros para ambos. Si tienes un miedo latente de que el progenitor pueda llevarse a tu hije en una convivencia, opta por que se realicen en un Cecofam. Las mamás víctimas de violencia vicaria o sustracciones de sus infancias nunca pensaron que podía sucederles a ellas. Los tipos que no quieren pagar la pensión alimenticia son quienes perpetran estos tipos de violencia.

¿CÓMO PUEDO SUBIR A UN DEUDOR AL REGISTRO DE DEUDORES ALIMENTARIOS?

Lo solicitas por oficio al juez en este formato:

GÁLVEZ SÁNCHEZ MARIANA
VS
ISAÍAS ROMERO VALDEZ
INCUMPLIMIENTO DE ALIMENTOS
EXPEDIENTE: 919/2020
SECRETARIA: "B"

ESCRITO DATOS PARA INSCRIPCIÓN AL REGISTRO
ESTATAL DE DEUDORES ALIMENTARIOS

C. JUEZ PRIMERO DE LO FAMILIAR
DEL DISTRITO JUDICIAL DE ECATEPEC
DE MORELOS, ESTADO DE MÉXICO.
PRESENTE

MARIANA GÁLVEZ SÁNCHEZ con la personalidad que tengo debidamente acreditada en autos del juicio que al rubro se cita y en representación de mis menores hijos, con el debido respeto comparezco y expongo:

Que por medio del presente escrito y en atención a que mediante auto de fecha 19 de abril de 2023 me fue prevenida a la suscrita para que proporcione a la brevedad posible los requisitos establecidos en el artículo **4.146 QUÁTER del Código de Procedimientos Civiles para el Estado de México**, mismo que realizo al tenor de la siguiente forma:

1) **NOMBRE Y CLAVE ÚNICA DEL REGISTRO DE POBLACIÓN DEL DEUDOR ALIMENTARIO**
   Nombre: Isaías Romero Valdez CURP: VARO8302120HQDRSS08
2) **NOMBRE DEL ACREEDOR O ACREEDORES ALIMENTARIOS**
   Nombre: Lupita Romero Gálvez
   Nombre: Santiago Romero Gálvez
3) **DATOS DEL ACTA QUE ACREDITE EL VÍNCULO ENTRE EL DEUDOR Y ACREEDOR ALIMENTARIO**

NOMBRE	IDENTIFICADOR ELECTRÓNICO	OFICIALÍA	FECHA DE REGISTRO	LIBRO	NÚMERO DE ACTA
Lupita Romero Gálvez	1588200920210002795	127	12/09/2017	15	2712
Santiago Romero Gálvez	8203000920210098	127	30/03/2014	15	1819

DATOS ADICIONALES:

a) Lupita Romero Gálvez (CURP): ROMG111314HDFRRGO2
b) Santiago Romero Gálvez (CURP): ROMG130826H2CRODA1

4) **MONTO DE LA PENSIÓN DECRETADA, NÚMERO DE PAGOS INCUMPLIDOS Y MONTO DEL ADEUDO ALIMENTARIO**

AÑO	MES	MONTO FIJADO	CANTIDAD DEPOSITADA	ADEUDO
2019	PAGÓ 10 MESES	3000.00	30000.00	6000.00
2020	PAGÓ 8 MESES	3000.00	24000.00	18000.00
2021	NO CUMPLIÓ	3000.00	300.00	53700.00
2022	NO CUMPLIÓ	3000.00	-	89700.00
2023	PAGÓ 5 MESES	3000.00	15000.00	110700.00
2024	ENE	3000.00	200.00	113400.00
2024	FEB	3000.00	-	116400.00
2024	MAR	3000.00	2000.00	117400.00
2024	ABR	**3000.00**	500.00	**119900.00**

TOTAL ADEUDADO: $119 900.00 (ciento diecinueve mil novecientos pesos M.N.)

5) **ÓRGANO JURISDICCIONAL QUE ORDENÓ EL REGISTRO**

MAESTRA EN DERECHO ANA DEL VILLAR RODRÍGUEZ C. JUEZA PRIMERO DE LO FAMILIAR DEL DISTRITO JUDICIAL DE TOLUCA, ESTADO DE MÉXICO

6) **DATOS DEL EXPEDIENTE JURISDICCIONAL**

Parte actora: Mariana Gálvez Sánchez
Parte demandada: Isaías Romero Valdez
Tipo de juicio: Incumplimiento de alimentos
Número de expediente: 819/2021
Secretaria: B

Aunado a lo anterior y una vez que se tenga por desahogada la prevención ordenada en el auto que antecede, solicito se GIRE ATENTO OFICIO AL REGISTRO DE DEUDORES ALIMENTARIOS MOROSOS a efecto de que proceda realizar la inscripción del C. ISAÍAS ROMERO VALDEZ a través del área designada por el REGISTRO CIVIL, lo anterior en virtud del constante incumplimiento al que ha estado incurriendo el deudor alimentario para con mis menores hijos toda vez que mi contrario ha hecho caso omiso en innumerables ocasiones a realizar el pago completo de las cantidades ordenadas por este H. Tribunal, excediendo las mismas ya más de 1 año.

Por lo anteriormente expuesto y fundado A USTED C. JUEZ. Solicitamos se sirva:

ÚNICO: Se gire atento oficio a Dirección General del Registro Civil a efecto de Inscribir a mi contrario al Registro de Deudores Alimentarios Morosos.

PROTESTO LO NECESARIO
Estado de México a 24 de abril de 2024

MARIANA GÁLVEZ SÁNCHEZ

¿POR QUÉ ES IMPORTANTE SUBIR AL CUCARACHO AL REGISTRO DE DEUDORES ALIMENTARIOS DE TU ESTADO?

Está comprobado que la conducta delictiva se inhibe cuando una persona se sabe observada, con cámaras, por ejemplo. El registro de deudores alimentarios es una caja transparente para observar a padres irresponsables, que podrían ser nuestras parejas, familiares o conocidos y para dejar de normalizar el abandono paterno.

Estar incluidos en ese registro les impide a los cucarachos obtener su pasaporte o su licencia de conducir, no pueden aspirar a cargos públicos o de elección popular, y, sobre todo, hay condena social. No está bien dejar a tus hijes sin comer. No está bien procrear y abandonar. Se les acabaron sus ligues con mujeres conscientes, y si tienen más de una familia, se abre el telón para que la familia ampliada se conozca y, en una de esas, estrechen vínculos para ser testigas una mamá de la otra de la violencia de estos agresores. Tenemos evidencia de la sororidad entre nosotras.

AVISO INFORMATIVO

En marzo de 2023 el Senado de la República aprobó la creación del Registro Nacional de Deudores Alimentarios que deberá ser público. Todavía no existe ese registro y ya tiene deficiencias de origen, como el hecho de que su creación y administración se las hayan atribuido al DIF y no a la Secretaría de Gobernación. Habrá que esperar a que todos los estados realicen el suyo y a partir de esa base de datos se genere el nacional.

Por lo pronto podrás subir a tu deudor a la plataforma estatal de estados que ya cuentan con su registro de deudores alimentarios, como Estado de México, Ciudad de México, Coahuila, Oaxaca, Chiapas, Jalisco, Yucatán y Morelos. Se han aprobado en otras entidades, pero todavía no funcionan, y de los que existen ninguno es público, salvo el de Coahuila. También tendrán que abrir la información porque así fue aprobada la reforma a la Ley Sabina. Hay una gran resistencia, pero ya no es pregunta a los congresos, es mandato del Senado. Así que están obligados. Tendrán que realizarlos o vendrá una lluvia de amparos. Es cuestión de tiempo.

¿QUÉ ES LA JUDICIALIZACIÓN?

A mi parecer, es la única forma en que los cucarachos pagan la pensión, y da inicio cuando la mamá decide abrir un proceso penal en un Ministerio Público o Fiscalía especializada para denunciar el incumplimiento de alimentos por parte del cucaracho. Ahí le abren una carpeta de investigación al abandónico. Concluida la investigación, el MP pide audiencia, a donde tienen que ir tú y el cucaracho, y solicita la vinculación a proceso por el delito de incumplimiento de pensión alimenticia.

Es decir, la judicialización es cuando tu carpeta pasa de la investigación al proceso penal judicial.

Experiencia de mamás

Montse tardó nueve años en agotar una demanda contra el progenitor de sus tres criaturas. No sabía que podía judicializar, ni absolutamente nada sobre el proceso, porque su abogada por años le dijo que iba "avanzando" en el juzgado familiar. Cuando lo denunció penalmente y llegó a la audiencia de la vinculación a proceso, la jueza argumentó que lo tenía que absolver porque las copias del expediente no estaban "certificadas" por el entonces Ministerio Público (hoy Fiscalía). Si bien eso no quería decir que no fuera un deudor alimentario que ameritaba la prisión, tampoco le impedía a la mamá iniciar de nuevo el litigio.

Mientras la mamá salió destrozada de esa audiencia, con sus tres hijos afuera de la sala, el cucaracho los pasó de largo con una sonrisa que solo un padre despreciable podría hacerle a sus hijos. Se trató de un error de procedimiento que podría asociarse a un acto de corrupción del MP con el abandónico o con su mismo abogado. Lo que pretendo aconsejarles es que sean metódicas, conozcan a detalle al proceso al que van, infórmense, pregunten y no se conformen con lo que les diga su abogado.

Lari se cansó de esperar a que le llegara la pensión y acudió con su sentencia de pensión alimenticia a la Fiscalía para iniciar la denuncia por incumplimiento. Hasta ahí todo iba bien, pero le avisaron que en la empresa del cucaracho, el de la puerta tenía indicaciones de no recibir ningún documento de la Fiscalía. Su abogado, de colmillo retorcido, habló directo con el policía de investigación y le pidió "el favor" de colaborar y ayudarles. El policía acudió al lugar, y cuando le dijo al tipo de la puerta: "Me tienes que recibir, porque me tienes que recibir", en segundos ya tenía la pluma en mano y estaba firmando. El proceso va avanzando.

Se esperaría que cuando el señor se entere de su denuncia entre en razón y busque un acuerdo, porque dar la pensión a medias no es cumplir, pero la mayoría no lo entiende, creen que les hacen un favor a las mamás. Judicializar es un camino que no quisiéramos seguir, pero la experiencia en tres años de activismo acompañando a mamás en sus litigios de alimentos me da la razón de que es lo único que los motiva a pagar.

Hay una crítica de "no punitivistas" (personas que no coinciden con que la cárcel sea la solución a diversos problemas sociales) hacia la medida que aún impera sobre los deudores y su vinculación a proceso. De hecho, el ministro de la SCJN, Alfredo Gutiérrez Ortiz Mena, intentó eliminar la medida en 2022. Las mamás nos manifestamos con cacerolas afuera de la Corte e intervino la senadora Olga Sánchez Cordero para que esto no sucediera.

Si de por sí los deudores no pagan, menos lo harán si llegan a enterarse de que ya no irán a la cárcel y se suavizan sus sanciones. Para llegar a esta reflexión se tiene que vivir y padecer lo que las madres atraviesan en los juzgados y en el peregrinar del acceso a la justicia. Lo que le podamos explicar a un hombre que no paterna, porque su tiempo completo lo dedica al "análisis jurídico" desde un escritorio, no le hará sentido.

¿EL CUCARACHO PUEDE PERDER LA PATRIA POTESTAD?

Sí, pero no es tan sencillo. Más bien es complejo, pero es muy factible cuando se logra acreditar el completo desentendimiento del sujeto. He acompañado más de cinco casos en los últimos tres años. En el artículo 444 del Código Civil de la Ciudad de México se señala, en uno de sus apartados, que el incumplimiento de la pensión alimenticia por más de 90 días puede ser motivo para la pérdida de la patria potestad. Y aun perdiéndola, la obligación del cucaracho de pagar la pensión continúa. Ojo aquí: si el sujeto paga la pensión que adeuda, puede solicitar nuevamente la recuperación de la patria potestad.

En el mismo sentido, el artículo 200 del Código Penal de la Ciudad de México también menciona que puede perder la patria potestad quien ejerza cualquier tipo de violencia, haya ocurrido dentro o fuera del domicilio. En los códigos civiles y penales de tu entidad seguro está establecido de forma similar.

Las mamás nos cansamos de perseguir a los abandónicos durante años, por lo que, si no paga la pensión o peor aún, si agrede, es violento o no hay forma de localizarlo ante el incumplimiento de la pensión alimenticia, sugiero que hagas uso de esta facultad.

Consejo: Cuando el cucaracho demande reducción de pensión, que también es una treta clásica, responde a esa demanda solicitando al juez pérdida de la patria potestad. El caso de un señor que hace lo más para dar lo menos y que no participa en los cuidados debe ser analizado con perspectiva de género, pues por más pensión que dé, no hay dinero que pueda cuantificar el tiempo que las mamás dedicamos a la crianza.

De igual manera, es cínico que un abandónico que, desde el inicio del embarazo abandonó a la mamá y al bebé, quiera un cambio de guarda y custodia posterior a que se le demanda. Son los años más difíciles de la crianza y su conducta machista no debería ser solapada por jueces. Sin embargo, en este caso es complejo solicitar la pérdida de la patria potestad, porque la infancia tiene derecho a la convivencia con el cucaracho, desde la mirada del bienestar emocional y psicológico, de tener un sano desarrollo.

Los jueces son machistas y es una realidad que estamos en sus manos. Por tanto, tenemos que estar lo más informadas posible para acreditar y justificar nuestras pretensiones en el o los juicios que se desarrollen a partir de la demanda de pensión de alimentos que ingresemos. Hay dos condiciones: "un abandono injustificado" de los deberes alimentarios y uno "justificado". Ambos me parecen machistas por el solo hecho de justificar el abandono.

El fondo del asunto es argumentar que un progenitor deje de dar alimentos porque "lo despidieron" de su trabajo y no es su culpa. Las mamás no tenemos ese privilegio, tengamos empleo formal o no; nosotras lo resolvemos. El punto es que cuando hay elementos de tiempo, que un abandónico lleve no un mes ni dos, sino años de no cumplir con sus obligaciones, es muy posible. Por eso es importante ingresar oficios al juez para acreditar su incumplimiento.

DIVORCIO Y PENSIÓN ALIMENTICIA

Divorciarse de la madre no debería significar divorciarse de les hijes, pero es lo que pasa en un país profundamente machista, donde los hombres creen que las mujeres son de su propiedad. Por eso la alarmante cifra de 11 feminicidios al día. Sobre este tema sugeriré a las mujeres que se separan de sus parejas que en el mismo proceso de divorcio incluyan el capítulo de alimentos para les hijes. No lo dejen para después y no gasten en dos juicios, que a opinión del abogado será lo mejor: lo mejor para su bolsillo, pero no para el tuyo.

Cuando hay infancias que proteger, el divorcio exprés debe dejar garantizados los alimentos de las criaturas. Planea con tu defensa legal una propuesta de convenio donde quede establecido quién tendrá la guarda y custodia, o si será compartida, y el régimen de visitas.

Experiencia de mamás

Un cucaracho demandó el divorcio incausado o exprés, como habitualmente se le conoce y que está vigente en Ciudad de México, Estado de México, Hidalgo, Tamaulipas, Sonora, Yucatán, Coahuila, Morelos, Nuevo León, San Luis Potosí y Veracruz. Se sintió muy astuto al dejar desprotegidos a sus hijes y no convenir el cumplimiento alimentario con la mamá, así que con su abogado ingresó un amparo. De inmediato le fue fijada una pensión provisional.

En el caso de Rocío, demandó la pensión alimenticia en Querétaro, después de huir por la violencia que ejercía su pareja contra ella y su hije, en Acapulco. Meses después le llegó la notificación de que el señor había solicitado el divorcio incausado en Guerrero, y el juez había puesto una pensión provisional mucho menor a la que ya le habían fijado anteriormente en Querétaro. La jueza se recusó del litigio y envío el expediente a Acapulco, señalando que ahí se debía resolver.

Ante tal situación, las colectivas le sugerimos denunciar a la jueza, considerando que se debe privilegiar el lugar de residencia del menor; pero para nuestra sorpresa, desconocíamos la tesis del divorcio incausado (que coloca en situación de vulnerabilidad a las mamás, por cierto) en donde menciona que "el juez que lo decreta debe resolver respecto de los alimentos, la guarda y custodia y el régimen de visitas, aunque previamente al juicio relativo uno de los dos cónyuges haya promovido una controversia en la que los reclamó". Por tanto, efectivamente, la jueza hizo lo correcto al excusarse del caso y enviarlo a Acapulco.

Este caso es motivo de un análisis a profundidad porque los abandónicos, al no verse favorecidos con una pensión provisional, o buscar dar lo menos, interponen un divorcio incausado en otro estado para decir que no tienen ingresos y así un juez les fije lo mínimo. Con la tesis en mención, literalmente se disuelve la anterior pensión que hayan logrado imponer las mamás para ellos desde un recurso tramposo y fraudulento que la reduce a una cantidad inferior.

La mamá se amparó. Por fortuna logró que el litigio se llevara a cabo en Querétaro, pero tuvo que reconvenirse la pensión alimenticia y acreditar los ingresos del sujeto una vez más.

Consejo: No esperes a que el cucaracho se haga la víctima y, de manera alevosa, promueva un divorcio incausado en otra entidad. Lo ideal sería un divorcio convenido, platicado y acordado, pero si notas que no hay ninguna posibilidad de lograrlo, es mejor que la mamá sea quien promueva el divorcio, solicite la pensión alimenticia y la guarda y custodia de las infancias, para evitarse sorpresas.

¿Y SI EL PAPÁ SE VA DEL PAÍS?

La Cancillería mexicana no ha firmado convenios respecto a colaboración en temas de alimentos con la mayoría de los 50 estados de

Estados Unidos, y el área que tienen destinada para revisar los asuntos de violencia vicaria y pensión alimenticia es un elefante blanco. No es prioridad hacer que el mexicano en Estados Unidos o en cualquier parte del mundo le pague la pensión a una o más infancias. Poquísimos casos atiende anualmente la Secretaría de Relaciones Exteriores (SRE) para resolver situaciones de padres sustractores.

Si el cucaracho se fue, puede ser que si tienes su dirección se logre notificarlo desde el consulado mexicano, pero le será fácil mudarse y nuevamente perderle el rastro. En la Ley Sabina estamos proponiendo que se les restrinja la matrícula consular a los señores con procesos abiertos de pensión alimenticia en México, para que no puedan tener acceso a una licencia de conducir en Estados Unidos, donde es tan necesaria. Aún no se aprueba. En el caso de demandas de pensión alimenticia para abandónicos que vivan en otros países se tramitan desde la SRE bajo el formato que comparto en la siguiente sección.

Experiencia de mamás

Libia se enamoró de un paisano suyo que la deslumbró y le prometió que serían pareja y vivirían en Estados Unidos. Durante el embarazo, el doctor, que desde muy pequeño radica en ese país, le dijo a él que la bebé no era suya y este se fue. Ahora ella batalla con su criatura porque, además, ya tenía a otro niño de seis años, cuyo padre también es deudor alimentario.

El amor es una trampa. Muchos extranjeros embarazan a mexicanas para después huir. El idilio de tener un novio de otro país, mudarnos y ser felices para siempre puede terminar en la búsqueda de un sujeto que no sabes en dónde vive, pero mientras ya te abandonó con la manutención y crianza de una infancia. También hay mexicanos que embarazan mujeres extranjeras para luego violentarlas y convertirse en agresores vicarios. Las mujeres sin condición de defenderse, cuyo estatus migratorio es de ilegal, padecen el machismo de estos hombres, a menudo con acceso a recursos.

¿CUÁL ES EL PROCEDIMIENTO A SEGUIR, A DÓNDE ACUDO?

Hay un formato en inglés en la página de la SRE para demandar la pensión alimenticia a un progenitor en el exterior; es muy amplio, y los requisitos son exagerados, pero aquí lo puedes consultar: https://www.gob.mx/sre/acciones-y-programas/pensiones-alimenticias-internacionales. Lo veo y me dan ganas de llorar.

Pero no te desanimes, hay una oportunidad en el Child Support y varias mamás lo han logrado. Los estados de la frontera con Estados Unidos, debido a la cantidad de sujetos estadunidenses y mexicanos que cruzan todos los días, han implementado este programa en colaboración con el gobierno vecino. Puedes consultar toda la información en este link: https://www.usa.gov/es/manutencion-infantil.

El consulado de México en Texas cada mes acude a la Secretaría de las Mujeres en Coahuila a entregar cheques de pensión alimenticia a madres mexicanas en ese estado. Si vives en estados fronterizos, pregunta en las secretarías de las mujeres sobre sus programas para atender a las infancias de mamás autónomas.

Experiencia de mamás

Takeru Akamatsu es un japonés radicado en Guanajuato que en un principio se negó a reconocer la paternidad de su hija. Fue demandado y, después de fijarse la pensión alimenticia provisional y de su incumplimiento, no sabemos a ciencia cierta si renunció a su trabajo o lo despidieron, pero el señor preparaba maletas para regresarse a su país y abandonar a su nena. La mamá solicitó en la Fiscalía una medida precautoria (o urgente) para evitar que saliera de México. La rápida intervención de la Fiscalía hizo que lo interceptaran de inmediato en León y fue citado a audiencia. El proceso sigue abierto, pero ya tiene alerta migratoria para impedir su escape del país en tanto no garantice el cumplimiento de la pensión.

MEDIDAS DE PROTECCIÓN

Los cucarachos están enojados por ser incomodados con nuestra exigencia de justicia para las infancias que son sus hijes. El rancio machismo mexicano que vulnera y lastima a las madres es notorio. Si tu deudor es violento, te amenaza al inicio o durante el proceso del litigio, denúncialo y solicita medidas de protección para ti y para tu infancia en la Fiscalía. Es la forma que tienes de salvaguardar tu integridad y de que el señor sepa que es observado por la autoridad. Postear en redes y hacer públicas sus amenazas también son formas de protegerte. Calladas nunca más.

ALIMENTOS. SU OTORGAMIENTO DEBE REALIZARSE CON BASE EN UNA PERSPECTIVA DE GÉNERO

Suprema Corte de Justicia de la Nación
Registro digital: 2008544
Instancia: Primera Sala
Materia(s): Constitucional, Civil
Tesis: 1a. XCI/2015 (10a.)

Fuente: *Gaceta del Semanario Judicial de la Federación*, libro 15, febrero de 2015, tomo II, página 1383
Tipo: Aislada

Esta Suprema Corte ha sostenido que todo órgano jurisdiccional debe impartir justicia con base en una perspectiva de género, aun cuando las partes no lo soliciten; de tal manera que el juzgador debe verificar si existe una situación de violencia o vulnerabilidad que, por cuestiones de género, impida impartir justicia de manera completa e igualitaria. Tomando en cuenta lo anterior, el juzgador debe ponderar la especial situación de vulnerabilidad de una madre soltera y el contexto social discriminatorio que habitualmente rodea, tanto a la mujer como al menor cuyo nacimiento es extramatrimonial.

En esos términos, no es posible obviar al valorar cada caso que, precisamente, la defección total o parcial del padre pone en cabeza de la madre una doble carga: la prestación de servicios para el cuidado personal del hije y la búsqueda de los recursos económicos para su manutención; de manera que al recaer sobre la mujer ambas exigencias se produce un deterioro en el bienestar personal de la madre y se lesiona su derecho a la igualdad de oportunidades y al libre desarrollo de su persona, obstaculizando sus planes de vida.

Además, el menor solamente obtuvo una satisfacción parcializada de lo que le hubiera correspondido y aún le corresponde, pues no puede admitirse que la madre haya aportado por ambos y, desde luego, no puede cargarse sobre la madre unilateralmente el deber de manutención, pues el cuidado conjunto no sólo significa incremento de la calidad de posibilidades de les hijes, sino la igualdad de oportunidades entre los padres, de modo que el incumplimiento del padre respecto de su obligación, reduce el caudal alimentario del hijo, perjudicando sus posibilidades de desarrollo y crianza.

A través de la conducta del padre renuente queda patentizado un menoscabo en aspectos sustantivos y en el proyecto de vida del menor, no pudiendo exigirse que la madre, además del esfuerzo individual que importa la crianza de un hijo, asuma como propio un deber inexcusable y personalísimo del padre. Al mismo tiempo, en la mayoría de los casos se priva a los menores del cuidado personal a cargo de la madre, quien ante esta omisión paterna se halla conminada a redoblar esfuerzos a través del despliegue de diversas estrategias de supervivencia para obtener los recursos mínimos que todo menor necesita.

PARA EL DELITO DE INCUMPLIMIENTO DE LA OBLIGACIÓN DE DAR ALIMENTOS, NO ES INDISPENSABLE PARA SU ACTUALIZACIÓN QUE LA PARTE AGRAVIADA ACUDA PREVIAMENTE A LA VÍA CIVIL

Suprema Corte de Justicia de la Nación
Registro digital: 186935
Instancia: Tribunales Colegiados de Circuito
Materias(s): Penal
Fuente: *Gaceta del Semanario Judicial de la Federación*, tomo XV, mayo de 2002, página 1027
Tipo: Jurisprudencia

El delito de incumplimiento de la obligación de dar alimentos se actualiza por el hecho de que el infractor omita la aportación de los mismos a quien, conforme a la ley, tiene la necesidad de recibirlos, lo que queda claro es que aun cuando se acredite la existencia de un convenio al respecto, esto no hace indispensable que la parte agraviada deba acudir previamente a la vía civil para poder fincarse la responsabilidad penal del agente, pues no existe ningún precepto de ley que disponga tal situación para la procedencia de la querella en el delito del que se trata.

CONSEJO FINAL

Recuerda que hay *dos formas* de demandar y denunciar el incumplimiento de la pensión alimenticia: vía civil y vía penal. Ante el juez familiar y ante el Ministerio Público o fiscalías especializadas.

1. Demandar ante el juzgado familiar un reconocimiento de paternidad, que te fijen una pensión alimenticia provisional y luego definitiva, o el incumplimiento de dicha pensión son procesos largos, de seis meses a un año de duración o más. Por eso inícialo en cuanto te sea posible. Resiste, pero sobre todo insiste.
2. Una vez que celebras un convenio con el cucaracho, o demandas la pensión alimenticia y te fijan la pensión provisional, en caso de incumplimiento, en cualquiera de las dos formas, no esperes a que el juez te otorgue la pensión definitiva. Puedes acudir en ese momento ante el Ministerio Público o Fiscalía especializada a denunciar al cucaracho.
3. En la Ciudad de México y escasas entidades del país los expedientes son digitales. Familiarízate con la plataforma y revísala de manera frecuente. Mantente atenta a las notificaciones y correos que te lleguen.
4. Para prevenir la violencia vicaria, no olvides solicitar la guarda y custodia en la demanda de pensión alimenticia.

Espero que todo esto te sirva y no lo pienses más: ¡demanda y denuncia de inmediato el incumplimiento de la pensión alimenticia!

¡NO ES UN FAVOR, ES SU OBLIGACIÓN!

CAPÍTULO 7
TENDEDEROS DE DEUDORES ALIMENTARIOS Y LA LEY SABINA

¡No es apoyo ni un favor, es tu pinche obligación!
¡No tengas miedo a demandar, es un derecho familiar!
¡Con tal de no pagar, evitas trabajar!
¡La ley familiar es de tinte patriarcal!
¡No es normal, no es normal procrear y no paternar!
¡Las madres marchando, también están luchando!

CONSIGNAS DE LA COLECTIVA LEY SABINA
EN LA MARCHA DEL 8M

¿CÓMO SE ESTÁ LUCHANDO PARA TENER UNA MATERNIDAD DIGNA?

Sabemos que somos millones de madres maternando en solitario y lo hacemos desde la precariedad. Sufriendo por no poder compaginar la crianza con el desarrollo laboral, en constantes crisis emocionales por sentirnos insuficientes. De eso habla Laura Baena del Club de las Malasmadres cuando se refiere a la *conciliación* y plasma así el deseo de una maternidad digna para:

- Vivir y no sobrevivir.
- Para que podamos tener una relación sostenible entre la vida, nuestra familia y el trabajo.
- Para cuidar con apoyos y protección del Estado, porque la maternidad es una responsabilidad social.
- Para tener tiempo propio.
- Cuidarnos y cuidar bien.
- Disfrutar y ser felices.
- No sentir que somos una carga o un problema para las empresas.
- No tener que pedir disculpas cuando une hije enferme.
- No sentirnos menos válidas por ser madres.
- Hacer justicia.
- Que se reconozca la maternidad y pongamos en el centro a las infancias.

- Que las abuelas no carguen con el peso de los cuidados.
- No tener que renunciar al crecimiento profesional.
- Luchar juntas por nuestros derechos.

Para lograrlo, las mamás nos organizamos; a partir de un deseo profundo de justicia que inició por el reconocimiento de paternidad de mi hija Sabina, en conjunto con otras mamás autónomas nos juntamos para realizar el primer tendedero de deudores alimentarios en Oaxaca, luego en plazas y espacios públicos, donde exhibimos los rostros y nombres de los padres abandónicos. Las redes sociales también han servido para "funar"[2] a los cucarachos en tendederos digitales, etiquetándolos como papitos desobligados. "Si la justicia no los alcanza, que los alcance la vergüenza" es el enunciado que pronunciamos en cada intervención de organización feminista.

Iniciamos con miedo a la vergüenza pública y al escarnio que se hace de las mamás autónomas, pero en cada tendedero se fueron sumando más mamás. Con la ayuda de mujeres periodistas cuyo problema social las atraviesa de una u otra forma, su labor ha sido clave para la difusión de los deudores alimentarios, contribuyendo a la vergüenza pública.

Luego vino la Patrulla Feminista, un acto de intervención en el lugar de trabajo del sujeto irresponsable para recordarle que debía la pensión alimenticia de su infancia, lo que provocó el interés periodístico de medios nacionales e internacionales. Los resultados han sido mucho más efectivos que los de los juzgados; el escrutinio y la exhibida social ha provocado que cientos de deudores se comuniquen con las mamás de las infancias que tienen en abandono para

---

[2] Las personas que hacen este tipo de publicaciones o "funa" consideran que están ejerciendo un derecho, y actúan bajo la convicción de que al "funar" a alguien se está haciendo una "denuncia pública". Es una acusación que realiza una persona contra otra en redes sociales.

pagar sus adeudos. En otros casos ha generado tal molestia y enojo de los cucarachos al ser incomodados que hemos tenido que solicitar la intervención de las fiscalías ante las amenazas de personajes violentos que no entienden que la pensión alimenticia no es un favor, sino su obligación.

La creatividad de las madres las ha llevado a colgar la ropa de los abandónicos en los tendederos, a intervenir árboles navideños para colocar esferas con sus rostros en temporada decembrina, a desplegar lonas en el muro fronterizo de la Garita en Tijuana para buscar a los hombres que se fueron por cigarros a Estados Unidos, pero se olvidaron de que dejaron a sus hijes en territorio mexicano, a poner altares de los muertos de hambre y un sinfín de actividades en juzgados, como romper piñatas con forma de billetes de 200 pesos, que no es sino sarcasmo por las miserables cantidades de pensión que muchos cucarachos depositan, creyendo que con eso se puede mantener a las infancias. Hemos realizado canciones específicas para los tendederos del Día de Muertos, Navidad y celebraciones conmemorativas con letras alusivas al abandono paternal y a su falta de pago de la pensión alimenticia.

No todo ha sido terso. Las denuncias por supuesto "daño moral" no han faltado hacia las madres. Los cucarachos se sienten ofendidos al ser exhibidos, afortunadamente hemos sorteado sus argumentos carentes de toda lógica porque estamos denunciando el derecho de un bien superior, que es la alimentación de las infancias; jueces han desechado sus contrademandas estériles que a todas luces solo representan una evasiva a su responsabilidad paternal.

Cucarachos famosos como Luis Miguel; Patricio Cabezut, conocido conductor televisivo que da únicamente 2700 pesos de pensión al mes para dos hijas; Carlos Tamez, ganador de un premio Emmy por su trabajo televisivo en Estados Unidos; Juan José Chimal, excuñado de quien fuera presidente de México, Enrique Peña Nieto, que da solamente 5 000 pesos mensuales para su hija; y el conocido narrador deportivo Carlos Aguilar, llamado el Zar del Boxeo, son solo algunos de los nombres que han sido evidenciados por no pagar la pensión alimenticia de sus infancias.

El movimiento de las madres en México, denominado Ley Sabina, continúa buscando reformar la legislación nacional para conseguir que no haya cambios de guarda y custodia cuando le antecede una demanda de pensión alimenticia, que las pruebas de ADN no las pague la madre, sino que las asuma el Estado, y en su caso, una vez comprobada la paternidad del cucaracho, sean cubiertas por los sujetos en cuestión que obligan a las madres a iniciar litigios costosos ante su abandono y, de igual manera, que el incumplimiento de la pensión alimenticia se persiga de oficio.

¿EN QUÉ ESTÁ FALLANDO EL ESTADO?

El Estado es el principal deudor alimentario, pues no está garantizando el derecho de las infancias a la identidad, a tener un nombre y apellidos materno y paterno, permitiendo la impunidad de los abandónicos. Asimismo, el Registro Nacional de Deudores Alimentarios no se ha consolidado y existen reformas pendientes por legislar para cerrarles el paso a los cucarachos.

La cantidad que fijan jueces de pensión alimenticia queda a su criterio y no existe un índice de crianza que permita, a especie de tabulador por gastos en edad, otorgar pensiones justas y dignas a las criaturas.

No existen datos del INEGI sobre el abandono paterno y sus características en México, ni mucho menos un observatorio de maternidades. La narrativa sobre las "jefas de familia" es permisiva con los violentadores económicos, al no nombrarlos en las políticas públicas y la reforma judicial feminista es un gran pendiente porque es en los juzgados donde las madres no encontramos justicia pronta, expedita ni tampoco con perspectiva de género.

MOVIMIENTOS SOCIALES DE LAS MADRES EN AMÉRICA LATINA

En América Latina el movimiento por la cuota alimentaria o pensión alimenticia toma fuerza en la Coordinadora Internacional de Maternidades Autónomas, y en países como Argentina y Paraguay las mamás inspiradas por el movimiento de Ley Sabina en México comienzan a realizar sus tendederos de deudores alimentarios en las plazas públicas e instituciones de justicia.

La activista Maru Bread, con la colectiva argentina La Quinta Ola, promueve la visibilización de la violencia económica en su país, mientras en Paraguay la colectiva Mamás Leonas con Jazmín Melgarejo y Lorena Rivelli han declarado: "Todas estas mujeres expresan que no saben qué más hacer para que se haga justicia. El sistema judicial no responde a la realidad fuera de los pasillos del Juzgado de la Niñez. En su mayoría son abandonadas por sus parejas, exparejas y, en consecuencia, abandonan a sus hijos, luego en el juzgado, la Fiscalía y la comisaría también abandonan los casos". Una realidad que se repite en países latinos y que es urgente erradicar.

En Chile ha surgido una voz poderosa con Amapola Opazo, creadora de la red de Madres Superpoderosas que reúne a más de 50 000 mujeres víctimas de los "papitos corazón", como ella nombra a los cucarachos abandónicos, y que ha tenido tremendo impacto digital. Todas juntas en un mismo movimiento luchamos desde distintas latitudes, pero hermanadas por la defensa del derechos de nuestres hijes a recibir de sus progenitores una pensión alimenticia justa.

CAPÍTULO 8
¿QUÉ ES LA VIOLENCIA VICARIA Y CÓMO PREVENIRLA?

Ha sido difícil legislar y tipificar las violencias hacia las mujeres que ocurren en el seno de las relaciones de pareja, en el hogar, en lo que se considera el espacio "privado". La resistencia es muy fuerte porque el machismo tiene amplia representación en los congresos. Hombres siguen considerando como "propiedad" a sus esposas, parejas y también a las y los hijos. Les pertenecen, y si ya no están con ellos, entonces buscan desentenderse de sus obligaciones económicas y afectivas que tienen con sus infancias como una venganza hacia la madre.

En México la violencia vicaria se ha incorporado a la Ley General de Acceso de las Mujeres a una Vida Libre de Violencia, al Código Civil Federal y al Código Penal Federal. De acuerdo con este último, este tipo de conducta podrá ser castigada hasta con cinco años de prisión. En España, en los primeros meses de 2024 se reportaron siete muertes de menores víctimas de esta violencia. Va en aumento.

Las mamás comienzan a denunciar las sustracciones de sus hijas e hijos ante los ministerios públicos y fiscalías. Ya no es ni será normal que un señor, por ser el padre biológico, pueda llevárselos porque se le da la gana y porque puede hacerlo. En 90% de los casos, como ya se ha señalado, lo hacen por evitar pagar una pensión alimenticia.

El mismo lenguaje en los códigos familiares nombra únicamente al "padre custodio" como aquel que ejerce la guardia y custodia de las y los hijos, y de la "madre custodia" no hay ni rastro. De ahí partimos. Pero la violencia vicaria va más allá de la sustracción o el robo de las hijas y los hijos, son conductas normalizadas por padres agresores que se repiten cotidianamente en la relación familiar.

Agradezco infinitamente a Jennifer Seifert, fundadora del Frente Nacional contra Violencia Vicaria, y al magistrado Juan Carlos Díaz Carranza por sus conocimientos y experiencia compartida para la realización de este capítulo.

¿QUÉ ES LA VIOLENCIA VICARIA?

Es la máxima expresión de violencia que un cucaracho ejerce sobre una mamá por medio de los hijos; tiene como fin seguirla maltratando, hiriendo, ejerciendo en ella poder y control. Su origen es un padre agresor y se manifiesta mayormente cuando la madre le plantea la separación de pareja. Es cuando su violencia se acrecienta y utiliza a las infancias o adolescencias para causarle daño con "lo que más quiere", que son las criaturas.

"Todos los días vemos cómo hombres que durante el matrimonio no se preocuparon ni interesaron por sus hijas/os, en el momento del divorcio solicitan la custodia compartida y algunos solicitan la custodia plena, solo por su afán de continuar en contacto con la mujer para mantener el control y seguir ejerciendo todo su poder, ahora a través de los hijos/as", señala Sonia Vaccaro, psicóloga argentina, especialista en violencia contra las mujeres y quien en 2002 nombró y definió por primera vez la violencia vicaria.

En *Violencia vicaria: un golpe irreversible contra las madres*, Vaccaro observa cómo ante el incremento de esta violencia diversos gobiernos han modificado sus leyes para prevenirla, y destaca las órdenes de alejamiento. En Barcelona, una sentencia pionera de una jueza suspendió las visitas y prohibió al padre acercarse a su hija a menos de 500 metros para prevenir la violencia vicaria. Es el caso de

Anna y Olivia, en donde la niña se refiere a su padre como "el señor que casi mató a mi madre" y muestra un miedo evidente cuando se le pregunta si quiere verlo.

Es inédito, porque en la justicia patriarcal, aun cuando las madres denuncian y logran acreditar la violencia de los padres agresores, los y las jueces consideran que esa violencia fue ejercida "hacia la madre" y no hacia la criatura, por lo que, utilizando el argumento jurídico del "derecho de las infancias" a convivir con su padre, es muy difícil restringir las visitas con los sujetos, pasando por encima el derecho fundamental de las niñeces a vivir libres de violencia, perpetuando la violencia hacia las mujeres y, por ende, generando y promoviendo la violencia vicaria.

¿CÓMO SE MANIFIESTA?

Las violencias que engloba la violencia vicaria por parte de los cucarachos son múltiples:[3]

- Violencia familiar.
- Manipulación de les hijes contra la madre durante las visitas, custodia compartida o sustracción.
- Violencia psicológica y económica que crece durante la separación o por la demanda.
- Violencia física o sexual hacia la madre o hacia las y los hijos.
- Anulación de la figura materna.
- Instrumentalización de les hijes para que tomen decisiones que no les corresponden a través de castigos, amenazas, intimidación.

---

[3] Información recopilada del "Vicariómetro", elaborado por el Frente Nacional contra Violencia Vicaria A. C.

- Sustracción, ocultamiento y judicialización de la vida de la madre, violencia institucional y terrorismo legal.
- Violencia económica: dejan de aportar o prolongan el juicio de la demanda de pensión alimenticia mediante amparos.
- Ocultamiento de les hijes.
- Desesperación que lleva a algunas madres al suicidio al quedar inmersas en juicios penales, denuncias falsas, quiebre económico y soledad al perder a sus hijas e hijos.
- Se incumplen las custodias compartidas o visitas con las madres.
- Se rompe el vínculo materno-filial de por vida.
- Amenazar con quitarle a las y los hijos a la mamá.
- Denigrar a la mamá frente a las infancias con frases como: eres una "loca", "puta", "maniaca", "mala madre", "tratas mal a los niños", "no los cuidas".
- Promover cambio de guarda y custodia cuando se le demanda la pensión alimenticia o durante el divorcio.
- El asesinato de les hijes.

¿LA VIOLENCIA VICARIA TAMBIÉN LA EJERCEN LAS MADRES?

No. La violencia vicaria es una violencia de género que va cargada de infinidad de violencias más y que la ejercen los padres hacia las madres. Actualmente hombres machistas pretenden confundir a la sociedad respecto a que las madres que niegan convivencias con los progenitores ejercen violencia vicaria. Esto es erróneo y representa una manipulación del discurso porque la violencia vicaria no se manifiesta únicamente con la negativa a que haya convivencias, rechazo que por lo regular es la forma que tienen las madres de protegerse a ellas mismas y a sus hijas e hijos de padres agresores.

Si una mamá no está bien y es violentada por el progenitor, las infancias tampoco están bien y frecuentemente los violentadores no reparan en ello, quieren destruir a toda costa y como sea a las madres, dejarlas en la calle y provocar que se rompa el vínculo materno-filial.

Las reformas locales que tipifican la violencia vicaria en México han avanzado en 19 estados de manera positiva: Puebla, Sinaloa, Campeche, Zacatecas, Yucatán, Hidalgo, Sonora, Baja California Sur, Aguascalientes, Tamaulipas, Oaxaca, Michoacán, Baja California, Nayarit, Tlaxcala, Chiapas, Tabasco, Quintana Roo y Coahuila. Aunque en estos dos últimos se corre el riesgo de criminalizar a las madres al haber contemplado en la ley que este tipo de violencia puede ser ejercida por ellas. El patriarcado operó en detrimento de las mamás en esos dos congresos.

¿CÓMO ACTÚAN LOS AGRESORES VICARIOS?

Los agresores vicarios generan el terrorismo machista, al amenazar a las mamás con quitarles a les hijes, en la mayoría de los casos cuando se les demanda la pensión alimenticia y en medio de los litigios sustraen a las infancias mediante engaños o en las convivencias.

Lo que hacen una vez que los sustraen es manipularlos para que declaren en contra de ella. Los llevan a un Ministerio Público a denunciar falsamente a la mamá por violencia familiar y promueven en ese momento un cambio de guarda y custodia provisional. En muchos casos solicitan que las madres paguen la pensión alimenticia en juzgados de otra jurisdicción y ellas ni siquiera están enteradas de estos procesos, promoviendo de manera rápida y en complicidad de los jueces la judicialización de las mamás para encarcelarlas. Repito, es el odio de los cucarachos solapados por un sistema de justicia patriarcal.

Las acusaciones que hacen los agresores vicarios hacia las madres son con frecuencia:

- Poner en duda tu salud mental.
- Te acusan del síndrome de alienación parental.
- Te acusan de ser obstructora de las convivencias con el progenitor.
- Te señalan de tener el síndrome de Münchhausen, que significa inventar síntomas falsos o provocar síntomas reales para que tus hijas e hijos parezcan enfermos.
- Afirma ante el juzgado que eres mala madre por tener de nueva pareja a un agresor y que este violenta a las infancias (aunque no tengan pruebas).
- Señala que eres mala madre porque traes con ropa sucia, no bañas a las infancias o no las llevas a la escuela.

¿CÓMO PREVENIRLA?

Desde el primer momento que el cucaracho te mencione que va a quitarte a tus hijes, no esperes más y acude al Ministerio Público: es una amenaza y alerta preventiva de violencia vicaria ante la conducta delictiva ya tipificada en todo el país. El MP o Fiscalía tiene la obligación de recibir tu denuncia, presencialmente o por escrito. No des margen a que se consume el hecho.

Cuando inicies la demanda de pensión alimenticia pide en ese mismo momento la guarda y custodia provisional.

Es inaudito el cinismo de muchos abandónicos que se desentendieron desde el embarazo y parto y, posteriormente, cuando se les demanda, piden la guarda y custodia. Por eso es necesario que se les denuncie en el MP por abandono durante la gestación, porque esa conducta pone de manifiesto su nula responsabilidad paternal y, por ende, puedes justificar en tu demanda que seas tú, la mamá, quien se quede con la guarda y custodia definitiva. En una palabra, que pierda sus derechos familiares.

Después de cada convivencia dialoga con tu infancia sobre lo que conversa con el padre. Los agresores aprovechan sus convivencias para fiscalizar tu vida personal y manipular a les hijes. Si confirmas que esto sucede, dile al progenitor que lo que quiera saber de ti puede preguntártelo directamente.

Dialoga todo el tiempo con tu criatura, genera confianza y refuerza tu vínculo materno filial. Explícale que es responsabilidad de un buen padre cumplir con obligaciones como la pensión alimenticia. Generar conciencia sobre esto te ayudará a evitar manipulaciones en ellos. De ser necesario regresa a la lectura de los capítulos anteriores sobre cómo abordar la ausencia de su relación con el padre.

Si el señor es un padre agresor, te insulta, violenta o amenaza con quitártelos, solicita suspender las convivencias o que estas sean supervisadas. Es mejor que acudan a un centro de convivencias, a que el papá sustraiga a la criaturas.

SUGERENCIAS

Hay tres documentos de necesaria lectura para que amplíes tu conocimiento sobre este tipo de violencia. La primera es *Sentencias feministas, reescribiendo la justicia con perspectiva de género*, del Proyecto México, elaborado por Geraldina González de la Vega e Isabel

Montoya Ramos. Ahí encontrarás la sentencia de la controversia del orden familiar 1147/2009. Es el caso del padre que demandó a la madre la guarda y custodia del niño y el pago de pensión alimenticia, peticiones que le fueron denegadas.

El segundo documento que debes revisar es la siguiente sentencia:

Suprema Corte de Justicia de la Nación

Registro digital: 159876
Instancia: Tribunales Colegiados de Circuito
Fuente: *Gaceta del Semanario Judicial de la Federación*, libro XVII, febrero de 2013, tomo 2, página 1387
Tipo: Aislada

MENORES DE EDAD. VIOLENCIA FAMILIAR. BASTA LA EXISTENCIA DE DUDA PARA QUE LAS CONVIVENCIAS PROVISIONALES CON SUS PROGENITORES SE LLEVEN A CABO EN UN CENTRO DE SUPERVISIÓN.

El artículo 941 Ter del Código de Procedimientos Civiles para el Distrito Federal reconoce como derecho de los progenitores el convivir con sus menores hijos y viceversa, con el objeto de continuar con el sano desarrollo del menor, aun ante la disolución de la familia. Por excepción, ante la sola manifestación por cualquiera de las partes de la existencia de violencia familiar, ante la duda generada con dicha declaración el Juez, a efecto de continuar con la salvaguarda de los hijos menores de edad o incapaces, debe ordenar que las convivencias de los menores con sus progenitores se realicen en los centros e instituciones destinados para tal efecto, únicamente durante el procedimiento.

Amparo en revisión 238/2010. 9 de septiembre de 2010.

El tercer documento que tienes que conocer es la resolución 2622/2023 de un amparo directo en revisión sobre las medidas de restricción en el caso de violencia familiar y la aplicación de la perspectiva de género en un juicio que se resolvió de la siguiente manera:

> No se juzgó con perspectiva de equidad de género, así como el interés superior del menor, que existió violencia contra la mujer y su calidad de víctimas de violencia, porque no obstante las manifestaciones vertidas en el juicio y las documentales exhibidas, de forma incongruente y contradictoria, la autoridad responsable dejó de velar por el interés superior de la menor hija de las partes al no considerar todos los hechos de violencia que se hicieron del conocimiento durante todo el proceso; además, que se dejó de resolver desde la perspectiva de género, pues los hechos de violencia fueron ejercidos tanto en su persona como de su menor hija, a quien el tercero interesado utiliza como objeto de cambio entre las partes.

Sugiero seguir en sus redes a Martha Magaña López, jueza quinto de Distrito en el estado de Morelos, es una defensora de los derechos de las mujeres y de las infancias. Sus sentencias van cargadas de perspectiva de género y contextualiza cada uno de los casos. Destaca su labor en torno a sentencias de fácil comprensión para las y los niños. Recientemente compartió la sentencia que emite al amparar a una madre acusada de incumplir con el pago de pensión alimenticia, debido a que el agresor buscó artilugios legales como vía para generar violencia contra su expareja. Su cuenta en X (antes Twitter) es: @marthakmagana.

Otra cuenta en redes que es necesario seguir es @dejemosdecallar, es de origen uruguayo y regularmente aborda la temática de violencia vicaria.

¿QUÉ SON LAS ÓRDENES DE PROTECCIÓN?

Las *órdenes de protección* son necesarias cuando te encuentras frente a un padre agresor. Las puedes solicitar directamente en la Fiscalía, en la Sindicatura Municipal, Ministerio Público o juzgados. Ahí te harán un análisis para el otorgamiento de la medida con el siguiente procedimiento:

a) Análisis del testimonio de la víctima.
b) Test de riesgo.
c) Análisis de riesgo: lugar en que se encuentra la víctima, antecedentes de violencia, características particulares de la víctima, entre otros.
d) Evaluación adicional sobre configuración de delitos o conexidad con el ámbito federal.

Son otorgadas regularmente por 60 días y pueden ampliarse por 30 días más, o bien, por el tiempo que dura la investigación, proceso o hasta que cese la situación de riesgo.

¿CÓMO DENUNCIAR LA SUSTRACCIÓN DE MI HIJA O HIJO?

Puedes acudir directamente al Ministerio Público o Fiscalía, denunciar la sustracción y retención del hijo o hija, así como solicitar la alerta Amber. Es deber de esas instancias expedir la ficha de búsqueda e iniciar el proceso de recuperación. De lo contrario, presenta tu queja y denuncia al funcionario público.

EJEMPLOS DE MADRES VÍCTIMAS DE VIOLENCIA VICARIA

Lisi Celis, en Jalisco, lleva iniciados más de 240 procesos jurídicos y su agresor vicario la ha violentado de múltiples formas. El asunto llegó hasta la SCJN, en donde ordenaron la sustitución de los niños, pero debido al rompimiento del lazo materno-filial, su hijo mayor se ha convertido ahora también en su agresor. El mismo comportamiento con su madre lo ha tenido el hijo de la activista Katia Rodríguez, quien con tan solo 18 años la apuñaló tres veces.

Los padres sustractores transmiten su odio enfermizo a los hijos, porque son las mamás quienes ponen las reglas en la casa, de orden y conducta, mientras este tipo de progenitores, al llevárselos y no paternar, les permiten todo tipo de abusos, incluso el consumo de sustancias nocivas.

EJEMPLOS DE AGRESORES VICARIOS

Jesús Luján, el Rey del Parto Inducido, es otro agresor vicario. Sustrajo a sus hijos y, a pesar de tener los recursos económicos, por venganza le demandó a la mamá una pensión alimenticia altísima. A pesar de enfrentar denuncias por una decena de pacientes y estar en procesos legales escandalosos, la madre no ha podido recuperarlos.

Resalta el caso, poco común, pero no menos agresor, del conocido periodista de espectáculos René Franco, quien al finalizar la relación con su pareja le reclamó la guarda y custodia de un menor que no era su hijo biológico, usando de forma ventajosa la figura jurídica en desuso de “posesión del estado del hijo”. La mamá emitió declaraciones a la prensa: “A salvo al fin, el infierno terminó”, al concluir su divorcio. Por fortuna, ella tiene a cargo a su menor.

La violencia vicaria va en aumento y, por ende, es prioridad que las mamás tengan las herramientas para detectarla lo antes posible y promover un entorno que permita su prevención.

JUECES VICARIOS

Para que la violencia vicaria se consume, jueces con tintes machistas y corruptos pactan con los padres agresores los cambios de guarda y custodia, utilizando la judicialización de las madres y volviendo tortuosa su vida. Es importante denunciarlos, usar los recursos que aquí se han compartido, para señalarlos y visibilizarlos.

Como ejemplo tenemos a uno de los personajes más abusivos desde su espacio de poder: el juez 42 del Tribunal Superior de Justicia de la Ciudad de México, Mirsha León Carmona. Madres lo han señalado públicamente de emitir sentencias cargadas de misoginia para beneficiar a padres "solventes económicamente" y violentarlas. Tiene familiares dentro del Poder Judicial y es el propio magistrado presidente, Rafael Guerra, quien lo protege y encubre.

NUEVAS PATERNIDADES

Tenemos mucho que reflexionar sobre las masculinidades, acerca de cómo los hombres se relacionan con las mujeres-madres de sus hijas e hijos, repitiendo patrones patriarcales de violencias normalizadas, pero también de cómo empieza a existir un grupo de hombres cada vez más visible, que condena estas prácticas de padres agresores que buscan venganza hacia las madres a través de las y los hijos.

El tema es muy amplio, así que te propongo que sigas en sus redes al psiquiatra argentino Enrique Estola (en X: @Stolae); un experto en violencia vicaria, abuso sexual a niñas, niños y adolescentes. Sus mensajes van dirigidos en gran medida a otros hombres.

En Instagram hay diversas cuentas que permiten a hombres identificar nuevos modelos de paternidades, como @malpadremx, que expone las desventuras de un papá con sus dos hijas, así como grupos de nuevas masculinidades en Facebook. Desde el humor, el caricaturista español @javirroyo en Instagram promueve mensajes que dejan entrever las violencias masculinas. Ejemplos de nuevas masculinidades, de paternidad en donde los hombres se relacionen con las mamás de sus hijes, no desde la venganza, sino desde el interés superior de las infancias, desde el entendimiento de lo que significa e implican sus paternidades. Son asuntos que deben estar en la agenda pública y en nuestra conversación cotidiana.

CONCLUSIONES

TEN UNA RED DE APOYO, LO VAS A HACER BIEN

Para exigir el cumplimiento de nuestros derechos, tenemos que conocerlos. Deseo que el cúmulo de conocimiento aquí vertido sea de utilidad en tu proceso jurídico y te motive a demandar lo que por derecho le corresponde a tu hija o hijo. Considera tener una red de apoyo en todo momento y revisar las medidas de protección ante la amplia posibilidad de enfrentarte a un padre agresor. Hay un lastre patriarcal que se transforma en terrorismo machista; no lo permitas.

Los agresores suelen limitar o frenar sus violencias cuando se sienten observados, por eso debes generar mecanismos en los que sea imposible violentarte, desde hacer públicas sus amenazas o violencias, tener dispositivos visores en casa, como cámaras al exterior e interior, aplicaciones para grabar llamadas, apps en caso de emergencia y restricciones ante la Fiscalía si lo consideras necesario.

Los cucarachos que se niegan a pagar la pensión alimenticia no son buenos padres, y los que abandonan desde la gestación son peores. Natalia González Villareal, especialista en personas narcisistas, comparte en sus redes sociales las características de este tipo de sujetos. Si bien hay papitos abandónicos con cero empatía, manipuladores, histriónicos y demás características que los distinguen, tampoco se trata de describirlos como "enfermos". No lo están, son plenamente conscientes de sus acciones y de sus violencias.

Estudia su comportamiento, pero ten en cuenta que cada abandónico tiene historias de vida distinta y están marcados por factores como la violencia de sus padres, la herida de abandono, la carencia de herramientas emocionales y la nula intención de deconstruirse y renunciar al patriarcado, porque gozan de la amplia comodidad que tienen por el solo hecho de ser hombres.

La interseccionalidad de las maternidades pone al descubierto que tampoco todas las mamás tienen acceso a privilegios que les permitan tener mejores oportunidades de desarrollo y están delimitadas por el lugar en el que viven, su situación socioeconómica, el acceso a servicios de cuidados, la propia salud, su condición étnica o cultural, si son mujeres indígenas, afrodescendientes o si sus hijas e hijos padecen alguna discapacidad.

Sharon García, mamá de Alessa, una niña con discapacidad cuyo progenitor no se hace cargo de su responsabilidad paterna en ningún sentido, comparte en su cuenta @mamafortalessa el difícil día a día en los cuidados de su hija. En ejemplos como este, donde la situación es mucho más compleja, los gobiernos deberían dar seguimiento inmediato a la búsqueda de estos padres abandónicos. ¿A qué hora va a poder acudir a las audiencias, a quién le deja encargada a la criatura, con qué recursos va a pagar un abogado? Son esos factores que hacen más difícil el acceso a la justicia y es ahí donde tenemos que poner el ojo y el radar, en la exigencia de políticas públicas que atiendan esta problemática social que representan los deudores alimentarios.

Ahora bien, el otro factor al que deberás ser resiliente es a la respuesta de los cucarachos en los juzgados. Suelen reconvenir las demandas que las mamás ingresan, es decir, contrademandar por infinidad de motivos, por absurdos que parezcan. Este proceso es de mucha resistencia; intenta no enojarte. El machismo tiene formas insospechadas de manifestarse y en ese estire y afloje del litigio habrá que ser estratégicas en el desahogo de pruebas, por lo que adviértele en todo momento a tu representante jurídico, si es que lo contrataste, que no tolerarás que envíe a su "chalán". En el caso de un representante de oficio, solicítale que te acompañe en todo momento o te avise en caso de no asistir a alguna audiencia para que te prepares o pidas que algún otro abogado o abogada te auxilien.

Amenazas como la de "te voy a quitar a mis hijos" forman parte de la violencia vicaria y puedes denunciarla en el Ministerio Público, más aún en estados donde ya está tipificada la Ley Vicaria. No es normal que estos tipos amenacen con eso, pero en caso de consumar el delito de violencia vicaria, que sustraiga a sus hijos sin tu consentimiento, es un agravante en su contra.

El 90% de los agresores vicarios son deudores alimentarios y aunque no lo imagines al inicio, en cualquier momento un cucaracho que no quiere pagar la pensión puede cometer violencia vicaria. Contémplalo como una posibilidad para prevenirte. Habla mucho con tus criaturas, y si te amenaza con quitártelas, supervisa sus convivencias. No esperes a que suceda.

Por último, no dejes que los deudores alimentarios sigan contando con la comodidad de nuestro silencio. Lo vas a lograr. ¡Pensiones justas y dignas para nuestres hijes!

mucha resistencia, intenta no enojarte. El matrimonio tiene formas [illegible] de manifestarse y [illegible] este y el [illegible] del hijo habrá que ser [illegible] en el desarrollo de procesos, por lo que sugiere [illegible] en todo momento a tu representante jurídico. Si es que lo [illegible] que [illegible] que en cuanto a [illegible]. En el caso de que [illegible] presentan de oficio, solicita que te acompañe en todo momento [illegible] en caso de no [illegible] alguna audiencia para que te [illegible] [illegible] que algún otro abogado o abogada [illegible].

A veces, [illegible] a quitar a sus hijos [illegible] forman parte de la violencia vicaria y [illegible] denunciarse en el Ministerio Público, [illegible] en estados donde ya está tipificada la Ley Vicaria. No es [illegible] que [illegible] pero en caso de [illegible] el acto de violencia vicaria [illegible] a sus hijos [illegible] es [illegible] en [illegible].

El 90% de los agresores vicarios son [illegible] y aunque no lo [illegible] en cualquier momento [illegible] puede cometer violencia vicaria. [illegible] para [illegible]. Había [illegible] [illegible] que [illegible] [illegible].

[illegible] no [illegible] que los [illegible] sean [illegible] con la [illegible] de [illegible]. Lo vas a lograr, [illegible] para nuestros hijos!

DICCIONARIO JURÍDICO PARA MAMÁS NO ABOGADAS

Acreditar: Es dotar de certeza con evidencias lo que sustentas en tu petición de la demanda.

Acto de rebeldía: Se da cuando el cucaracho una vez notificado no contesta la demanda, no acude a las audiencias o no se presenta a la prueba de ADN.

Amparo: Es un medio de defensa de carácter federal cuyo objetivo es proteger tus derechos constitucionales y humanos que estén siendo violados por el juez e incluso por la sala de apelación.

Apelación: Es el acto por medio del cual impugnas una determinación en la que no estás de acuerdo, para que una sala de apelación sea modificada o revocada (puede suceder que no sea modificada y, por el contrario, se ratifique). Por ejemplo, en un cambio de guarda y custodia, primeramente podrías apelar y si la sala lo ratifica, seguiría que te ampares.

Auto: Cuando tu abogado te hable del auto del expediente o lo leas en la denuncia se refiere al expediente judicial de tu caso, al conjunto de todos los documentos que lo integran.

Billete de depósito: Es una garantía de pago en la que el cucaracho deja cierta cantidad en el juzgado y que, en caso de que incumpla con la pensión, la mamá pueda cobrar para cubrir determinado número de meses.

Comparecer: Una orden de comparecencia es un ordenamiento judicial para que el cucaracho se presente a responder por un delito del que se le acusa en un proceso penal.

Conciliación: Sucede cuando llegas a un acuerdo de pensión alimenticia con el cucaracho. "Concilias".

Consignación: Es un medio de pago que pueden usar los cucarachos para depositar directamente en el juzgado la pensión ante una situación en la que no tenga forma de cumplir con su obligación.

Contrato: Es un acuerdo escrito en el que dos o más partes se comprometen a cumplir una serie de condiciones. Ya te he sugerido cómo elaborar uno con el abogado o abogada que elijas.

Convenio: Proceso mediante el cual se llega a un acuerdo para el pago de la pensión alimenticia con el cucaracho sin necesidad de un juicio, es decir, de demandarlo. Ambos lo firman ante la autoridad.

Defensor de oficio: Son servidores públicos pagados por el Estado para servir como abogados de la ciudadanía que necesita y solicita una defensa legal.

Demanda por comparecencia: Es el proceso en el que una mamá se apersona en el juzgado y, mediante un trámite, demanda los alimentos al cucaracho. No requiere contar con un abogado.

Demanda: Es el proceso de solicitar que el cucaracho reconozca a la criatura o pague la pensión alimenticia ante el juzgado familiar.

Denuncia: Es el proceso en el que solicitas ante la Fiscalía la investigación del o los delitos en que está incurriendo el abandónico; por el delito de incumplimiento de pensión alimenticia el cucaracho puede irse a prisión.

Desahogo de pruebas: Es el proceso del juicio en el que el cucaracho y tú acuden ante el juez a una audiencia a desahogar alguna prueba. En la prueba testimonial, por ejemplo, se interroga a los testigos. Hay pruebas que se desahogan sin la presencia de las partes, por ejemplo: los recibos, facturas, planilla de liquidación… esos los presenta tu abogado y la secretaría del juzgado los contabiliza.

Ejecución de sentencia: Es la materialización de la imposición de lo ordenado por el juez en sentencia definitiva. Por ejemplo: en un caso de pensión alimenticia, el juez ordena que la guarda y custodia la debe tener la mamá. La ejecución sería hacer todo lo necesario para entregarle las infancias a la mamá, ordenar los descuentos al cucaracho y hacer cumplir lo mandatado por la autoridad.

Emplazamiento: Es el mecanismo a través del cual se le notifica al cucaracho que hay un proceso en su contra.

Exhorto: Es el oficio que un juez o tribunal dirige a otro para solicitar su colaboración en una diligencia procesal fuera del ámbito de su jurisdicción. Por ejemplo, cuando demandas al cucaracho que vive en San Juan de las Manzanas, el juzgado de tu ciudad le gira oficio al juzgado de ese lugar para emplazar al sujeto.

Fiscalía: Es la instancia de la autoridad donde puedes judicializar al cucaracho. No necesitas un proceso civil, basta con que denuncies el incumplimiento personalmente o de forma escrita.

Guarda y custodia: Es quien tiene a cargo el cuidado de las criaturas, y puede ser compartida con el cucaracho.

Incidentes: Son pronunciamientos respecto de una cuestión que sobreviene en el curso de un juicio. Para tal efecto, se podría decir que si el cucaracho no está cumpliendo con la pensión alimenticia, el abogado ingresa una promoción con un incidente. El incidente es el aviso que le haces al juez, en este caso de lo que sucede.

Judicializar: Es el inicio de un proceso de investigación de carácter penal para resarcir el daño ocasionado por un delito y también sancionarlo. Al cucaracho lo puedes judicializar por el incumplimiento alimentario o abandono de mujer embarazada.

Jurisprudencias: Son sentencias y resoluciones emitidas en un mismo sentido por los órganos judiciales (SCJN). Son casos que puedes analizar respecto al tuyo que pueden darte muchas luces y ser guías argumentativas en tu demanda.

Medidas precautorias: Son disposiciones judiciales que se emiten para garantizar el resultado de un proceso y asegurar el cumplimiento de una resolución, decreto o mandato del juez. Por ejemplo: un cucaracho, deudor alimentario extranjero, planea huir del país para desentenderse de su hije y la mamá solicita al juez una medida precautoria para evitar su fuga y dar aviso a Migración de la imposibilidad de salida del sujeto, por el adeudo con su infancia.

Papá o progenitor no custodio: Se refiere al cucaracho que no tiene la guarda y custodia, es decir, no vive con las criaturas. Caso contrario es el progenitor custodio quien sí tiene la guarda y custodia.

Parte actora: Es quien promueve el juicio. En el caso de que el cucaracho te demande, pasas a ser demandada en su proceso. En los que tú inicies o promuevas para defender los derechos de las infancias serás la actora en todo momento.

Parte demandada: Es la contraparte del actor o actora que promueve el juicio. Es a quien se le demanda el cumplimiento de un derecho.

Patria potestad: La patria potestad incluye la toma de las decisiones trascendentales en la vida de les hijes menores de edad, mientras que la guarda y custodia supone la convivencia y cuidado diario de los mismos.

Pensión provisional: Es la cantidad que fija el juez de manera inmediata para garantizar los alimentos.

Planilla de liquidación: Es una tabla de organización de datos que la mamá incluye en la demanda o denuncia de incumplimiento de alimentos y en la que se especifican los detalles del adeudo.

Promoción: Es cualquier escrito que se ingrese al juzgado relativo al juicio. "Promueves algo ante el juez".

Registro de deudores alimentarios: El registro de deudores es una plataforma que regularmente administra el Registro Civil en los estados que cuentan con esa base de datos. No todos los estados lo tienen en funcionamiento. En 2023 la Ley Sabina promovió la creación del Registro Nacional de Deudores Alimentarios, que fue aprobada por el Senado. Todavía no existe. Solo nueve estados tienen su registro estatal. El único que es público es el de Coahuila.

Reparación del daño: Es la obligación de carácter económico impuesta al abandónico para resarcir los perjuicios derivados de su delito a tu persona.

Sentencia definitiva de alimentos: Es el monto fijado por el juez al cucaracho, después de un desahogo de pruebas en el que la mamá justifica los gastos de la infancia y el juez ordena investigar la capacidad económica del sujeto.

Esta obra se terminó de imprimir
en el mes de septiembre de 2024,
en los talleres de Diversidad Gráfica S.A. de C.V.
Ciudad de México